IPP 十 周 年 丛 书

陈惠云 —— 主编

# 机遇与挑战

## OPPORTUNITIES
## AND
## CHALLENGES

## 城市合作与粤港澳大湾区建设

Cooperation and the
Development of the
Guangdong-Hong Kong-Macao
Greater Bay Area

社会科学文献出版社
SOCIAL SCIENCES ACADEMIC PRESS (CHINA)

# 作者简介

（按姓氏中文拼音排序）

陈惠云　北京师范大学-香港浸会大学联合国际学院（北师港浸大）人文社科学院副教授，曾任华南理工大学公共政策研究院研究员。主要研究领域为人才与跨国移民、强韧性社会的跨文化比较、香港与大湾区研究等。

贾　开　上海交通大学国际与公共事务学院副教授。主要研究领域为数字技术与公共政策的交叉学科，涵盖数字政府建设、新兴技术治理（人工智能、区块链）、数字经济治理等。

蒋余浩　华南理工大学公共政策研究院研究员。主要研究领域为新技术治理及竞争政策、国家治理体系、政治学理论等。

李昌达　华南理工大学公共管理学院硕士研究生。

李海滨　华南理工大学公共政策研究院研究员。主要研究领域为教育政策、青少年抗逆力以及家庭教育等。

刘　佳　华南理工大学公共政策研究院副研究员。主要研究领域为全球正义、生物伦理及中国的医疗改革等。

谭　锐　广东外语外贸大学社会与公共管理学院副研究员。主要研究领域为区域发展、产业经济、科技政策。

王　琪　浙大城市学院法学院公共管理系讲师。主要研究领域为养老政策、养老环境与社会养老服务、家庭关系。

王迎军　中国工程院院士，华南理工大学教授、原校长、国家人体组织功能重建工程技术研究中心主任，中国工程科技发展战略广东研究院院长，2019 年度广东省科学技术突出贡献奖获得者。长期从事生物材料基础研究与工程化工作。

吴璧君　华南理工大学公共政策研究院研究助理。主要研究领域为比较政策、基本收入、中国政治发展理论。

邬　璇　香港中文大学社会福利哲学博士，浙江工商大学公共管理学院讲师，MSW 教育中心副主任。主要研究领域为中国青年、高等教育等。

杨丽君　华南理工大学公共政策研究院教授。主要研究新中国成立后的内政与外交。

于茗卉　香港中文大学（深圳）全球与当代中国高等研究院助理研究员。主要研究领域为公共政策评估、区域整合与区域治理（尤其是粤港澳大湾区中的珠澳与港深关系）、中国的政治精英现象、行政腐败等。

余　荔　华南理工大学公共政策研究院研究员。主要研究领域为教育政策、教育经济与管理、科技创新管理。

曾志敏　中国工程科技发展战略广东研究院特聘研究员。主要研究领域为区域发展与国家治理、创新与科技政策等。

张若梅　华南理工大学公共政策研究院助理研究员。主要研究领域为教育政策、高校教育，撰写多篇政策报告及评论文章。

郑永年　香港中文大学（深圳）校长讲座教授及国际事务研究院院长。主要研究领域为国际关系、外交政策、中美关系、中国内部转型及外部关系。

庄文越　华南理工大学公共政策研究院研究助理、政策分析师。主要研究领域为产业经济与生产要素流动。

# 序　言

　　区域经济的联动发展是未来中国在全球性的激烈竞争中站稳脚跟的重要举措之一。2018 年初，中央部署发展"粤港澳大湾区"。同年，著名国际会计师事务所德勤根据占地面积、常居人口、经济增长速度、港口输送量和机场通航量五大指标，推算粤港澳大湾区有超越美国纽约湾区、旧金山湾区和日本东京湾区这三大湾区之势。粤港澳大湾区可助力中国制造业进一步升级，有助于创新科技发展，在"一带一路"倡议下，更会推动贸易、科技产业及制造业的业务增长。因而，粤港澳大湾区最有可能成为下一个世界级顶级湾区。① 2020 年 10 月，习近平总书记视察深圳，强调内地需要与港澳相互促进，融合发展；需要有积极作为，深入推进粤港澳大湾区建设，加强与港澳的创新资源协同配合。可见，粤港澳大湾区的发展兼有经济性和政治性的强化作用：在国际层面可以提升中国的创新竞争力；在区域层面可以促进特区与内地的动态融合，从而点线结合，以协同效益带动整个中国的稳定及可持续发展。

　　2018 年以来，粤港澳大湾区内不同城市面临着不同挑战。在没有任何一个区域发展可以画地自守的年代，大湾区是否能够发

---

① Deloitte, 2018, "From 'The World's Factory' to 'World Class Bay Area': The Greater Bay Area Integration of Guangdong Province, Hong Kong and Macau", https://www2. deloitte. com/content/dam/Deloitte/cn/Documents/about-deloitte/deloitte-cn-cxo-greater-bay-area-whitepaper-zh-180206. pdf( accessed on 14-07-2018) .

展成功有赖于其是否能有效地调动自身的资源来应对国内外不断变化的政治、经济和社会环境。换句话说，大湾区的"强韧性"是其发展成功的关键因素之一。本书汇集了专门针对大湾区的研究成果，从"湾区合作与社会治理""人才流动与社会融合""高等教育""创新经济"四个部分来分析大湾区的挑战与机遇，从而更深入地认识湾区的发展现状，进而描绘其未来的发展蓝图。

粤港澳大湾区要发展成功，首先在于协调核心城市的竞争与合作关系，通过破除现有体制上的障碍进行有机整合，提升整个大湾区城市群的经济效率和社会融合。其次要突破大湾区的跨境发展，需要合作协调三地的法律。第一部分以"湾区合作与社会治理"为主旨，收集了6篇文章，就三大方面进行深入探讨：如何由核心城市带动周边城市，形成密切分工合作的城市群，建立合理的产业结构；如何借鉴欧盟经验，构建大湾区的法律合作和各种社会保障机制；如何构建有效的数据跨区域流动治理体制。粤港澳大湾区虽然同样在"一国"的大框架下，但是在"两制"的实践中，还是遇到了很多新挑战。如何超越旧有的思考框架，需要众志成城的合作和多方位的思考交流，从而寻找出行之有效的解决方案。

第二部分围绕"人才流动与社会融合"这个主题展开讨论。世界上最重要的湾区，包括美国的纽约湾区、旧金山湾区和日本的东京湾区，它们具有一个共同点，即都是全球性的国际人才港。人才是发展创新知识型湾区经济最基本、最重要的元素。如何把粤港澳大湾区发展成为一个有活力的、可持续的高端人才聚集地，是需要深入思考和多元借鉴的。这一部分共收集了6篇文章来分析粤港澳大湾区在人才吸引、保留和持续发展方面的情况，主要分析三个方面：如何引进和保留海外高端人才；如何促进青年对大湾区的认同并助力青年充分发展潜力；目前大湾区的外来青年及回流人才在生活和工作层面遇到的挑战是什么。粤港澳大湾区要想在人才全球竞争的年代里占据一个重要的席位，必须切实了解自己的长处和短处。唯有通过具体而深入的研究，才能够全面了解哪些制度性和文化性因素可能限制大湾区的发展，才能找出具有针对性的解决方案，让大湾区成为一个具有国际竞争力的核心区域。

第三部分围绕大湾区的"高等教育"进行讨论。在知识经济时代，各区域经济要素间的竞争已经转化为创新要素组合的综合实力竞争，而高等教育系统内的创新知识和创新人才是推动创新经济发展的核心要素。2019 年 2 月，中共中央、国务院印发的《粤港澳大湾区发展规划纲要》明确提出："支持大湾区建设国际教育示范区，引进世界知名大学和特色学院，推进世界一流大学和一流学科建设，共同打造珠三角的教育高地，以适应世界大学发展新格局、区域创新驱动发展的新需求。"该文件对大湾区未来高等教育国际化建设提出了高质量的要求。然而，尽管大湾区内高等教育办学机构和科研院所数量较多，但与国际教育示范区的建设目标还相差较远。同时，尽管粤港澳三地已经形成跨境招生、合作办学、联合培养等合作体系，但三地高等教育合作的深化仍然有巨大的空间，新的合作模式仍然需要探讨。这一部分共收录了 8 篇文章，分别讨论了大湾区当前高等教育资源与整合情况、高校战略联盟发展的对策、高等教育集群发展相关情况、中外合作办学模式、香港高等教育发展和香港科技大办学经验对大湾区高等教育发展的启示、旧金山湾区和欧盟经验对大湾区高等教育发展的启示。立足对大湾区高等教育现有优势和面临困境的洞察，对欧美模式的取长补短，我们的研究希冀探讨如何在城市间的协同效应下形成一个强有力的粤港澳高等教育垂直整合一体化的战略体系，如何建立大湾区内高校间合理有序的分工协调制度，让大湾区高校融合成为有机整体，营造合作共赢的科研环境，从而促进香港、澳门与内地之间知识和人才的良性互动与循环；推动高等教育与产业结构的完美衔接，最终形成大学、研究机构和创新企业等多个相关群体高度融合的科创聚集地。

　　第四部分着重分析大湾区的"创新经济"情况。大湾区城市群融合发展的可行路径以构建创新型经济区域共同体为核心目标，以开展科技创新区域合作为改革突破点，通过科技创新带动金融创新、产业创新，以此解除阻碍创新要素流动、创新资源整合的制度环境和体制，从而逐步推进粤港澳大湾区一体化进程。粤港澳大湾区作为改革开放的前沿地区，向来有"敢为天下先"的气魄和实力。相比于旧金山湾区和纽约湾区，粤港澳大湾区内知识创新服务于实体经济（尤其是制造业）的能力更强，也具备更多的可能性和发展潜力。然而当前，尽管粤港澳大湾区正在从投资主导向创新驱动型增长转变，它依然面临创新革命中的许多挑战。在这一部分中，我们一共收录了6篇论文，分别讨论南方共同市场的合作新概念、大湾区的科技创新网络、深圳虚拟大学园的产学研模式、大湾区教育与创新产业合作发展。我们的研究旨在探讨在当前国内国际新形势下，大湾区如何打破"低端锁定"的困境，在新兴和未来领域重点布局研究力量，培育颠覆性创新，降低国内市场壁垒以应对国际市场壁垒的高筑，实现丰富、多样化的创新资源的汇聚和创新成果的产出，成为国内发展创新经济的排头兵。

　　政府的政策对个体的生活态度及其未来意向具有深远的影响。人民要生活稳定，有赖于社会具有稳定性及可持续性，而要营造这样的一个社会氛围，政府政策的合理制定和有效施行发挥着举足轻重的作用。作为国家层面的发展策略，粤港澳大湾区的发展是机遇与挑战并存。目前存在于大湾区内的部分问题，实际上并不是大湾区特有的问题，而是可能存在于全国各地不同区域的普遍性问题。本书收录的文章基于丰富的实证调研和走访，以及不同领域专家学者的长期观察，我们希望读者能借助本书了解这片开放程度高、经济活力强，同时异质性大的区域，一同探索和思考进一步推动区域一体化、形成全面开放新格局、提升竞争力、保持长期繁荣稳定的多样化路径。正如很多目前在大湾区内工作的回流科学家所指出的，他们经历的很多挑战和困难是由管理机制不完善与某些传统管制文化的保守性共同导致的。因此，我们需要进一步针对体制和运行机制做比较性研究，一方面找到切实可行的政策改革要点，另一方面思考如何建立与时俱进的社会规范（social norms），从而协助大湾区发展出具有国际竞争力的创新型知识经济，进而发挥全国性的辐射与示范作用，让广东再次成为整个国家社会治理水平提升的先行者。

这本书得以出版，实有赖众多人士的共同努力。首先感谢17位作者，没有他们扎实的研究和深入的分析，就没有这本书的出版；另外，参与书稿整理的两位前研究助理戴斯敏小姐和庄文越先生也提供了很多的协助；最后，在编辑这本书期间华南理工大学公共政策研究院及北京师范大学－香港浸会大学联合国际学院人文社科学院同人给予的支持，我也谨致以衷心诚挚的感谢。

# 目 录

## 高等教育

## 创新经济

# 湾区合作与社会治理

# 完善粤港澳大湾区内部分工体系 打造高生产率城市群<sup>*</sup>

谭　锐　郑永年

建设粤港澳大湾区的根本目的是提高该区域的生产力水平，引领和带动整个国家的发展，并参与全球竞争。目前大湾区的发展水平与世界发达湾区相比还有很大差距。大湾区亟须建立合理的产业结构，即大湾区各城市需要根据自身所处的经济发展阶段及时调整产业结构，错位发展，逐步建立城市间产业分工体系。当前构建合理产业结构的障碍在于要素自由流动困难，以及城市政府缺乏自主性。未来应该从树立分类治理的政策理念，深化服务业领域对港澳资本的开放，完善基础设施促进城市互动，促进生产要素在大湾区全域自由流动，严格控制珠三角城市的土地利用五个方面入手，推动大湾区合理产业结构的形成。

## 一　粤港澳大湾区与国际三大湾区的差距

粤港澳大湾区是传统珠三角概念的扩展，其重要内涵在于将港澳亦纳入珠三角的一体化进程中来，包括九个珠三角城市和香港、澳门

---

*　原文完成于 2018 年 7 月 13 日。

两个特别行政区。建设粤港澳大湾区是一项国家级战略，其根本目的在于提高该区域的生产力水平，使之成为国家经济的重要支柱和引擎，引领和带动整个国家的发展，并参与全球竞争。2016年粤港澳大湾区经济概况见表1。

世界上有几大公认的发达湾区，如纽约湾区、旧金山湾区和东京湾区，它们是粤港澳大湾区比照的标杆。这里以旧金山湾区为例，将其基本经济概况与粤港澳大湾区相比较，考察两者之间的差距所在。旧金山湾区位于美国西海岸的加利福尼亚州北部，通常分为东湾、北湾、半岛和南湾四大片区，涵盖了9个县（county）、101个市（city），土地面积共计约1.77万平方千米，人口超过775万（见表2）。旧金山湾区以环境优美、科技发达著称，经济实力雄厚。2016年旧金山湾区地区生产总值达到6593亿美元，若将其视为一个"国家"，经济总量可居世界第18位，领先于荷兰、瑞士和瑞典等欧洲传统经济强国。

表1　粤港澳大湾区经济概况（2016年）

| 城市 | 土地面积（平方千米） | 人口（万人） | 地区生产总值（亿美元） | 人口密度（人/平方千米） | 人均地区生产总值（美元） | 地均产值（万美元/平方千米） |
|---|---|---|---|---|---|---|
| 广州 | 7249.23 | 1404.35 | 2921.54 | 1937 | 21213.16 | 4030.14 |
| 深圳 | 1997.27 | 1190.84 | 2913.34 | 5962 | 25021.08 | 14586.63 |
| 珠海 | 1732.33 | 167.53 | 332.75 | 967 | 20109.41 | 1920.83 |
| 佛山 | 3797.73 | 746.27 | 1289.83 | 1965 | 17320.95 | 3396.32 |
| 惠州 | 11347.20 | 477.50 | 509.98 | 421 | 10702.01 | 449.43 |
| 东莞 | 2460.08 | 826.14 | 1020.46 | 3358 | 12357.57 | 4148.08 |
| 中山 | 1783.67 | 323.00 | 478.68 | 1811 | 14866.84 | 2683.70 |
| 江门 | 9505.42 | 454.40 | 361.51 | 478 | 7977.22 | 380.32 |
| 肇庆 | 14891.23 | 408.46 | 311.48 | 274 | 7649.01 | 209.17 |
| 香港 | 1104.00 | 737.71 | 3210.81 | 6682 | 43770.71 | 29083.42 |

续表

| 城市 | 土地面积（平方千米） | 人口（万人） | 地区生产总值（亿美元） | 人口密度（人/平方千米） | 人均地区生产总值（美元） | 地均产值（万美元/平方千米） |
|------|--------|------|--------|--------|--------|--------|
| 澳门 | 29.20 | 64.49 | 453.26 | 22086 | 70179.75 | 155224.35 |
| 湾区总体 | 55897.36 | 6800.69 | 13803.64 | 1217 | 20297.41 | 2469.46 |

注：以美元计价的地区生产总值按国家外汇管理局 2016 年 12 月 30 日发布的《各种货币对美元折算率表》折算。1 元人民币 ≈ 0.149 美元，1 港元 ≈ 0.129 美元，1 澳门币 ≈ 0.125 美元。

数据来源：《广东统计年鉴 2017》《香港统计年刊 2017》《澳门统计年鉴 2016》。

**表 2　旧金山湾区九县经济概况（2016 年）**

| 县名 | 土地面积（平方千米） | 人口（万人） | 地区生产总值（亿美元） | 人口密度（人/平方千米） | 人均地区生产总值（美元） | 地均产值（万美元/平方千米） |
|------|--------|------|--------|--------|--------|--------|
| 旧金山 | 100 | 88.44 | 1347 | 8844 | 152313.02 | 134700.00 |
| 马林 | 1346 | 26.10 | 182 | 194 | 69733.14 | 1352.15 |
| 索诺玛 | 4082 | 50.42 | 238 | 124 | 47201.90 | 583.05 |
| 纳帕 | 1937 | 14.10 | 91 | 73 | 64551.37 | 469.80 |
| 索拉诺 | 2000 | 44.55 | 170 | 223 | 38162.97 | 850.00 |
| 康特拉科斯塔 | 1865 | 114.74 | 539 | 615 | 46974.17 | 2890.08 |
| 阿拉梅达 | 1910 | 166.32 | 1067 | 871 | 64153.82 | 5586.39 |
| 圣克拉拉 | 3343 | 193.82 | 2142 | 580 | 110517.59 | 6407.42 |
| 圣马特奥 | 1163 | 77.14 | 817 | 663 | 105909.96 | 7024.94 |
| 湾区总体 | 17746 | 775.62 | 6593 | 437 | 85002.99 | 3715.20 |

数据来源：土地面积和人口数据来源于美国人口调查局，https://www.census.gov/quickfacts/fact/table/US/PST045217；地区生产总值数据来源于美国国家县联合会，http://explorer.naco.org/；其余指标数据通过计算得到。

从经济总量上看，粤港澳大湾区的地区生产总值约是旧金山湾区的 2 倍，在人口和土地面积方面也远远大于旧金山湾区。粤港澳大湾区的土地面积相当于 3 个旧金山湾区，整个旧金山湾区的人口还没有东莞市多。但是旧金山湾区的劳动生产率和土地利用效率较高，其人均地区生产总值超过 8.5 万美元，约是粤港澳大湾区的 4 倍，每平方千米土地产出价值也比粤港澳大湾区多出上千万美元。通过上述简单对比可以看出，粤港澳大湾区与世界发达湾区的经济发展水平还有相当大的差距，虽然总量巨大，但城市群的生产效率相对滞后。一个城市群的生产效率是与城市之间的产业分工合作息息相关的。旧金山湾区各县的产业分工较为明确，其中，旧金山的人口密度最大，人均地区生产总值和地均产值最高，远居各县之首。旧金山是美国西海岸的金融和商业中心，服务业发达。北湾以休闲养老区域和葡萄酒产地而闻名，人口密度小且环境优美，是湾区内唯一没有通勤轨道交通的地区。南湾以硅谷所在地而闻名，高科技企业云集，涉及计算机、通信、互联网、新能源等多个产业。因此要改善粤港澳大湾区的生产效率，必须从构建合理的大湾区产业结构入手。

## 二　粤港澳大湾区产业结构现状

### （一）三次产业分析

为掌握粤港澳大湾区产业结构的整体情况，本部分首先按照三次产业的分类对各类产业的就业占比进行分析。图 1 显示了大湾区 11 市（特区）第二产业就业占比的情况，珠江东岸的莞、惠、深与珠江西岸的佛、江、中、珠都有着很高的比例，2004 年这些城市的第二产业就业占比都超过 60%，东莞、中山甚至超过 80%。至 2013 年，这些城市的第二产业就业占比都有不同程度的下降。其中，广州的第二产业就业占比最低，2013 年为 41%，比 10 年前下降近 14 个百分点。过去 40 年里，港澳制造业不断北移，当地留存的制造业很少，故而 2013 年其第二产业就业占比只有 12% 左右。与第二产业收缩相对应的是第三产业的扩张（见图 2）。港澳已经是高度服务化的了，而经过多年工业化，珠三角九市正陆续进入工业化的中后期，各城市群的产业结构都朝着服务业化的方向发展。其中，广深走在珠三角各市的前列，2013 年第三产业就业占比分别为 59% 和 43%。

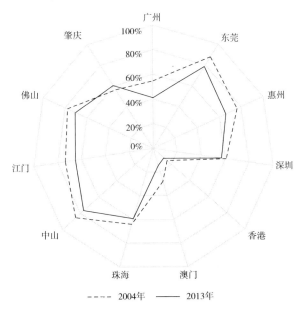

**图 1　大湾区各市（特区）第二产业的就业占比**

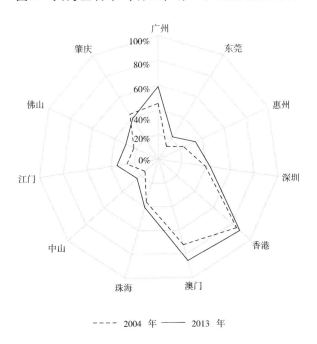

**图 2　大湾区各市（特区）第三产业的就业占比**

概括来说，雷达图传递了两个信息：第一，粤港澳大湾区各市处于产业发展的三个不同阶段，港澳已经进入后工业化时期，广深处于工业化后期，其余城市则处于工业化中期；第二，从时间上看，大部分城市的第二产业就业占比呈缓慢下降的趋势，这说明随着工业化的深入，珠三角九市的第三产业也逐渐发展起来，成为各个城市吸纳越来越多劳动力的产业部门。这符合产业发展的一般规律，第三产业的发展以第二产业为基础，否则就是空中楼阁，城市不经历工业化阶段就实现服务业化的例子并不多见。按照当前第二产业就业占比 10 年约下降 10 个百分点的速度来看，如果没有加速措施，广深要变成像港澳一样的服务化城市至少需要 20 年的时间。

从三次产业创造的价值看，亦有类似结果。对比图 3 和图 4 可看出十余年间大湾区各城市三次产业创造的 GDP 占比变化。2004 年除港澳外，大湾区仅有广州的第三产业 GDP 占比超过了 50%，而到 2016 年，新增了深圳、东莞两个城市。同时，其他城市也都变得更加服务化。作为中国经济最发达的地区之一，大湾区整体会率先进入服务化产业结构。

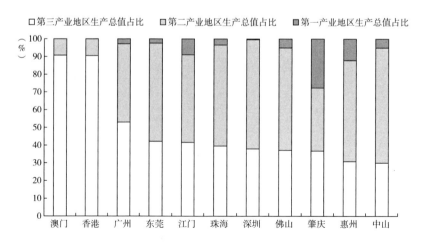

图 3  大湾区各市（特区）地区生产总值的产业构成（2004 年）

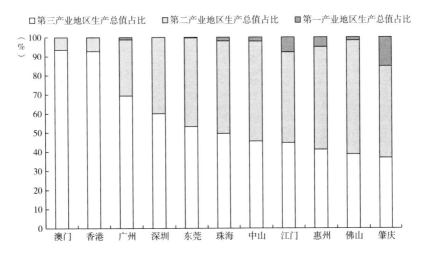

**图 4 大湾区各市(特区)地区生产总值的产业构成(2016 年)**

2016 年之后,广州、深圳、东莞的第三产业产值占比都超过 50%,这意味着第三产业创造的价值超过了第一产业和第二产业的总和,这些城市已经具备条件构建以现代服务业为支柱的产业体系,通过服务周边处于工业化初期和中期的城市实现自身的发展。受限于土地条件,港澳已基本接近服务化的极限,支撑起大湾区的进一步发展需要更多的服务化城市,同时需要与港澳的服务化结构有差异的服务化城市。香港集中于金融、贸易、航运,澳门集中于博彩、旅游,大湾区还缺乏文教、科研、产业孵化等中心,建设以这些产业为主的服务化城市是广州、深圳、东莞的机遇所在。

**(二)制造业分析**

制造业是第二产业的主体,其下有很多细分产业,此处分析制造业 19 个细分类别的就业占比情况,以考察珠三角城市在制造业内部的专业化分工情况。由于港澳本地的制造业就业份额极小,故此处的分析不包含港澳数据。表 3 列出了 2013 年珠三角各市就业占比排名前五位的细分行业,各市前五位行业的就业总和能占到

表3　珠三角城市就业占比排名前五位的细分制造业（2013年）

单位：%

| 制造业 | 广州 | 深圳 | 珠海 | 佛山 | 惠州 | 东莞 | 中山 | 江门 | 肇庆 |
|---|---|---|---|---|---|---|---|---|---|
| 纺织 | 11.92 | | 5.78 | | 5.64 | 7.44 | 11.75 | 7.56 | |
| 皮革 | 8.96 | | | | 8.34 | 9.84 | | | 7.31 |
| 家具 | | | | 5.48 | | | | | |
| 橡胶 | | 7.48 | 5.06 | | 6.68 | 8.67 | 6.82 | | |
| 非金 | | | | 7.20 | | | | | 13.06 |
| 有色 | | | | | | | | | 5.86 |
| 金属 | | 5.02 | | 10.66 | | | 8.67 | 17.22 | 15.22 |
| 通用 | | | 5.31 | | | | | | |
| 专用 | | 5.22 | | | | | | | |
| 交通 | 9.66 | | | | | | | 6.45 | |
| 电气 | 6.70 | 13.66 | 16.70 | 23.18 | 8.23 | 9.93 | 22.16 | 9.97 | |
| 通信 | 12.14 | 36.73 | 29.85 | 5.71 | 36.95 | 22.79 | 9.29 | 7.05 | 7.80 |

注：1. 数字＝各行业就业数÷制造业总就业数；2. 非前五位行业不列数字；3. 行业简称对应的全称如下：纺织＝纺织服装、鞋、帽制造业；皮革＝皮革、毛皮、羽毛（绒）及其制品业；家具＝家具制造业；橡胶＝橡胶和塑料制造业；非金＝非金属矿物制品业；有色＝有色金属冶炼及压延加工业；金属＝金属制品制造业；通用＝通用设备制造业；专用＝专用设备制造业；交通＝交通运输设备制造业；电气＝电气机械及器材制造业；通信＝通信设备、计算机及其他电子设备制造业。下同。

数据来源：《广东经济普查年鉴2013》。

制造业就业总数的48%～69%。数据显示，大部分珠三角城市的制造业就业主要集中在纺织、橡胶、金属、电气、通信五个行业。其中，通信以深圳和惠州为代表，其数字高达36%以上。电气则以佛山和中山为代表，该行业占比超过22%，远高于其他城市。通过2004年与2013年的跨年份比较可以发现，这几大行业在时间上具有稳定性，即大部分城市的主导制造业在十年间变化不大。这表明城市的产业结构对历史路径有较强的依赖性，一旦形成后要改变就比较困难：一是因为城市政府会把它们当作优势产业不断刺激；二是产业成长过程中沉淀了大量专用资产，如厂房、设备、技术、劳动力等，不容易为其他产业所直接使用；三是围绕主导制造业建立的相关产业体系过于庞大，不容易改变。

从空间上考察主导制造业在珠三角城市的集中情况有助于判断城市间产业分工的情况。图 5 至图 9 是 2013 年上述五类制造业在各城市的集中情况，集中度指标是行业就业的区位商，圆圈越大表示该行业越集中于某个城市。通过观察各图可以粗略地判断，除橡胶和塑料制造业外，其余制造业在各市的集中度有较大差异。纺织服装、鞋、帽制造业明显集中于广州和中山，金属制品制造业集中于江门和肇庆，电气机械及器材制造业集中在佛山和中山，而通信设备、计算机及其他电子设备制造业以惠州、深圳、珠海为重镇。这意味着珠三角城市之间在制造业细分行业上存在一定程度的水平分工，即各城市侧重制造不同的产品。这可能与多年来广东省政府通过产业政策引导各市差异化发展有关。

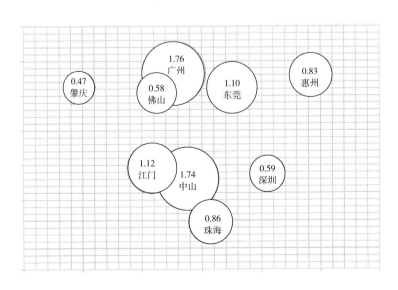

**图 5　纺织服装、鞋、帽制造业集中度**

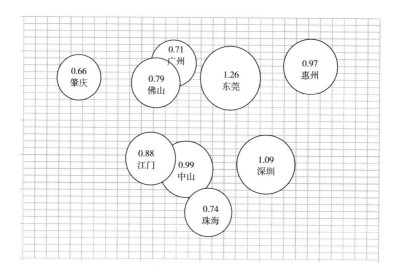

图 6 橡胶和塑料制造业集中度

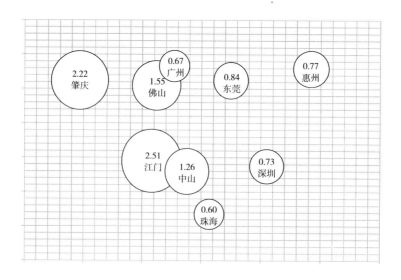

图 7 金属制品制造业集中度

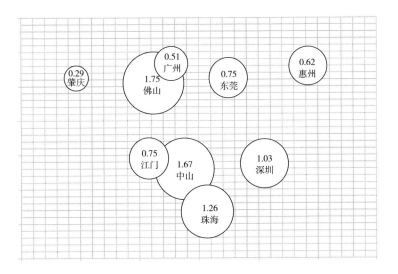

图 8　电气机械及器材制造业集中度

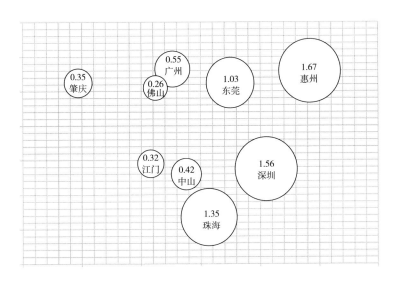

图 9　通信设备、计算机及其他电子设备制造业集中度

## （三）服务业分析

按当前统计标准，第三产业名目下有 14 个细分类别，表 4 列出了珠三角各市就业占比排名前五位的细分服务业，各市前五位服务业的就业总和能占到服务业全部就业的 63%～75%。由于港澳的统计分类与内地不尽相同，后文将单独介绍港澳的服务业情况。数据显示，批发和零售业、教育、公共管理、租赁和商务服务业构成了大部分珠三角城市的服务业主体。房地产业也吸纳了大量的就业。值得注意的是，与其他城市相比，广深的教育和公共管理行业就业的绝对数远远大于其他城市，但是相对数却小了很多。广深两市的公共管理就业占比明显小于其他城市，而江门和肇庆的占比达到 20% 以上。教育行业也有类似的情况。当前教育领域的开放度还不够大，大部分学校仍是由财政供养的公办学校，即使广深两市也未能显著地扩大非公立教育部门，因而从相对数上看反而不如肇庆、江门和惠州。我们还发现，大部分城市的金融、科技服务、医疗保健、文体娱乐等高附加值的服务业份额较小，未来还有很大的发展空间。

表 4　珠三角各市就业占比排名前五位的细分服务业（2013 年）

单位：%

| 服务业 | 广州 | 深圳 | 珠海 | 佛山 | 惠州 | 东莞 | 中山 | 江门 | 肇庆 |
|---|---|---|---|---|---|---|---|---|---|
| 交通运输 | 13.08 | 9.18 | | | | | | | |
| 批发零售 | 22.76 | 25.10 | 23.56 | 24.84 | 19.53 | 22.84 | 22.98 | 15.68 | 16.11 |
| 住宿餐饮 | | | | | | 7.79 | | | |
| 金融 | | 8.93 | | | | | | | |
| 房地产 | 8.23 | 8.21 | 10.42 | 8.27 | 11.33 | | 9.08 | | |
| 租赁商务 | 12.86 | 13.48 | 10.77 | 14.85 | 13.27 | 14.92 | 12.57 | 11.94 | 7.65 |
| 教育 | 7.45 | | 8.13 | 10.49 | 13.16 | 9.15 | 10.33 | 13.84 | 18.99 |

续表

| 服务业 | 广州 | 深圳 | 珠海 | 佛山 | 惠州 | 东莞 | 中山 | 江门 | 肇庆 |
|------|------|------|------|------|------|------|------|------|------|
| 卫生 | | | | | | | | 6.96 | 7.88 |
| 公共管理 | | | 10.90 | 10.20 | 15.57 | 14.11 | 12.41 | 25.63 | 21.76 |

注：1. 数字＝各行业就业数÷服务业总就业数；2. 非前五位行业不列数字；3. 行业简称对应的全称如下：交通运输＝交通运输、仓储和邮政业；批发零售＝批发和零售业；住宿餐饮＝住宿和餐饮业；租赁商务＝租赁和商务服务业；卫生＝卫生和社会工作；公共管理＝公共管理、社会保障和社会组织。下同。

数据来源：《广东经济普查年鉴2013》。

此处使用2013年行业就业区位商来反映各城市服务业的专业化程度。从地理上看（见图10至图12），批发和零售业、房地产业、租赁和商务服务业的分布比较均匀，没有哪个城市表现得非常突出，说明这三个行业的城市间分工并不明显。由于公共管理行业属于公共部门而非市场部门，其就业并不是由市场供求关系直接决定，因此这里不考虑比较。教育行业表现出在肇庆、江门和惠州等城市集中（见图13），但这并不意味着它们是教育中心，其中的原因与上文的解释相近。有两个非主导行业表现出较强的城市间分工，即金融业与信息传输、软件和信息技术服务业（见图14、图15）。深圳毫无疑问承担了珠三角金融中心的角色，而深圳、珠海、广州则扮演着信息技术服务中心的角色。

**（四）香港和澳门的第三产业**

在过去40年里，香港的劳动密集型制造业逐渐向要素成本低廉的内地，尤其是珠三角地区转移，而香港的金融、保险、房地产以及租赁和商务服务业得以迅速发展，使香港跃升为国际金融中心、贸易中心、航运和旅游中心，形成以服务业为主导的经济结构。目前，金融服务、贸易及物流、旅游、工商业支援及专业服务是香港经济的四大支柱产业，它们为香港经济贡献了约一半的GDP和就业。2016年，四大产业的增加值近

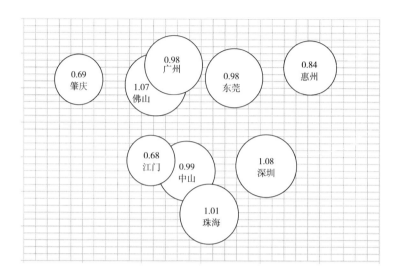

**图 10　批发和零售业集中度**

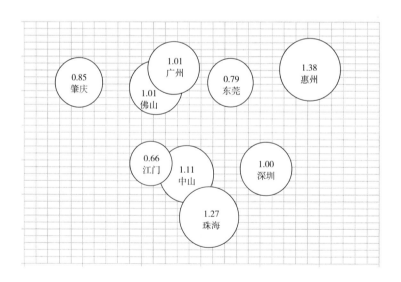

**图 11　房地产业集中度**

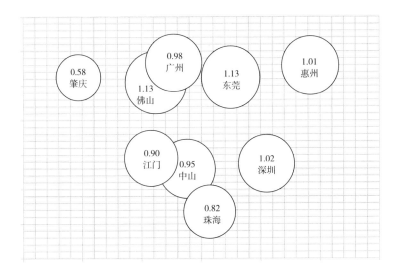

图 12　租赁和商务服务业集中度

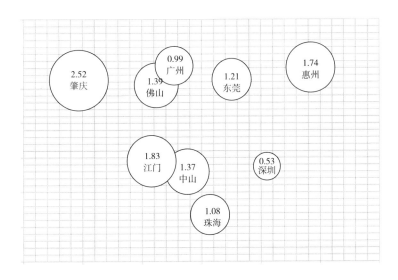

图 13　教育业集中度

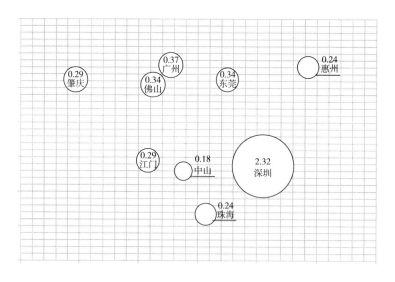

**图 14　金融业集中度**

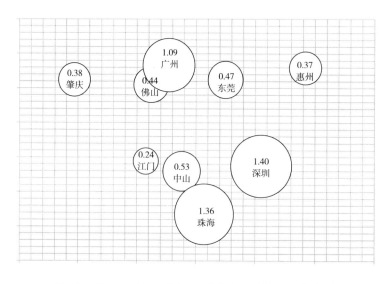

**图 15　信息传输、软件和信息技术服务业集中度**

1.37 万亿元，占 GDP 的 56.6%，就业量约 177.5 万人，占总就业人数的 46.9%。[①] 然而，香港高度的外向型经济和较大的金融业比重，容易受世界宏观经济波动的冲击，1997 年和 2008 年的两次金融危机爆发后香港经济都遭受了严重衰退。有鉴于此，2009 年香港特区政府提出发展六项优势产业的愿景。"六优产业"是指教育、医疗、创新科技、检测认证、环保、文化创意六项具发展优势的产业。2016 年"六优产业"为香港经济带来 0.21 万亿元的增加价值，GDP 占比为 8.9%。这些行业吸纳就业人数 48 万，对总就业人数的贡献为 12.7%。[②] 相对于四大产业来说，"六优产业"还比较弱小。产业结构转型对香港来说并非易事，四大产业主体地位导致的惯性、产业资本以市场为导向的逐利性、政府的积极不干预主义、城市土地有限、相关人才缺乏等因素都在制约着香港的转型。

澳门经济结构相对单一，博彩业一家独大。2016 年博彩及博彩中介业增加值的 GDP 占比是 47.2%，就业占比超过 27%。除公共服务部门和房地产部门的 GDP 占比超过 10% 外，金融、酒店、物流、餐饮等行业的地区生产总值占比都较小。[③] 高度依赖博彩业使经济增长呈现高波动性，导致澳门经济抗风险能力相对不足。因此，澳门经济的可持续发展必须走经济适度多元发展之路。经济适度多元发展的目的是维持产业结构的适度多元和均衡，培育新的支柱产业及经济增长点，增强澳门经济对外围环境变化的适应能力和对风险的抵御能力；同时通过区域合作，拓展澳门企业及居民的发展空间，促进澳门经济社会的可持续发展。澳门想要发展的多元化产业包括会议展览、文化、中医药、融资租赁和财

---

[①] 2018 年 5 月《香港统计月刊》："香港经济的四个主要行业及其它选定行业"。
[②] 2018 年 5 月《香港统计月刊》："香港经济的四个主要行业及其它选定行业"。
[③] 澳门特别行政区政府统计暨普查局：《澳门产业结构（2016 年）》。

富管理。在培育这些新兴优势产业的过程中，澳门也面临与香港类似的转型困境，土地面积有限、专业人才缺乏、政府计划与市场意愿之间的不协调都是较大问题。

# 三 构建合理的大湾区产业结构

## （一）城市产业分工体系

所谓合理的大湾区产业结构，就是能进一步提高大湾区生产率的产业组合。大湾区由 11 个城市组成，如何在城市间进行产业布局是形成高效产业组合的关键。总的方向是要在城市间建立产业分工体系，即不同的城市有不同的生产职能，生产不同的产品，然后通过城市间贸易满足每个城市对多样化产品消费的需求。分工与合作是连在一起的，不分工就不需要合作，没有合作也就不存在分工。

根据世界发达国家的经验，一个城市群内部，不同规模的城市会根据自身的禀赋条件选择差异化的发展模式，从而形成城市分工体系。小城镇主要从事农业生产以及一些规模小而简单的加工制造。中型城市的角色是单一类型的服务中心或者制造业中心。服务中心为生产提供零售、修理、运输、金融、科技、培训等服务。制造业中心生产标准化的产品，如纺织品、食品、钢铁、汽车零部件、造纸以及各种机械和电气设备。这类城市是高度专业化的，大部分中型城市在许多行业门类上的就业量为 0 或接近 0，就业只集中在一两个制造业上。所以存在汽车城市、纺织城市、造纸城市、造船城市等。大型城市里的经济活动与中小城市截然不同。一些现代服务业，如金融、研发、管理咨询、法律和教育、工程和建筑以及商业服务（广告、网络系统）等都倾向于在大城市集中。美国经济的就业和创新由处于城市等级顶部的大都市区引领。

以旧金山湾区为例，表5显示，其内部9县的支柱产业分布有较大差异，除了建筑、商业服务、教育三个行业是4~5个城市的共同支柱产业外，其余大部分支柱产业仅分布在1~3个城市中，体现了高度的城市产业分工关系。与之形成鲜明对比的是，制造业是所有珠三角城市的支柱产业（见表6），而在制造业细分行业中，超过一半的城市又都集中于服装鞋帽、橡胶塑料、金属制品、电气机械、通信设备的生产（数据见"粤港澳大湾区产业结构现状"一节的相关部分）。建筑业也是大部分城市的支柱产业之一。第三产业亦是如此，批发零售、商务服务、公共管理三个行业的就业量之和占据了各个城市10%~30%的就业量。由此看来，粤港澳大湾区城市间的产业分工体系与世界级湾区还有很大的差距。

**表5　旧金山湾区支柱产业分布**

| 城市 / 产业 | 旧金山 | 马林 | 索诺玛 | 纳帕 | 索拉诺 | 康特拉科斯塔 | 阿拉梅达 | 圣克拉拉 | 圣玛特奥 |
|---|---|---|---|---|---|---|---|---|---|
| 农业（2） | | | ● | ● | | | | | |
| 林业（1） | | | | ● | | | | | |
| 渔业（1） | | | | ● | | | | | |
| 制造（3） | | | ● | ● | | | | ● | |
| 建筑（5） | | | ● | ● | ● | ● | | | ● |
| 零售（2） | | | ● | | ● | | | | |
| 批发（1） | | | | | | | ● | | |
| 交通（2） | | | | | | | ● | | ● |
| 食品（1） | | | | ● | | | | | |
| 信息技术（3） | ● | | | | | | | ● | ● |
| 金融（3） | ● | ● | | | | ● | | | |
| 房地产（2） | | ● | | | | ● | | | |
| 商业服务（5） | ● | ● | | | | | ● | ● | ● |

续表

| 城市<br>产业 | 旧金山 | 马林 | 索诺玛 | 纳帕 | 索拉诺 | 康特拉<br>科斯塔 | 阿拉<br>梅达 | 圣克<br>拉拉 | 圣玛<br>特奥 |
|---|---|---|---|---|---|---|---|---|---|
| 旅游（1） | | | | ● | | | | | |
| 教育（4） | | ● | ● | | | | ● | ● | |
| 医疗（1） | | | | | ● | | | | |
| 社会服务（1） | | | | | ● | | | | |
| 艺术文娱（1） | | ● | | | | | | | |

表6　珠三角地区支柱产业分布

| 城市<br>产业 | 广州 | 深圳 | 珠海 | 佛山 | 惠州 | 东莞 | 中山 | 江门 | 肇庆 |
|---|---|---|---|---|---|---|---|---|---|
| 农业（0） | | | | | | | | | |
| 采矿（0） | | | | | | | | | |
| 制造（9） | ● | ● | ● | ● | ● | ● | ● | ● | ● |
| 能源（0） | | | | | | | | | |
| 建筑（6） | ● | ● | ● | | | | ● | ● | ● |
| 批发零售（9） | ● | ● | ● | ● | ● | ● | ● | ● | ● |
| 物流（2） | ● | ● | | | | | | | |
| 住宿餐饮（0） | | | | | | | | | |
| 信息服务（0） | | | | | | | | | |
| 金融（0） | | | | | | | | | |
| 房地产（0） | | | | | | | | | |
| 商务服务（7） | ● | | ● | ● | ● | ● | ● | | |
| 科技（0） | | | | | | | | | |
| 水利环境（0） | | | | | | | | | |
| 居民服务（0） | | | | | | | | | |
| 教育（5） | | | | ● | ● | ● | | ● | ● |
| 卫生（0） | | | | | | | | | |

| 产业＼城市 | 广州 | 深圳 | 珠海 | 佛山 | 惠州 | 东莞 | 中山 | 江门 | 肇庆 |
|---|---|---|---|---|---|---|---|---|---|
| 文娱（0） | | | | | | | | | |
| 公共管理（7） | | | ● | ● | ● | ● | ● | ● | ● |

注：1. ●表示支柱产业；括号内数字表示以该产业为支柱产业的城市数目，例如"制造（3）"表示制造业是 3 个城市共同的支柱产业。2. 旧金山湾区数据为 2016 年的数据，珠三角数据为 2013 年的数据。选取每个市就业占比排名前 5 位的行业作为支柱产业。

数据来源：旧金山湾区数据来自美国国家县联合会①，珠三角地区数据来自《广东经济普查年鉴 2013》。

## （二）要素自由流动

劳动、资本、中间品、信息等生产要素的自由流动是城市分工体系建立的前提条件。当城市间的制度壁垒较少时，生产要素可以通过自由流动去发现那些能够获得最大收益的产业。那些具有规模报酬递增特性的产业会不断地聚集同类要素，产业规模越来越大。城市空间是有限的，不可能容纳所有产业，具有集聚经济的产业会通过地租竞争把其他产业排挤出去。由于只集中了少数几个大的产业，这个城市就会表现出相对于其他城市的专业化。而相邻的城市不会复制前者的产业结构，因为一是要避免市场竞争，二是通过城市间贸易就可以得到所需的产品，没必要自己生产。通过这一动态过程，一个城市群内部的分工就会形成。美国湾区城市群内部容易形成分工合作，就是因为城市间对生产要素跨地区流动的限制比较少，加上交通基础设施又比较完善，要素更容易流动。尽管城市政府也会通过税收和土地工具吸引要素集聚，防止税基流失，但它们不会用制度去限制要素的流动。

目前，生产要素在粤港澳大湾区城市间的流动受到重重限制。

---

① www.NACo.org.

其中最突出的是对人员流动的限制。首先，劳动力在内地与港澳之间的跨境流动面临许多制度性障碍。港澳居民进入内地就业时会面临就业许可、社会保险、行业执业资格、个体经营资格，以及公务员考试录用和事业单位聘用等方面的问题。其次，即使是在珠三角城市之间，劳动力流动的成本也很高。一个城市为劳动者提供相应福利待遇和公共服务的依据是户籍，对在该城市工作而没有当地户籍的劳动者，他们的子女入学、购房买车、开证明办事、任职资格评定、参加医疗和养老保险、缴存和使用住房公积金等都受到一定的限制。虽然有些城市出台了"人才绿卡"政策，即领到绿卡的人才可以享受当地户籍居民的大部分待遇，但绿卡政策有一定的局限性，要么获得绿卡条件苛刻，要么绿卡待遇只限定在一个很小的区域范围内（如自贸片区），难以使人才的引进形成规模。

阻碍要素自由流动实际上就是阻碍大湾区产业分工体系的形成，要构建合理的大湾区产业体系就必须破除城市间的制度壁垒。

## 四　两种资本作用下的大湾区产业结构

一个城市形成什么样的产业结构，很大程度上依赖于资本对产业的投资。塑造大湾区城市产业结构的资本来源于两个方面：一个是港澳自由市场资本（或简写为港澳资本），另一个是内地的国家资本（图16）。港澳长期实行自由市场经济体制，经济政策理念为"积极不干预"，"大市场小政府"，资本家和企业是市场的主体。内地的社会主义市场经济体制脱胎于计划经济，国家资本能够对经济运行实施强有力的干预。内地的国家资本来源于公共财政，其执行主体是以发展改革部门为核心的政府机构，以及各行各业的国有企业系统。内地的国家资本塑造城市产业结构的路径自成一体，首先是国家出台产业发展战略，然后自上而下全面铺开，中央、省、市各级政府通过将公共财政资金注入国有企业系统，以及通过产业投资项目引导社会资本等直接和间接的方式刺激目标产业。

**图 16　粤港澳大湾区产业资本来源**

### （一）港澳自由市场资本

大湾区产业结构调整对港澳资本的依赖比国内任何其他区域（京津冀、长三角）都要突出。这是因为港澳企业家在珠三角地区的投资量巨大，而且与日俱增。统计数据显示，珠三角城市吸纳的港澳 FDI（主要是香港的 FDI）自改革开放以来一直呈上升趋势，尤其是港澳回归后，增长速度进一步加快，其占比也越来越大。2016 年，珠三角各市一半以上的 FDI 均来自港澳，而广州和深圳的这一比例甚至接近90%，分别达到47.8 亿美元和59.9 亿美元，加上存量数额，港澳资本投资决定可以在很大程度上影响珠三角产业结构的走向。

长期以来，港澳资本主要投向了珠三角的制造业，使得该地区迅速实现了工业化和城市化，成为全国最富庶的区域之一。从某种意义上说，港澳产业资本组织着整个珠三角地区的生产，并将该地区带入国际产业分工体系。港澳企业家在内地开设工厂，利用内地相对廉价的土地、原材料、劳动力，生产出在价格上具有竞争力的商品，然后通过港澳的国际贸易平台销往世界各地，形成所谓的"前店后厂"发展模式。时至今日，这种模式仍是粤港澳产业合作的主导模式。

随着国民财富的积累、技术的进步以及世界经济条件的变化，珠三角城市群的产业结构走到了需要深刻调整的十字路口。毫无疑问，港澳资本对珠三角地区的工业化和城市化功不可没。然而，其前期建立在劳动和资源密集基础上的制造业体系已不再代表产业发展的新方向。香港制造业体系中缺乏新材料、新能源、生物科技、集成电路、智能制造等基于科技创新、技术密集型的现代高科技工业。此外，这个庞大的制造业体系中部分企业存在转型升级惰性。那些既没有自主销售权，也无力开展产品研发和品牌推广的劳动密集型港资企业在战略思维、资金投入、市场风险管控等方面存在局限性，更倾向于通过简单的加工装配业务获取利润，表现出较为严重的"路径依赖"。

**（二）内地的国家资本**

从动态的视角看，改革开放初期，由于内地的国家资本弱小，主要是港澳资本在塑造大湾区的产业结构。经过 40 多年的积累，内地的国家资本逐步壮大，已有能力主导城市群的产业结构调整。正如上文分析所示，自由市场资本以企业自身利润为立足点做出决策，具有风险敏感、短期逐利、流动迅速的特性，对需要系统性协调、持续时间长、成本巨大的产业转型过程很少能负担得起。从这一点来看，港澳资本难以肩负起珠三角产业结构调整的重任。在产业投资决策中，内地的国家资本与自由市场资本的立足点很不一样。内地的国家资本对产业的投资具有鲜明的政策导向性，其最终目的在于贯彻国家的产业发展战略，投资决策注重长期和宏观效果。这种特性弥补了自由市场资本的不足。

内地的国家资本一直在努力改变珠三角的产业结构，以应对外部不断变化的挑战。尤其是 2008 年国际金融危机发生之后，国际经济形势的持续低迷让国家决策层感觉到产业的转型升级日益迫切，从那时起就不断地制定和发布各类产业发展战略，推动结构调整。然而，当前国家的产业政策重点似乎更加偏向制造业。在国家"十三五"规划纲要的优化现代产业体系部分，三章中前两章都是关于制造业的，剩下一章才是关于服务业的，而且阐述制造业发展战略的详细程度高于服务业。纲要提出，要支持战略性新兴产业发展，并以专栏的形式列举了计划实施的十余项工程和行动。而对现代服务业发展的论述则相对宽泛。在此方针指导下，各级政府高度重视制造业发展工作，战略性新兴产业、创新驱动发展成为各级政府产业工作的重点。这不仅体现在省和市级地方政府发布的"十三五"规划纲要上，还体现在各级政府对制造业的财政支持上。从省级层面看，2016 年广东全省一般公共预算支出①中用于商业服务业和金融业的支出分别为 205.5 亿元和160 亿元，而用于工业②的支出为 768.2 亿元，后者超过了前两者总和的两倍。从市级层面看，广州市 2017 年预算草案③显示，为构建高端高新高质产业体系，安排给"广州制造 2025"、战略性新兴产业、汽车产业的预算为 48.2 亿元，而服务业只有 14.4 亿元。类似地，深圳市 2017 年预算亦给予了制造业 60.7 亿元的支出份额，是金融业的 2.2 倍。④

从国家宏观层面来说，通过这两项产业计划提升我国的制造业水平无疑是正确的，但其问题在于整齐划一地在所有城市铺开，很容易忽视城市个体发展的特性，因为到了微观层面，各个城市的产业结构差异性很大，调整方向也千差万别。就珠三角城市群而言，战略性新兴产业等针对制造业的大型产业政策，对佛山、

---

① 《广东省 2016 年预算执行情况和 2017 年预算草案附件二（表格附件第 1 册）》，第 7~8 页。
② 即项目"（十四）资源勘探信息等支出"。
③ 《关于广州市 2016 年预算执行情况和 2017 年预算草案的报告》，第 33 页。
④ 《关于 2016 年深圳市预算执行情况和 2017 年预算草案的报告》，第 15 页。

东莞、珠海、中山等有良好基础的制造业重镇是合适的，借助这些计划可以实现这些城市制造业的转型升级，然而对于广州、深圳，则未必尽然。广州、深圳都是人口达千万级的大城市，比照国外人口规模相近的发达城市，如东京、伦敦、纽约，它们的第三产业 GDP 占比都在 80% 以上。广州、深圳政府应有意识地逐步转向以现代服务业为主导的产业体系，通过逐步将制造业向周边城市转移，腾出空间和资源大力发展现代服务业，与周边制造业城市形成分工。然而，面对国家制定的重大制造业发展计划，珠三角城市政府必须优先考虑这些计划的贯彻执行，从财政、金融、土地、人才、基础设施等方面向制造业倾斜。在这种情况下，投向现代服务业建设的资源自然就要减少。国有资本的这种偏好对市场资本有很大的引导作用。高附加值的现代服务业由于得不到国有资本的关注和扶持而发展缓慢，除了房地产和金融等少数行业，服务业整体利润徘徊不前，自然也很难引起港澳资本的兴趣。

**（三）两种资本需要形成合力**

在大湾区产业结构调整的过程中，港澳资本和内地的国家资本各有利弊。只有正确使用内地的国家资本，合理引导港澳资本，才能形成推动大湾区产业结构调整的合力。根据产业结构现状和辐射带动能力，大湾区的城市可以分为三级，第一级是香港和澳门，第二级是广州和深圳，第三级是余下七个珠三角城市。港澳资本和内地的国家资本应该对不同的城市采取差异化的产业投资策略。

港澳的第三产业就业占比高达 90% 以上，产业结构已经高度服务化，但仍有调整的空间，即集中更多的高附加值服务业。香港的旅游、金融、贸易物流和专业服务创造了香港约一半的地区生产总值和就业。除金融、专业服务等需要高素质人才的行业外，仍然存在较多的低附加值服务行业，如餐饮、零售、旅游、娱乐等。近年来，香港特区政府提出发展"六优产业"，希望借以助推转型。但香港地狭人稠，加上政府"积极不干预"的发展理念，四大产业仍雄踞主导地位，六优产业无法获得进一步成长的空间和资源，2016年的GDP占比不到9%。澳门博彩业一业独大的产业结构弊端也引起政府的重视。与当年制造业向内地转移类似，港澳也面临服务业转移的问题，即把传统的、低附加值的服务业转出，腾出空间和资源发展高附加值的服务业。

广深作为珠三角乃至全国的超大城市，已经到了产业结构转型的关口。内地的国家资本应该有意识地将产业体系的构建重点由制造业转向服务业，逐步减少对广深制造业的刺激，加大对服务业的投入力度。一方面要促进广深对港澳服务业转移的承接，引导港澳资本投向服务业，从而提高广深服务业体系的数量和质量。另一方面，广深要与港澳错位发展，同是服务业中心的定位，广深可以侧重高端生产性服务业，如生产研发、产业孵化、知识产权交易、信息技术服务等。而港澳可以侧重金融、会展、文创、教育、医疗等。总之，广深要与港澳一道构建起大湾区提高生产率所需的现代服务业体系。

东莞、珠海、中山、佛山等城市因其地理位置优势，最早通过吸纳港澳资本构建了各自的制造业体系，各城市在制造业细分行业上有不同程度的分工。制造业内部的生产方式也逐渐从劳动、资源密集型转向技术密集型，产品的技术含量和生产效率都有了很大幅度的提升。但这些城市的制造业仍有不少问题，如自主研发能力弱、对政策的依赖性强、难做大做强等。对这些城市而言，国家倡导的战略性新兴产业、创新驱动发展等产业发展战略是极好的制造业转型升级契机，城市政府要尽力争取内地的国家资本和港澳资本注入这些高端制造业，利用土地、财税、信贷工具逐步淘汰和转移技术含量和附加值低的制造业。惠州、江门、肇庆处于大湾区的外围，受到核心城市的经济辐射相对较弱。虽然目前产业结构上以工业为主体，但工业化仍有很大的提升空间。外围城市要加速工业化，一条捷径就是承接湾区内其他城市转移出来的制造业，所以这些城市未来首要的任务是搞好基础设施和公共服务，提高承接能力。

# 五　对策

## （一）树立分类治理的政策理念

宏观产业政策是立足整个国家层面的。政策到了微观层面，有的城市适用，有的城市不适用，因为各个城市的发展水平有高低快慢之分。中央在制定政策时，需要有分类治理的理念。基于分类治理的产业政策，有两种可能的模式。一种是自上而下的，国家在设计产业政策时把城市差异考虑进来，按照某些标准（如城市大小、人均地区生产总值、三次产业比例等）指定发展目标产业的试点城市。国家在设置试点、分配产业项目和政策资源时应有所选择，避免全面铺开的平均主义，同时也要避免各类试点都集中在少数几个城市的情况。另一种是自下而上的，中央不出台大的产业计划，由各城市上报方案，提出政策需求，中央视情况批准并提供相应的支持。无论哪一种方案，都需要中央掌握更多地方的信息，更细致地设计政策，有针对性地实施，以便符合各城市的实际情况。

## （二）深化服务业领域对港澳资本的开放

港澳在运输、旅游、金融、专业服务上都具有很强的国际竞争力，资本密集型和技术密集型的服务业占比很高。它们需要内地广阔的市场做大做强，而内地也需要引入港澳服务业来加快经济转型，开放服务业市场对双方都有好处。然而，尽管国家出台了 CEPA、自贸试验区等新措施，但目前内地服务业市场对港澳资本的开放程度仍然不够高，配套措施也不够完善。我国现有对外商投资的行业限制多数涉及服务业。例如，在 2017 年 6 月签署的 CEPA 投资协议的负面清单中，非服务业投资领域仅保留了 26 项限制措施，而剩余的限制措施大部分在服务业领域。未来负面清单缩减的重点将是服务贸易。此外，两地法律制度和专业环境差异大，港澳人士考取内地服务业执业资格难度大；审批程序复杂，税收和收费过高；市场准入门槛仍太高，具体的操作程序迟迟未出台；等等，这些问题都阻碍了港澳服务业在内地的投资意愿。未来中央应支持地方率先采取更加积极的措施在粤港澳大湾区全域（而不仅仅局限于广东三个自贸片区内）扩大对香港金融、保险、医疗、律师、检测认证等优势现代服务业的开放，拓展香港与珠三角城市，尤其是广深在现代服务业的合作潜力。

**（三）完善基础设施促进城市互动**

大湾区城市间要实现产业上的分工合作，必须具备方便快捷的交通通信等基础设施，以支撑起城市间日益频繁的人流、物流和信息流。尽管各级政府在大湾区的交通建设上进行了大量投入，一些大型交通项目不断开工建设，如深中通道、港珠澳大桥、南沙大桥等跨江大桥，但目前大湾区高效运转的陆路交通一体化系统与国际发达湾区相比还有很大的差距，道路拥堵、通勤时间长、运营效率低等问题困扰着城市间的产业互动，主要体现在湾内交通规划零散，缺乏整体性设计；交通结构上过度依赖公路，城际轨道交通系统建设相对滞后；粤港澳跨境通勤入关效率低；等等。未来需要采取一系列相应的措施解决上述问题。首先要成立高级别的协同规划执行主体，可借鉴日本的都市圈整备委员会、美国的纽约区域规划协会等实践，筹划成立相关的政府组织或非政府

组织（如粤港澳大湾区交通管理委员会）负责统筹实施。其次是
调整交通投资结构，大力发展轨道交通，包括地铁、城轨、轻轨、
高铁等。大湾区核心城市内部通勤以地铁为主，湾内城市间通勤
以城轨为主，湾区与其他地方的通勤以轻轨之类为主。最后是实
施更为智能的粤港澳跨境通关措施，三地政府共同协商，实现相
关数据共享，采用指纹技术、脸部识别技术辅助开展通关检查，
提高通关效率，确保通关安全。

**（四）促进生产要素在大湾区全域自由流动**

要素自由流动对整个湾区是好事，能提高生产效率，但对
个体城市来说，谁也不愿意先破除壁垒，因为谁先这么做就要
冒税基流失的风险。如果整个大湾区的城市集体行动，由中央
统筹并执行制度壁垒的破除，那么就有可能实现要素自由流
动。要素自由流动的最大障碍是地区间发展不平衡，一旦开
放，有些城市的资源就会外流，但这个问题可以通过建立大湾
区城市间的互助补偿机制缓解。如果哪个城市收益受损，可以
通过大湾区的经济补偿机制，把一些投资项目、产业、财税资
源优先分配给这个城市作为补偿，以此减少开放的阻力。当
前，在自贸片区设立港澳飞地、广佛同城、莞深同城这些政策
仅将生产要素限定在小范围地域内自由流动，难以形成规模效
应。应该从大湾区的层面进行整体性设计，制定一个系统性方
案，从社会保障对接、公共服务均等化、跨境通关、公共管理
信息联网共享等方面逐步进行改革，率先在大湾区 11 市（特
区）的范围内提高要素自由流动的程度。

**（五）严格控制珠三角城市的土地利用**

土地是城市经济发展的物质载体，产业的扩张必然伴随着土
地的扩张。在过去几十年里，为了吸引各类产业，珠三角城市的
土地规模日益膨胀，形成了"摊大饼"的粗放型发展模式。以深

圳为例，2016 年城市建设用地面积占市区面积的比重已达到 46%，比 10 年前提高了 10 个百分点。各个城市（尤其是广深等超大城市）通过土地扩张保证了自身"大而全"的产业体系不受冲击，各类产业的无序混杂不仅使城市运转负担过重，产生"大城市病"，还稀释了城市间对产业分工合作的需求，进而降低大城市经济能量对周边城市的溢出速度。香港长期恪守审慎的土地利用规划，严防城市用地扩张。截至 2016 年底，香港用于城市建设的土地面积不到行政区划陆地面积的三成，其余大部分土地是林地、灌丛、草地和农地①，用于生态环境保护。这就迫使香港必须在各类产业的去留上做出权衡，无法留在本港的产业只能向外寻求物理空间，这是香港同珠三角城市建立紧密经济联系的一个空间约束。同理，为构建合理的大湾区产业结构，珠三角城市也需要这样的空间约束。中央国土管理部门应该严格控制珠三角各市在建设用地上的过度扩张，对各市上报的用地计划采取审慎的态度，从总量规模、增长速度、用地类型、用途等方面加以控制。

---

① 《香港统计年刊 2017》。

# 粤港澳大湾区法律合作：欧盟的经验与启示[*]

刘　佳

粤港澳三地具有"一国两制三法域"的独特性。随着粤港澳大湾区的深入发展，知识产权、商事领域的法律冲突，争端解决机构发展的不协调，将阻碍粤港澳大湾区深化跨境合作。为了协调三地法律，深化粤港澳跨境合作，我们需要借鉴欧盟法律合作、法系融合的经验，并结合我国"一国两制"的实践，采取有针对性的政策和措施：构建粤港澳大湾区法律合作机制；建立粤港澳大湾区知识产权法院，由审判人员决定法律适用；制定、实施、深化粤港澳大湾区跨境贸易投资法律合作框架协议；强化粤港澳大湾区仲裁联盟，邀请粤港澳三地仲裁专家，提升专业化水平，形成优势互补格局。

## 一　粤港澳大湾区法律合作的问题

2019 年 2 月 18 日，中共中央、国务院印发《粤港澳大湾区发展规划纲要》，计划将粤港澳大湾区建设成为充满活力的世界级城

---

　* 本文系广州市哲学社会科学发展"十四五"规划 2023 年度羊城青年学人课题"广州立足湾区提升制度性开放能级路径对策研究"（2023GZQN13）阶段性成果。

市群、具有全球影响力的国际科技创新中心、"一带一路"建设的重要支撑、内地与港澳深度合作示范区以及宜居宜业宜游的优质生活圈。然而，粤港澳三地属于"一国两制三法域"，如何跨越法系冲突，进行跨区域协调，实现三地法律合作，是深化粤港澳合作必须回答的问题。目前，粤港澳大湾区法律合作既存在总规划层面的问题，也存在具体法律部门层面的问题。

**（一）粤港澳三地属于"一国两制三法域"**

我国内地实行社会主义制度；"一国两制"制度实行后，香港和澳门作为特别行政区继续实行资本主义制度。我国内地是社会主义法律体系，偏向大陆法系；香港和澳门回归以后，原有大部分法律仍继续保留并发挥作用，仍属英美法系，由此形成"两法系"。三地在遵守《中华人民共和国宪法》和《中华人民共和国香港特别行政区基本法》、《中华人民共和国澳门特别行政区基本法》的前提下，实行不同的法律制度，因此形成"三法域"。两大法系在多个法律领域存在较大差异。例如，内地法律对于物的归属问题由《中华人民共和国物权法》规定，而英美法系则不接受物权这一概念，二者差异较大。因此，在总规划层面，粤港澳三地存在法律合作的障碍。

**（二）知识产权法律冲突凸显**

在创新驱动发展战略的推动下，珠三角高新产业带已逐渐形成。珠三角高新产业带是由科技部批准的三个国家级高技术产业带之一，产业带内有多个国家级高新技术产业开发区、省级高新技术产业开发区、国家软体产业基地、国家级高新技术产品出口基地、国家"863"成果转换基地和国家级的大学科技园，将产出大量发明专利。此外，粤港澳大湾区的定位也是国际科技创新中心，内地与香港、澳门之间的科技创新交流将进入高速发展时期。科技创新的飞速发展，对知识产权保障提出了新要求，内地与港澳如何通过知识产权领域的法律合作应对这些挑战，是建设粤港澳大湾区国际科技创新中心必须解决的问题。然而，粤港澳三地知识产权的地域性限制，将成为三地贸易投资自由化的绊脚石。在实践中，如果某公司的商标仅在香港注册，未同时在内地注册，将可能因其他公司的抢注而难以在内地使用。因此，伴随粤港澳三地科技创新交流的增加，如何协调三地知识产权立法，突破知识产权的地域性，是粤港澳大湾区建设面临的重大挑战。

**（三）商事法律冲突阻碍粤港澳大湾区贸易投资跨境合作**

目前，粤港澳大湾区已经存在粤港澳府际协议、内地与港澳关于建立更紧密经贸关系的安排系列协议（CEPA）、广东自贸试验区等合作平台。在货物贸易方面，CEPA 协议规定，香港、澳门继续对原产内地的所有进口货物实行零关税，内地从 2004 年起分阶段对原产香港、澳门的进口货物实行零关税。迄今为止，除内地法规、规章、国际公约禁止进口的以及内地在有关国际协议中做出特殊承诺的产品外，内地对原产香港、澳门的进口货物全面实施零关税。在服务贸易方面，当前广东与香港、澳门采取的是"国民待遇+负面清单"以及在跨境服务、文化、电信等部分领域使用"正面清单"的形式。在投资方面，CEPA 协议也是采取"国民待遇+负面清单"的形式，有助于实现投资自由化、便利化。同时，2019 年 3 月 15 日，《外商投资法》通过，将取代原先的"外资三法"（包括《中华人民共和国中外合资经营企业法》《中华人民共和国中外合作经营企业法》《中华人民共和国外资企业法》），全面建立"国民待遇+负面清单"管理制度，并实现内外资企业规则的统一。这样一来，粤港澳大湾区在投资方面的管理制度与《外商投资法》一致，外资企业在内地也将统一适用公司法。然而，粤港澳三地商事法律冲突，将可能限制在三地设立公司、分支机构的自由。在实践中，存在大量香港投资者在内地设立合资企业，也存在大量企业出于税收优惠的考虑在离岸法域注册后再在香港设立子公司；然而，当出现企业破产情形时，香港的《公司清盘条例》没有针对跨境破产问题的规定，内地的《企业破产法》对"互惠"要求的严苛解释又对跨境破产造成阻碍，因而对跨境投资造成不便。因此，未来粤港澳大湾区在深化贸易投资合作方面，除需要进一步协调 CEPA"负面清单"、自由贸易区"负面清单"与外商投资准入"负面清单"外，也需要协调来自公司法、破产法等商事法律冲突。

**（四）争端解决机构发展不协调**

《粤港澳大湾区发展规划纲要》提出了建设亚太区国际法律及争议解决服务中心的建议，但当前广东、香港、澳门三地已经存在多个争端解决机构，这些争端解决机构依然面临严峻挑战，包括珠三角地区争端解决机构存在发展不平衡、机制不灵活、发展同质化、市场开拓不足等共性问题，与香港、澳门特别行政区争端解决机构则存在合作交流不够的问题，未形成错位发展、优势互补的格局。解决这些问题将为未来建设亚太区国际法律及争议解决服务中心提供经验。

## 二 欧盟法律合作的经验与启示

从世界范围来看，欧盟在融合不同法系，形成统一的内部市场法、竞争法、私法等方面具有值得借鉴的经验。欧盟现有 28 个成员国（含英国），成员国内部各有国内法；总体看来，欧盟成员国国内法分属于两大法律体系，即英美法系和大陆法系；然而，尽管存在这些差异，欧盟有效解决了不同法系的融合问题。长远来看，粤港澳三地也将在诸多领域实现法系融合；短期内，欧盟的实践亦为粤港澳大湾区法律合作提供了有益经验。

### （一）构建粤港澳大湾区法律合作机制

欧盟建立、完善内部市场的主要经验在于为货物、人员、服务与资本四大经济要素的自由流动提供制度保障。为了避免各成员国的经济、社会政策与法律的差异造成对四大基本要素自由流动的阻碍，一方面，欧盟在重要的政策领域享有专属性职权、与成员国共享的辅助性职权，从而可以直接推行欧盟层面制定的经济、社会政策；另一方面，在那些通过国内法规制的领域，欧盟通过派生规则的形式，推动成员国之间法律、政策的协调与趋同。换言之，欧盟采用不同立法手段（基础性法律和派生规则）协调不同领域的法律、政策。同时，为协调不同成员国的法律制度，欧盟一直以来努力在内部市场与多元主义治理之间寻求平衡，使成员国能够在广泛学习他国立法和制度经验的基础上，进行有意义的制度创新。在欧盟法律制定的过程中，充分协商颇为重要，成员国、商企业界、劳工界、专业服务界、学术界代表的意见，均会纳入欧盟法律制定的过程，并对欧盟最初的立法意愿做出修正。

在借鉴欧盟寻求法律合作经验的基础上，综合考虑我国《宪法》、香港和澳门特别行政区《基本法》以及"一国两制"的实践经验，为我们的总规划提供启示，以下的"四步走"策略是可行之道。

第一，形成粤港澳大湾区发展目标和任务的框架协议。在中央层面设立粤港澳大湾区建设领导小组，通过与广东省政府、香港和澳门特别行政区政府协调沟通，制定落实《深化粤港澳合作 推进大湾区建设框架协议》和《粤港澳大湾区发展规划纲要》的目标和任务，形成粤港澳大湾区发展目标和任务的框架协议。

第二，三地分别制定法规。广东省政府、香港和澳门特别行政区有关部门，就落实框架协议有关内容，依据法律程序完成本地法规、政策制定工作。

第三，分别评估三地法规。向粤港澳大湾区领导小组设立的部门汇报三地法规、政策制定情况，由粤港澳大湾区领导小组设立的部门负责监督、评估三地法规、政策，对潜在风险进行防控。

第四，深化粤港澳大湾区发展目标和任务框架协议。未来3~5年，粤港澳大湾区领导小组通过与广东省政府、香港和澳门特别行政区政府协调沟通，与工商企业界、劳工界、专业服务界、学术界等交流合作，深化粤港澳大湾区发展目标和任务的框架协议。

**（二）建立粤港澳大湾区知识产权法院**

粤港澳大湾区的定位是国际科技创新中心，需要优先在共识程度较高的知识产权领域，建立粤港澳大湾区知识产权法院，更好地发挥广州知识产权法院等机构的作用。

欧盟知识产权法律融合的经验值得借鉴。在知识产权领域，欧盟成员国在关键问题的规定上是协调一致的，原因在于相较于其他法律制度，知识产权制度具有更高的国际性，条约众多。欧盟亦通过《欧盟运行条约》、指令、条例和判例进一步协调各国立法。借鉴欧盟知识产权法律协调的经验，粤港澳大湾区在建立知识产权法院之外，可以采取以下"三步走"策略。

第一，在未来五年，允许审判人员在现有知识产权国际条约，香港、澳门、内地法律之间选择、决定法律适用，并共同发布重要知识产权案件的判决，实现信息共享。

第二，在遵守我国《宪法》、香港和澳门特别行政区《基本法》的前提下，在接下来的五到三十年间，结合国际条约、三地立法、法律适用经验，设立没有约束力但有指导作用的知识产权示范法。

第三，在第三十年，总结经验，制定三地统一的知识产权法律制度。

### （三）深化粤港澳大湾区贸易投资跨境法律合作机制

1982 年欧盟提出"共同市场"概念后，于 1986 年通过《欧洲单一法令》，明确采纳了"内部市场"的概念，但在通过立法推进内部市场形成的过程中，欧盟并没有一蹴而就地清除各成员国内部妨碍自由内部市场形成的所有法律障碍，而是通过基础性法律明确形成内部市场的基本原则，再通过派生规则规定阶段性任务，由成员国调整国内立法以配合内部市场的形成。相较于欧盟四大经济要素的自由流动，粤港澳三地在货物贸易和服务贸易自由流动方面的尝试，与欧盟的经验基本一致，但粤港澳三地对开设分支机构、公司自由方面的法律保障明显不足，缺乏协调机制。欧盟对于跨成员国开业自由的保障，主要通过派生规则的制定推动成员国在公司法领域的融合。未来，粤港澳三地进一步加深合作，除需要继续扩大货物贸易、服务贸易、投资自由化外，也需要协调公司法、破产法等商事法律的融合。在协调三地商事法律的过程中，最重要的是与法律界代表充分协商，在吸收反馈意见的基础上，不断扩大商事法律的共识基础。

借鉴欧盟协调不同成员国公司法的经验，深化粤港澳贸易投资跨境法律合作机制，采取"四步走"策略。

第一，达成粤港澳大湾区跨境贸易投资法律合作框架协议。在粤港澳大湾区领导小组之下设立特别部门，负责统筹规划；与广东省政府、香港和澳门特别行政区政府协调沟通，达成粤港澳大湾区跨境贸易投资法律合作框架协议。

第二，三地分别制定法规。授权广东省政府、香港和澳门特别行政区政府有关部门，落实粤港澳大湾区跨境贸易投资法律合作框架协议，依据法律程序完成本地相关法规、政策制定工作。

第三，评估三地法规。向粤港澳大湾区领导小组设立的特别部门汇报三地法规和政策制定情况，由特别部门监督、公开评估三地法规、政策，对潜在风险进行防控。

第四，深化粤港澳大湾区跨境贸易投资法律合作框架协议。粤港澳大湾区领导小组通过与广东省政府、香港和澳门特别行政区政府协调沟通，邀请工商企业界、劳工界、专业服务界、学术界等开展广泛交流合作，深化粤港澳大湾区贸易投资跨境法律合作框架协议。

### （四）强化粤港澳大湾区仲裁联盟

强化粤港澳大湾区仲裁联盟，邀请粤港澳三地仲裁专家，提升专业化水平，形成优势互补格局。借鉴设立欧盟法院的经验，同时考虑到粤港澳三地实际情况，需要优先发展仲裁制度。目前，粤港澳三地已有众多仲裁机构，我们需要将重点放在提升仲裁机构的专业性，强化粤港澳大湾区仲裁联盟，以下三项可以是具体的方案。

第一，珠三角地区仲裁机构邀请粤港澳三地仲裁专家，加强同香港、澳门仲裁机构的合作交流。

第二，各个城市仲裁机构分工合作，使业务专业化，形成错位发展、优势互补的格局。

第三，发布国际仲裁相关程序在粤港澳大湾区各个城市仲裁机构的程序指引，实现国际仲裁相关程序的中国化。

# 粤港澳大湾区粤港劳动权益保护 与社会保障：问题与对策[*]

刘　佳

受"打造世界一流湾区"政策驱动，中央和广东省已提出多项吸引香港居民在粤港澳大湾区（简称"大湾区"）广东九市工作的政策，用以推动人员要素的自由流动。为香港跨境劳动者提供完善的劳动权益保护与社会保障，将进一步推动大湾区人员要素自由流动。为此，我们认为下述五项方案是可以考虑的：区分工作类型，为跨境劳动者提供多元化的劳动权益保护；探索多元化职业资格认证方式，吸引香港居民到大湾区工作；强化两地社会保障信息共享，细化养老保障和医疗保险对接方案；建立大湾区"调解+仲裁+审判"一站式劳动争议解决机制；强化粤港司法协助，优化劳动争议判决承认和执行的相关安排。

## 一　大湾区粤港人员流动及社会保障现状

粤港两地共享相同的岭南文化和语言，人员流动频繁。香港

---

*　本文系广州市哲学社会科学发展"十四五"规划 2023 年度羊城青年学人课题"广州立足湾区提升制度性开放能级路径对策研究"（2023GZQN13）阶段性成果。

42

特区政府统计处的估算数据显示，在广东省逗留 6 个月或以上的香港永久居民约 53 万人，其中适龄劳动人口约为 20 万人。香港也是广东最大的直接投资来源地。1979~2017 年，香港投资者在广东直接投资累计金额达 2728 亿美元，占全省境外投资总额的 64.4%，且投资领域已逐渐多元，广泛覆盖制造业和服务业。

为香港劳动者提供完善的劳动权益保护和社会保障，将进一步推动大湾区人员的自由流动。劳动权益是指公民在从事劳动中所应享有的基本权利，一般包括劳动权、劳动报酬权、休息权、职业培训权、物质帮助权等。其中，社会保障权属于劳动者应享有的物质帮助权。当劳动者丧失劳动能力或劳动机会时，社会保障将为确保劳动者的生存和劳动力再生产提供必要的物质帮助。实践中，中央和广东省政府早已意识到通过完善的劳动权益保护和社会保障制度，吸引香港专业人才到大湾区工作的重要性，不仅取消了港澳台人员在内地（大陆）就业的就业许可制度，也在逐步拓宽港澳台居民能够在大湾区享有的社会保障。从 2018 年 9 月开始实施的为港澳台居民办理居住证的政策，使得港澳台居民获得与内地（大陆）居民同等的劳动就业权、社会保险权，以及缴存、提取和使用住房公积金的权利。众多有力的就业和社会保障政策，为促进大湾区人员要素自由流动，特别是吸引大湾区未来发展急需的专业人才奠定了坚实的社会基础。

## 二 强化大湾区粤港劳动权益保护及逐步实现社会保障一体化存在的问题

虽然中央和广东省已推出多项促进大湾区人员自由流动的政策，但当前粤港两地劳动权益保护和社会保障一体化仍存在不足，主要体现在以下五个方面。

第一，粤港劳动权益保护法律存在差异。两地相关法律在内容方面存在较大差异，体现为在法定最低工资标准、工资构成、劳资关系、平等机会、工会的角色等方面均存在不同。例如，香港目前的最低工资标准为 2019 年 5 月制定的每小时 37.5 港元。内地各地最低工资标准不一，广东省 2018 年 7 月确定的最低工资标准为第一类地区广州每月 2100 元、深圳 2200 元，第二类地区珠海、佛山、东莞、中山 1720 元，第三类地区汕头、惠州、江门、肇庆 1550 元，其余地区为 1410 元。同时，香港法律对劳动权益保障较为完善，可操作性也强。以疾病津贴为例，香港法律规定在有注册西医证明的情况下，连续病假四天，可享有正常工资 4/5 的病假津贴，病假最多可休息 120 天。内地《关于贯彻执行〈中华人民共和国劳动法〉若干问题的意见》第 59 条规定，职工患病期间的工资支付标准则是不能低于当地最低工资标准的 80%，仅规定最低工资标准对于企业而言较为灵活，但从被雇佣人员劳动权益保护的角度来看，内地法律规定给予企业灵活操作的空间较大则意味着对劳动权益保护的不确定性更高。此外，目前大湾区虽然已在就业和社会保障领域为香港居民提供了多项便利政策，但在协调粤港劳动权益保护方面，尚无适用于大湾区的高位阶立法。粤港两地劳动权益保护的相关立法不一致，可能导致两方面不利后果：（1）对于在大湾区广东九市工作的香港居民而言，由于两地法律规定不同，加之内地法律法规繁多，各地标准不一，可能难以了解内地关于劳动权益保护的法律规定，增加权利被侵犯的风险；（2）香港居民可能考虑到大湾区广东九市劳动权益保护尚不如香港那样具体、有力、可操作性强，而不将大湾区广东九市视为工作地的首选，这都不利于促进大湾区人员自由流动。

第二，职业资格互认有待进一步放宽。目前，大湾区已取消港澳人员在内地就业须获得行政许可审批的要求，并在多个广东省急需发展的领域放宽两地职业资格互认。进一步放宽粤港职业资格互认有利于大湾区充分发挥香港行业协会的作用，提升大湾区行业协会的国际化水平和标准，并通过人才资源的互补，增强经济社会活力和技术创新，实现多方共赢。

第三，养老福利和医疗保险的对接方案仍需细化。目前，持有居住证的香港居民享有劳动就业，参加社会保险，缴存、提取和使用住房公积金等三项权利、六项基本公共服务，以及九项日常生活范畴的便利活动。国家也在探索实现两地社会保障和福利对接的方案。人社部发布的《香港澳门台湾居民在内地（大陆）参加社会保险暂行办法（征求意见稿）》就香港居民在内地参加养老、医疗等社会保险与内地居民享受同等待遇方面做出了安排，在一定程度上为目前社会保险转移接续的困难提出了解决方案。然而，这些政策安排尚未对某些具体问题做出详细安排。例如，香港居民在粤就医时如何共享医疗信息，是否可以实现两地处方的通用，香港特区政府推出的"医疗补贴计划"（简称医疗券）能否在香港大学深圳医院以外的地方使用等，都是有待解决的重要问题。

第四，两地劳动争议解决机制差异大。当劳动者与用人单位之间发生无法协商解决的纠纷时，通常采用多元化的纠纷解决机制化解。除诉讼外，调解、仲裁等非诉讼机制也是常用手段。内地采取"一调一裁两审"制。其中，劳动调解不是仲裁的必要前置措施，但仲裁是诉讼的必要前置措施。香港的劳动争议解决以调解和仲裁为主，实行先调解后仲裁，调解是仲裁的必要前置程序，最后仅在法律论点错误或存在超越管辖权的情况下，才可向高等法院原讼法庭提出诉讼，在对原讼法庭决定不服时向上诉法庭申请上诉。在香港，调解由劳工处的下属部门劳资关系科负责。如调解无效，该索赔请求会转交劳资审裁处或小额薪酬索偿仲裁处。劳资审裁处负责审理索赔额超过 8000 港币的金钱纠纷，小额薪酬索偿仲裁处负责解决索赔额不超过 8000 港币的金钱纠纷。与内地的劳动仲裁相比，香港的劳动争议解决机制有两点显著差异。（1）在劳资纠纷中，调解起着重要作用。根据香港劳工处的统计数据，香港每年处理的劳资纠纷约为 14000 起，通过调解而解决的占到 70%以上。（2）香港解决劳动争议的工作人员专业素养较好，劳资审裁处和小额薪酬索偿仲裁处均可通过简便、快捷的程序处理劳动争议。

在大湾区的实践中，涉及香港的劳动权益保护纠纷，通常以两种形式存在：一是发生在香港投资企业与内地劳动者之间，二是发生在内地企业与香港劳动者之间。以往涉港的劳动权益纠纷，以前者为主。在这种情况下，虽然香港投资企业可能存在不了解内地法律的情况，但由于在内地劳动仲裁和诉讼均可聘请律师，香港投资企业可在内地律师的帮助下了解内地法律。但是，随着大湾区建设的推进，香港劳动者在内地工作的情况将持续增多，劳动权益纠纷将更多涉及内地企业与香港劳动者之间的关系。在此情况下，粤港两地劳动争议解决机制的诸多差异，可能带来两方面负面效果：（1）香港劳动者对内地法律法规缺乏了解，加之劳资双方在诉讼和仲裁中原本就处于不平等地位，将不利于为香港劳动者提供劳动权益保护；（2）可能存在香港劳动者对内地劳动仲裁认知度和认可度较弱的情况，也可能存在对劳动仲裁不甚了解，甚至将劳动仲裁等同于人力资源行政部门的行政行为的情况，加之部分仲裁员专业水平与法官存在明显差距，更使香港劳动者对内地劳动仲裁的认可度大打折扣。在法律法规、法律程序以及权利救济理念等多方面存在显著差异的情况下，在粤工作的香港劳动者在劳动权益受到侵犯时，可能难以主动寻求法律救济，更难以产生对内地劳动权益保障体制的信任，这对于吸引香港劳动者到大湾区工作是十分不利的。

第五，劳动争议判决执行困难。在跨境语境下，某一地区仲裁院或法院做出判决裁定，在另一地区发生效力或者强制执行，称为对境外判决裁定的承认和执行。判决的承认和执行是司法协助的重要内容。一般说来，如何承认和执行境外仲裁院和法院的判决裁定，是由本地区自己的法律做出规定。在内地与香港之间，目前已对执行民商事判决、婚姻家庭民事案件判决做出安排，但尚未对劳动争议判决的承认和执行做出专门安排。在这种情况下，对于发生在香港投资企业与劳动者之间的劳动争议判决裁定，存在难以在香港承认与执行的问题。特别是当香港投资企业在内地的财产无法清偿时，如无法通过在香港执行该劳动争议判决获得赔偿，劳动者的权益将无法得到充分保障。

## 三 大湾区粤港劳动权益保护和逐步实现社会保障一体化的方案

目前大湾区在粤港劳动权益保护和社会保障一体化方面，仍存在困难。针对前述五项难点，以下五点值得考虑。

### （一）区分工作类型，为香港劳动者提供多元化的劳动权益保护

由于两地劳动立法存在差异，为香港劳动者提供与内地劳动者同等的劳动权益保护，仍存在困难。在实践中，在香港投资企业与内地劳动者、内地企业与香港劳动者之间，存在不同类型的工作关系。基于劳动合同和劳务派遣形成的法律关系做出的类型性划分，我们提出以下三项方案。

第一，利用互联网平台，使香港劳动者清晰地了解内地劳动权益保护相关法律。本项针对基于劳动合同而形成的法律关系，包括在广东九市的香港投资企业与内地劳动者、内地企业与在广东九市工作的香港劳动者之间的劳动关系。对于此类劳动关系，《中华人民共和国涉外民事关系法律适用法》规定，适用劳动者工

作地法律保障劳动者权益，在法律适用方面并无困难，但难点在于令香港劳动者了解内地劳动法和相关法规。因此，需要充分利用互联网平台，清晰地告知香港劳动者内地劳动法和相关法规，特别是关于劳动合同的具体条款、参加社会保险、获得医疗服务以及子女就读的相关法律法规。

第二，完善劳动法或适用国际私法，为跨境劳务派遣者提供权益保护。针对香港企业与中国公民（包括内地居民和香港居民）直接签订劳动合同，并将中国公民派遣至中国境内劳动的情况，《中华人民共和国劳动法》和《中华人民共和国劳动合同法》规定仅调整境内设立的企业与个人之间的劳动关系，而不调整境外设立的企业。针对该问题，本文尝试性地提出两种解决思路。（1）可以从劳动法角度出发，进一步明确劳动法的调整范围，规定境外企业与劳动者建立劳动关系的，按照《中华人民共和国涉外民事关系法律适用法》的规定适用有关国家或地区的法律，进而通过国际私法选择适用的法律。（2）可以将《中华人民共和国劳动法》和《中华人民共和国劳动合同法》对劳动者的权益保护作为最低标准，如香港法律对劳动者权益的保护力度高于内地法律的，在排除损害公共利益的情况之后，适用香港法律。但须注意，无论实践中采取何种途径，解决该问题核心在于在多种法律之间，选择一种为跨境劳动者劳动权益提供更高程度保护的法律。

第三，设立专题调查委员会，逐步完善内地劳动权益保护立法。目前，对于基于劳动合同形成的劳动关系，香港和内地对劳动权益保护的相关规定有所不同，香港的法律对劳动权益的保护更为具体，可操作性更强，保护程度也更高。考虑到香港法律的种种优势，有学者建议借鉴香港经验，在内地制定单行条例，为劳动权益提供更高程度的保护。但是，在借鉴香港立法实体规范时，应注意到香港现在的劳动权益保护立法是经历多次修改之后的结果。以疾病津贴立法为例，1961 年《雇佣条例》规定的疾病津贴为工资的一半，远未达到国际劳工组织公约建议的 2/3，且 1968 年关于社会保障专题调查委员会报告显示，该项规定"远未被广泛地遵守"。事实上，直到 1977 年，工业界才同意修改该立法，使香港立法符合国际劳动组织公约建议的 2/3。香港的立法经验表明，即使立法对劳动权益保护做出较高程度的规定，如该立法未能获得工业界认可和支持，也难以实施，仅依靠向劳工处寻求救济无疑会增加法律实施的成本。因此，提高内地劳动权益保护更合理的措施应是借鉴香港经验，设立单独的专题调查委员会，由政府出面，促进劳资双方沟通和理解，逐步完善劳动权益保护的立法，为劳动者提供更合理的保护。

**（二）探索多元化职业资格认证方式，吸引香港劳动者到大湾区工作**

在扩大粤港职业资格互认范围之外，也可探索简化职业资格认证的方式。例如，可采纳学者的建议，对具备专业资格的香港人才实行备案制，经行业主管部门注册或相关政府部门备案后即取得大湾区执业资格。此外，也可通过香港工会和行业协会等非政府组织，宣传大湾区职业资格互认的相关政策，并为香港劳动者提供跨境工作地信息服务，吸引香港人才到大湾区工作。

**（三）强化两地社会保障信息共享，细化养老保障和医疗保险对接方案**

尽管中央和广东省已就大湾区粤港社会保障和福利对接提出了概括性方案，但仍需提供更多的实施细则。本文在区分社会保障类型的基础上，针对尚未实现对接方案细化的医疗保险和养老保障，提出两项具体建议。

第一，设立大湾区医疗保险卡，实行粤港电子健康记录互通和处方互认。香港劳动者在广东九市就医时，不仅需要通过内地的医疗保险支付就医费用，也需将在香港就医情况的信息携带到大湾区。为实现两地就医信息共享，需要引入大湾区医疗保险卡，允许香港劳动者在大湾区内广东九市就医时直接使用大湾区医疗保险卡结算，由该卡记录劳动者医疗参保情况、就医情况和医疗费用报销情况，并通过网络技术加强医疗监管。粤港两地也可通过签署协议的方式，协调关于电子健康记录的法律规定，实行粤港电子健康记录互通。可采取试点方式，分阶段进行两地基础设施和电子健康记录互通模块的建设，并强化从专业医疗卫生人员及患者的角度对系统进行测试和评价。在设立电子健康记录互通系统时，不应忽视对患者隐私权和数据安全的保障。医疗领域涉及的信息具有医学研究和临床应用价值，但这些信息对患者而言是私密的、不愿为他人知晓的，因此在利用信息、挖掘其潜在价值时，也要确保信息不被泄露。这要求大湾区在设立电子健康记录互通机制时，通过法律和技术手段的结合，有效保障患者隐私权和数据安全。此外，两地也可探索医疗处方互认，这需要规定处方具备完整的组成要素，以容易清晰识别的方式列出这些要素，用以确保处方的真实性，确保医药产品的名称和剂量能够被准确识别，并能够促进患者对处方和使用产品相关信息的可理解性。当然，在实行医疗处方互认时，也应确保患者的隐私得到保护，强化对相关数据安全的保护。

第二，扩大医疗券适用范围，明确医疗券监管责任。目前，粤港两地在香港大学深圳医院使用医疗券的试点取得了积极成效，可进一步扩大医疗券在大湾区的适用范围。为保障医疗券制度的推广，粤港两地政府可通过签订协议的方式，确定监管责任，特别需要完善临床管治架构和强化财务监管。

**（四）借鉴香港经验，建立大湾区"调解＋仲裁＋审判"一站式劳动争议解决机制**

解决劳动者权益纠纷的核心在于为劳动者和企业提供公平、

高效的解决方案。为此，本文提出建立大湾区"调解+仲裁+审判"一站式劳动争议解决机制，包括三项具体方法。

第一，引入香港仲裁员，发挥粤港仲裁员的不同优势。在涉港劳动仲裁中引入香港仲裁员，可以充分发挥他们在该领域的专业和语言优势，消除地域上的偏袒性，也可打消香港当事人对仲裁公平性的疑虑。事实上，随着大湾区国际化营商环境的建设，民商事领域仲裁早已开始积极引入港澳台和外籍仲裁员。深圳国际仲裁院不断引入港澳台和外籍仲裁员，提高了深圳国际仲裁院的国际化水平和公信力，取得了积极成效。虽然我国劳动仲裁与贸易仲裁的实体及程序规定不尽相同，但在确保香港劳动仲裁员具备深入了解、运用内地法律的能力的前提下，探索将这些仲裁员引入劳动仲裁中，将更大地提升劳动仲裁的国际化水平，提高香港当事人对仲裁和仲裁裁决的信任。

第二，借鉴香港劳动仲裁机制，引入小额劳动争议机制。可以借鉴香港以索赔金额区分劳动仲裁主管部门和仲裁程序的经验，引入小额劳动争议仲裁程序，进一步提升劳动争议解决效率。

第三，提升调解、仲裁和诉讼的衔接性，建设大湾区一站式劳动争议解决机制。提供多元化劳动争议解决机制，将高效率、高质量地解决纠纷。其中，调解是一项可以极大地缩短纠纷解决时间的劳动争议解决机制。香港每年发生的劳资纠纷，超过半数以上的当事人愿意到劳资关系科寻求调解解决，这也大大缓解了劳动仲裁部门的工作压力。在大湾区的实践中，广州市人民法院已尝试探索创新劳动争议调处机制，联合仲裁机构和人民调解委员会，在广州市建立诉调对接工作室，并通过与仲裁机构建立劳动争议裁审衔接机制，极大提升了审判效率。因此，可在大湾区探索建立"调解+仲裁+审判"一站式劳动争议解决机制，实现案件衔接、信息实时互通、案件结果迅速反馈，从而提升劳动争议解决的效率。此外，在提升纠纷解决效率的同时，也应注重提升劳动争议解决的质量。例如，可以通过改善劳动仲裁员的待遇，并通过为劳动仲裁员提供完善的职业培养和上升渠道，吸引专业律师加入劳动仲裁行业。实践中，部分法院已在探索建立劳动争议常见争议标准化说理和标准化条文引用文库，如能在劳动仲裁和劳动诉讼中推广这种标准化文库，将有效地提升仲裁和庭审的质量，使大湾区的劳动争端解决机制更具权威性和可信性。

**（五）强化粤港司法协助，优化劳动争议判决承认和执行的相关安排**

2019 年，《最高人民法院关于内地与香港特别行政区法院相互认可和执行民商事案件判决的安排》仅对民商事案件判决（此处所称"判决"，在内地包括判决、裁定、调解书、支付令，但不包括保全裁定，在香港包括判决、命令、判令、诉讼评定证明书，不包括禁诉令、临时救助命令）做出了安排，不涉及劳动争议判决裁定的承认和执行。对此，本文提供两种可能思路。（1）从强化粤港合作的长远角度出发，大湾区投资和人员自由流动将越发频繁，应在与中央政府部门沟通基础上，与香港特区政府协商，就劳动争议判决裁定的承认和执行做出长期安排。（2）从解决劳动争议判决裁定承认与执行的现实出发，可考虑类推适用《最高人民法院关于内地与香港特别行政区法院相互认可和执行民商事案件判决的安排》的相关规定，以确保劳动者的相关权益能得到充分保障。

# 粤港澳大湾区医疗合作：难点与解决方案<sup>*</sup>

刘　佳

促进粤港澳大湾区（简称"大湾区"）居民跨境自由流动，有赖于优质的社会服务供给和完善的社会保障制度。为大湾区居民在跨境工作和生活中，提供优质的医疗服务更是进一步提升大湾区社会服务供给、促进社会保障制度建设的一项核心内容。当前，粤港澳大湾区三地医疗合作已初具规模，未来受大湾区建设国际一流湾区和世界级城市群政策驱动，三地居民流动性势必得到增强，因此，深化大湾区医疗合作，逐步实现三地医疗保障一体化刻不容缓。为深化大湾区医疗合作，借鉴欧盟推动社会政策一体化的经验，立足大湾区实际情况，本文提出五方面具体方法：第一，利用香港和澳门医疗优势，推动大湾区优质医疗资源紧密合作；第二，设立大湾区跨境医疗服务咨询委员会，提供跨境医疗专业意见；第三，放宽港澳专业医疗人员在粤开设医疗机构的资格限制，积极引入港澳专业医疗人员，增进专业医疗人员间的沟通交流；第四，保障港澳居民在粤就医权利，建立大湾区医疗联络据点，提升跨境就医便利化程度；第五，设立大湾区社会保障协调委员会，引入大湾区医疗保险卡，逐步实现粤港澳三地医疗保障制度一体化。

---

　　* 本文系广州市哲学社会科学发展"十四五"规划 2023 年度羊城青年学人课题"广州立足湾区提升制度性开放能级路径对策研究"（2023GZQN13）阶段性成果。

# 一 粤港澳三地医疗发展及合作现状

目前，大湾区医疗合作发展呈现医疗机构及医疗专业化人才多、医疗服务质量较高，且各城市医疗资源互补等特征，具备合作潜力。此外，未来伴随大湾区自由化程度的提升，人员的自由流动将产生更多医疗服务需求，这为大湾区医疗合作提出了更高要求。本文从粤港澳三地医疗合作的基础及必要性两个层面出发，介绍大湾区三地医疗合作现状。

**（一）大湾区三地医疗合作经验丰富，政策导向有力**

总体而言，粤港澳三地医疗资源充足，呈现互补特征，且三地医疗合作经验丰富。未来，在打造"健康湾区"政策推动下，三地医疗合作具备发展基础。具体而言，三地医疗合作基础体现在以下三个方面。

第一，大湾区三地医疗资源充足。大湾区广东九市，特别是广州和深圳丰富的医疗资源为粤港澳三地医疗合作奠定了基础。2019年广东省统计年鉴数据显示，大湾区广东九市共有医疗机构22891家，其中医院904家，床位数294617张，卫生工作人员总计592932人，执业（助理）医师177627人。其中，广州和深圳在医院数、床位数、卫生工作人员人数、执业（助理）医师人数等统计指标上十分突出（见表1），分列前两位。此外，大湾区各地区医疗资源呈互补特征，医疗资源整合及合作潜力大。粤港澳三地医疗资源的差异体现在多个方面，包括香港能够提供高质量的医疗培训，广州、深圳、香港和澳门具备不同类型的医药产品创新和研发能力，深圳市更是具有国家级基因库，港澳地区的家庭医生、与国际接轨的医疗服务管理模式、私人医疗机构等也为大湾区其他城市医疗服务的进步提供了成熟的借鉴经验。

表 1　大湾区广东九市各市医疗卫生机构、床位和人员数（2019 年）

| 市别 | 机构（家） | 医院（家） | 床位数（张） | 医院床位（张） | 卫生工作人员（人） | 卫生技术人员（人） | 执业（助理）医师（人） |
|---|---|---|---|---|---|---|---|
| 广州 | 4598 | 255 | 95134 | 86011 | 188695 | 156497 | 54134 |
| 深圳 | 4380 | 140 | 43215 | 39837 | 114866 | 93643 | 36309 |
| 珠海 | 838 | 45 | 9899 | 8849 | 22168 | 18430 | 7090 |
| 佛山 | 1932 | 120 | 37227 | 34508 | 64931 | 55398 | 20001 |
| 惠州 | 2764 | 76 | 21452 | 15916 | 41399 | 34800 | 13339 |
| 东莞 | 2722 | 102 | 31059 | 30239 | 64349 | 54317 | 19516 |
| 中山 | 894 | 62 | 15802 | 15685 | 28069 | 24419 | 8800 |
| 江门 | 1652 | 48 | 23482 | 17079 | 36201 | 30479 | 10298 |
| 肇庆 | 3111 | 56 | 17347 | 13426 | 32254 | 25032 | 8140 |
| 总计 | 22891 | 904 | 294617 | 261550 | 592932 | 493015 | 177627 |

数据来源：《广东统计年鉴 2019 年》。

　　第二，大湾区三地医疗合作经验丰富。"内地与港澳关于建立更紧密经贸关系的安排"系列协议（CEPA）在广东省的实施为港澳医疗服务人员在粤投资开办医疗机构创造了便利条件。港澳居民也可通过获取内地医师资格以及短期行医的方式在内地行医，既可以直接执业，也可开设个人诊所。受益于这些政策，已有港澳居民在粤开设医疗机构并执业。根据广东省卫健委的统计数据，截至 2017 年底，港澳服务提供者在广东省申办的医疗机构共 46 家，其中独资 44 家，合资 2 家；港资 41 家，澳资 5 家。截至 2019 年 6 月，获得内地医师资格的港澳医师在广东执业登记人数为 258 人；截至 2018 年 12 月 31 日，香港医师在广东短期行医人数为 74 人，澳门医师在广东短期行医人数为 11 人。此外，珠海横琴新区和深圳已率先试点医疗保障互认互通。2015 年 10 月起，香港特区政府推出长者"医疗券"在香港大学深圳医院支付医疗服务费用的试点计划。2019 年 7 月，澳门与珠海也尝试为常住横琴的澳门居民提供参与当地医疗保险的试点，两项计划为三地医疗保险和医疗福利互认互通提供了试点经验。

第三，深化三地医疗合作政策导向有力。受打造"健康湾区"政策推动，2018 年 1 月，为加强大湾区医疗卫生领域的交流合作，三地共同签署《粤港澳大湾区卫生与健康合作框架协议》，并提出26 个合作项目，这些项目涉及全科医生培训、医疗急救服务体系的优化、医疗事故鉴定等多个领域。

**（二）深化大湾区医疗合作，实现三地共赢**

深化大湾区医疗合作具有必要性，这不仅体现在三地医疗资源的互补特征，也体现在香港和澳门不断增长的医疗需求，以及未来大湾区货物、服务、人员流动自由化将产生的对跨境医疗及医疗保障一体化的巨大需求。因此，深化三地医疗合作并逐步实现医疗保障一体化是实现三地共赢的必然要求。

第一，香港公立医疗资源紧张。由于人口老龄化非常严重，老龄人口多发慢性病，加之居民对公立医院的福利依赖，香港公立医院长期面临巨大的服务压力，特别是专科门诊的轮候时间过长，新症患者需等候十几周甚至几十周。为此，香港特区政府于20 世纪 90 年代开始推行医疗改革，分别于 1993 年、1999 年、2000 年、2005 年和 2008 年进行了五次改革，探索了多种改革发展方向，包括引入覆盖全民的社会医疗保险，但部分改革并未成功。其中，包括加强基础医疗、公私医疗融合以及资源投保计划在内的医疗改革计划影响至今。在改革的 20 多年内，香港公共医疗卫生开支不断增长。1989/1990 年度至 2017/2018 年度，受公共医疗卫生支出带动，香港医疗卫生总开支累计增加了 378%，公共医疗卫生支出累计增加了 500%。预计到 2030 年，将有近 30% 财政总支出用于医疗卫生，这将对香港公共财政可持续发展构成极大挑战，也不利于现行医疗体系的有效运作。

第二，澳门医护人员相对缺乏。虽然澳门的基层医疗相对成熟，但医疗可及性并不高。如表 2 所示，2018 年澳门每千人口与医生比例为 1：2.6，但每千人口与西医比例仅为 1：1.6，低于广东省每千常住人口与执业（助理）医师（人）的比例（1：2.44）；澳门每千人口与护士比例为 1：3.7，高于广东省每千人口与护士比例（1：2.95），但低于广州市每千人口与护士比例（1：4.81）和珠海市每千人口与护士比例（1：4.31）。

表 2　澳门每千人口与医护人员比例

| 年份 | 2014 | 2015 | 2016 | 2017 | 2018 |
|---|---|---|---|---|---|
| 医生 | 2.5 | 2.6 | 2.7 | 2.6 | 2.6 |
| 护士 | 3.1 | 3.5 | 3.6 | 3.7 | 3.7 |
| 牙科医生/牙科医师 | 0.4 | 0.4 | 0.4 | 0.4 | 0.4 |
| 中医生/中医师 | 1.0 | 1.0 | 1.1 | 1.1 | 1.0 |

数据来源：澳门统计暨普查局。

第三，深化三地医疗服务合作并逐步实现医疗保障一体化，是推动大湾区人员自由流动的必然要求。由于粤港澳三地有着共通的语言、历史和文化，粤港澳民间长期保持着密切联系。根据广东省人社厅的统计数据，截至 2017 年底，累计来广东省工作的外国人才为 75 万人，港澳台人才 115 万人，两项数据合计居全国首位。未来受粤港澳大湾区建设国际一流湾区政策的驱动，在货物和服务互联互通增强的同时，人员流动也会更为频繁，在大湾区广东九市工作和生活的港澳居民也将产生医疗服务需求，为这部分港澳居民提供优质的医疗服务和完善的医疗保障十分重要，这也将吸引更多港澳居民在粤工作和生活，从而进一步助推人员自由流动。

综上所述，受建设国际一流湾区和世界级城市群政策驱动，粤港澳三地医疗合作已初具规模，且三地医疗资源呈现互补状态，极具合作潜力。此外，深化粤港澳三地医疗合作，逐步实现三地医疗保障一体化，不仅将为进一步推动大湾区人员自由流动提供坚实的社会基础，也将深化大湾区医疗合作，实现三地共赢，因而具有迫切性和必要性。

# 二 深化大湾区医疗合作并逐步实现医疗保障一体化的难点

大湾区医疗合作涉及跨境医疗。一般说来，跨境医疗包括四种类型：短期旅途就医、异地工作就医、异地计划就医以及退休异地安置就医，主要涉及患者、医疗机构和医保机构三者之间的关系。大湾区目前的跨境医疗实践和整体规划表明，跨境医疗主要涉及港澳居民在粤就医的情况，牵涉港澳居民与广东省医疗机构、医保机构三者之间的关系。基于此，本文从以下五个方面入手，讨论深化三地医疗合作、逐步实现三地医疗保障一体化存在的难点。

## （一）大湾区广东九市医疗资源分配不均

参考表3可知，大湾区广东九市医疗资源分配并不平衡。广州每千常住人口的卫生机构床位数、在岗职工人数、设备数等各项指标均处于九市之首，而江门、肇庆、惠州和东莞在部分指标方面尚未达到广东省的平均水平。此外，大湾区广东九市城市间优质医疗资源分配更加不平衡。根据复旦大学中国医院排行榜（2017年度）数据，在全国最顶尖的100家医院中，广东九市中广州有10家，其他城市（包括深圳）未有医院上榜。

**表3 大湾区广东九市各市每千常住人口床位、人员、设备情况（2018 年）**

| 市　别 | 常住人口（万人） | 卫生机构床位（张） | 在岗职工（人） | 卫生技术人员（人） | 执业（助理）医师（人） | 全科医生（人） | 注册护士（人） | 万元以上设备台数（台） |
|---|---|---|---|---|---|---|---|---|
| 广东省 | 11346.00 | 4.56 | 8.12 | 6.68 | 2.44 | 0.25 | 2.95 | 5.92 |
| 广州 | 1490.44 | 6.38 | 12.66 | 10.50 | 3.63 | 0.35 | 4.81 | 12.07 |
| 深圳 | 1302.66 | 3.32 | 8.82 | 7.19 | 2.79 | 0.27 | 3.09 | 10.31 |
| 珠海 | 189.11 | 5.23 | 11.72 | 9.75 | 3.75 | 0.31 | 4.31 | 8.92 |
| 中山 | 331.00 | 4.77 | 8.48 | 7.38 | 2.66 | 0.24 | 3.52 | 7.66 |
| 佛山 | 790.57 | 4.71 | 8.21 | 7.01 | 2.53 | 0.28 | 3.22 | 6.12 |
| 江门 | 459.82 | 5.11 | 7.87 | 6.63 | 2.24 | 0.34 | 3.03 | 4.11 |
| 肇庆 | 415.17 | 4.18 | 7.77 | 6.03 | 1.96 | 0.22 | 2.63 | 3.90 |
| 惠州 | 483.00 | 4.44 | 8.57 | 7.20 | 2.76 | 0.29 | 3.20 | 5.00 |
| 东莞 | 839.22 | 3.70 | 7.67 | 6.47 | 2.33 | 0.18 | 3.03 | 6.29 |

数据来源：《广东省卫生健康统计年鉴 2018 年》。

**（二）粤港澳三地医疗服务理念存在差异**

香港和澳门在提供医疗服务的定位方面与内地存在差异。在香港和澳门，医学并不局限于救治，还强调以人文关怀为基础的全方位照顾，涉及医患关系中对身、心、灵的综合关怀，这体现在香港高质量的临终关怀及澳门优质的家庭医生方面，与内地对医学的定位存在很大差异。

**（三）粤港澳三地医疗专业资格互认困难**

目前，广东省相关部门希望在医疗专业技术人员资格互认方面积极作为。然而，实践中面临省级政府相关部门权限范围有限、粤港澳三地制度差异大的困难。一方面，医疗领域的专业资格互认，涉及行业法律法规或国务院部门规章，应由国家行业主管部门安排；而《内地与香港 CEPA 服务贸易协议》的修订权也在中央政府。另一方面，香港、澳门与广东省九市，亦面临制度和法律体系的差异。在内地，政府部门负责对专业资格实行评价和注册。在香港，由行业协会或依据法律条例设置的法定机构负责专业资格注册管理，特区政府不能干预行业协会或法定机构的运作。澳门于 2018 年引入《医疗人员专业资格及执业注册法律制度》草案，用以统一此前公、私营医疗人员不同的法律规范，而《医疗人员专业资格及执业注册法律制度》属法律草案，法律事项不是特区政府行政部门可以干预的领域。因此，粤港澳三地的制度差异，使实现专业技术人员资格互认存在困难。

**（四）医疗保险和福利转移接续难度大**

区域医疗联合体和区域性医疗中心的建设是未来大湾区医疗合作的发展方向。目前，面临的最大阻碍是三地医疗保障制度的差异。香港实行全民医保制度，市民看病只需支付少许费用，2019 年 4 月也实行了自愿购买私人机构医疗保险计划。澳门实行的是政府保险和私人保险相结合的制度。内地实行职工基本医疗保险、城镇居民基本医疗保险、新型农村合作医疗相结合的制度，而当前该制度本身存在职工基本医疗保险基金统筹层次低、保险关系转移接续制度不完善等问题。港澳居民目前在内地就业，须按照规定参加医保方能享受医保待遇，且内地城乡居民医疗保险尚未覆盖随行的配偶及未成年子女。此外，针对长者医疗，香港特区政府推出了"医疗补贴计划"（简称医疗券），但医疗券仅在香港大学深圳医院试点适用，大大降低了香港居民在大湾区生活的福利携带便利程度。因此，粤港澳三地存在医疗保险和医疗福利转移接续困难的问题。

**（五）跨境医疗中患者权利难以有效保障**

在跨境医疗活动中，除医疗保险的转移接续及医疗福利的携带性外，患者面临的最大困难是不熟悉当地法律，难以有效维护自己的权利，而我国内地基本医疗卫生法律法规过于零散，港澳患者难以了解当地法律。此外，不同社会文化和制度的差异，增加了跨境医疗中医患双方的沟通风险，使医患双方在充分沟通基础上形成信任关系、共同决定变得更加困难。

## 三 深化大湾区医疗合作并逐步实现医疗保障一体化的可行政策

针对上述五项难点，本文从以下五方面进行思考。

**（一）利用香港和澳门医疗优势，推动大湾区医疗紧密合作**

由于香港和澳门在医疗管理、人才、技术等方面较广东九市仍具优势，在大湾区引入香港和澳门医疗产业不仅将为港澳居民提供熟悉的就医环境，也将提升广东九市医疗品质，并改善其服务态度。深圳市政府全额投资并引进香港大学先进管理模式开设的香港大学深圳医院，为我们提供了可供借鉴的经验。在借鉴香港大学深圳医院管理模式和综合改革经验基础上，尝试在大湾区广东九市推广该经验，从而充分利用香港和澳门的医疗优势，推动大湾区医疗紧密合作，实现大湾区各地区医疗协同发展。

**（二）设立大湾区跨境医疗服务咨询委员会，提供跨境医疗专业意见**

在欧盟，部分国家由于医疗资源缺乏，跨境接受医疗服务的情况非常普遍。例如，马耳他共和国的公民经常前往英国接受医疗服务，马耳他与英国的跨境医疗服务合作已有 40 多年的历史，相关制度安排已较为成熟，部分经验可供大湾区借鉴。在马耳他设有海外治疗咨询委员会（TAAC），专门负责管理患者的跨境医疗活动。该委员会由资深临床医生组成，具备关于医疗产品、外科和儿科等专业知识，为需要转诊至海外医疗机构的患者提供建议。此外，该委员会也负责制定公共计划下马耳他公民可在海外接受跨境医疗服务的项目清单，该项目清单在制作时综合评估某项疾病治疗方案的可行性、该疾病在本国的治疗情况、治疗方案对患者健康的改善效果及对本国财政的影响，但该委员会不负责公民跨境医疗服务个案的审查工作，该工作由国家卫生和计划生育委员会其他部门负责。对大湾区而言，需要设立由资深专业医疗人员组成的大湾区医疗服务咨询委员会，负责制定在港澳特区政府财政支持下可在大湾区接受有计划的跨境医疗服务的项目清单，并为计划在大湾区广东九市接受跨境医疗服务的港澳居民提供专业医疗服务咨询。特别是在未来建立大湾区医联体的情况下，该咨询委员会可负责制定大湾区转诊项目清单，并为港澳居民提供大湾区广东九市三级医院的信息。

**（三）积极引入港澳专业医疗人员，增进专业医疗人员间的沟通交流**

尽管粤港澳三地共享岭南文化和语言，但医疗服务品质、理念、服务态度存在差别，港澳居民在粤接受医疗服务存在一定的阻碍。因此，将港澳医疗专业人员引入大湾区其他城市是一项更为有效的选择。未来进一步深化大湾区粤港医疗合作，需要简化医疗机构执业许可手续，并在与人社部积极沟通基础上，扩大医疗领域专业资格单方认定的范围。如希望引入港澳投资的医疗机构不仅惠及在大湾区工作的港澳居民及广东九市的高收入人群，也可考虑将这些医疗机构引入大湾区医疗资源不丰富的城市，并将这些外资医院纳入医疗保险，使大湾区的中低收入人群也可从中受惠。此外，三地也可增强医疗专业人员之间的经验沟通和交流，这不仅有助于分享提升医疗服务质量的经验，也可以利用专业医疗人员的社会网络吸引更多港澳专业医疗人员在粤执业或开设医疗机构。

## （四）建立大湾区医疗联络据点，提升跨境就医便利化程度

在大湾区，港澳居民可能由于不了解当地医疗相关的信息，难以有效维护自己的权利，因此应通过法律和制度为患者提供权利保障。欧盟通过立法和判例保障了患者在跨境医疗中的多项权利，特别是《患者跨境医疗权利指令》对成员国跨境医疗的权利保障，已取得积极效果。在借鉴欧盟实践基础上，立足大湾区现状，就保障港澳居民跨境接受医疗服务的权利和提升就医便利化程度，以下四项具体方法可以思考。

第一，通过法律手段保障患者权利。在跨境医疗活动中，患者可能因掌握当地医疗相关信息不足、了解不全等问题而无法有效维护自己的权利。此外，不同文化和制度的差异，增加了跨境医疗中医患双方的沟通风险，使医患双方在充分沟通基础上建立信任关系变得更加困难。因此，应通过法律手段保障患者权利，特别是患者的知情同意权。为患者知情同意权提供有效的法律保障，要求通过透明和简易的方式，使患者了解医疗服务的相关信息，包括关于医疗服务者评估、监管、投诉的相关信息。此外，也需为患者知情同意权的保障提供法律救济。现阶段，在大湾区比较可行的做法是建立多元化纠纷解决机制。可借鉴香港向医院管理局、医务委员会申诉的机制，在区分投诉原因的基础上，在广东省建立大湾区申诉前置的医疗纠纷解决机制，以此增强医患间的沟通，强化患者权利的法律保障。

第二，建立大湾区医疗联络据点。欧盟在患者来源国和接受医疗国均设置了医疗联络据点，目的在于为患者提供关于接受医疗国的医疗服务提供者的职业范围和权限的信息，以及医疗费用报销、权利申诉和救济程序等信息。未来如计划在大湾区设立医疗联络据点，也可考虑在三地分别设置功能不同的医疗联络据点，特别是通过专门的互联网平台，向港澳居民介绍广东省医疗服务

和患者权利保障的信息。

第三，设立三地电子健康记录互通系统。实现电子健康记录的三地互通，有必要通过签署协议的方式，协调三地关于电子健康记录的法律规定，拓宽参与电子健康记录互通系统的主体范围。在设立三地电子健康记录互通系统时，不应忽视对患者隐私权和数据安全的保障。欧盟特别关注对患者隐私权的保护及医学信息安全性的提升，采用立法与技术规制结合的手段，既通过立法强化个人信息保护，也通过医疗信息化行动提升技术手段。在立法方面，欧盟对患者个人资料的保护涉及多项条例，其中《通用数据保护条例》（General Data Protection Regulation）的制定提高了欧盟各成员国法律对个人信息保护规定的一致性，总体包含五项目标：个人资料更安全、患者档案更详细、确保患者对信息的掌控度更高、数据源更新以及对传染病的预防更为有力。在技术规制方面，欧洲患者智能开放服务（Smart Open Services for European Patients）作为一项大型的医疗数字信息共享试点项目，是医疗信息化行动的重要组成部分。2008 年 7 月至 2014 年 6 月，该项目对各成员国基础设施、电子监控服务信息跨国交换基础框架等进行了搭建和测试。欧盟的实践对我们在设立三地电子健康记录互通系统，并保护患者隐私权和数据安全方面，提供了三点启发。

（1）在搭建三地电子健康记录互通系统时，可采取试点方式，分阶段进行三地基础设施和电子健康记录互通模块的建设，并强化从专业医疗卫生人员及患者的角度对系统进行测试和评价。

（2）医疗领域涉及的信息具有医学研究和临床应用价值，但对患者而言是私密的、不愿为他人所知晓的，因此在利用信息、挖掘其潜在价值时，也要确保信息不被泄露。这要求大湾区在设立电子健康记录互通机制时，将多种规制手段结合起来，例如通过法律和技术手段，为保障患者隐私权和数据安全提供有效方式。

（3）保障数据主体同意权和对数据进行匿名处理是保护患者数据隐私的两种有效方法，即赋予患者决定是否告知、保留及删除隐私数据的权利，并通过隐私强化技术，减少不必要的信息流出。

第四，建设三地医疗处方互相承认及执行制度。医疗处方的互相承认和执行，将大大提升患者接受跨境医疗的便利程度。欧盟规定成员国应当保证某一个成员国开出的医药产品或医疗器械的处方能够在其他成员国被执行，并采取了一系列措施确保该制度得以高效运作。例如，欧盟规定处方须具备完整的组成要素，并要求这些要素以容易清晰识别的方式列出，用以确保处方的真实性；也规定医药产品的名称和剂量必须能够被准确识别，用以提升患者对处方和相关产品信息的可理解性。欧盟的经验值得大湾区三地借鉴。此外，三地在实行医疗处方互认时，也应确保患者的隐私得到保障，强化对相关数据安全的保护。

**（五）设立大湾区社会保障协调委员会，引入大湾区医疗保险卡**

跨境医疗一般包括短期旅途就医、异地工作就医、异地计划就医、退休异地安置就医四种类型。大湾区目前的跨境医疗实践和整体规划表明，大湾区的跨境医疗主要涉及港澳居民在粤就医的情况，港澳居民在粤就医的情况可能涉及短期旅途就医、异地工作就医、异地计划就医、退休异地安置就医。其中，由于短期旅途就医、异地工作就医、退休异地安置就医所涉医疗开支较少，可通过大湾区医疗保险卡支付，而对异地计划就医，则设置事先授权机制。此外，异地工作就医和退休异地安置就医，也涉及医疗保险和其他社会保险的转移接续。为此，以下是可行的四个方案。

第一，设立大湾区社会保障协调委员会。欧盟国家间的报销安排，例如定价方案和付款方式，由欧盟社会保障协调行政委员会（Administrative Commission for the Coordination of Social Security Systems）决定。报销所需的患者信息及财政支出，也需多层级多部门协同合作。例如，在跨境计划就医的情况下，患者在他国医院或初级保健中心接受治疗时，需通过特定表格（E112）提供相关信息，该表格经由医疗地的医疗机构转发给其省级和国家卫生部门，并同时将信息发送至患者来源国的医疗保险主管机构。在财政支出方面，患者来源国的医疗保险主管机构报销后将费用退还给国库，成为财政支出的一部分。借鉴欧盟经验，在大湾区设立社会保障协调委员会，用以协调各地区之间多个部门的分工合作，在确保患者隐私权和信息安全得到保障的前提下，提高信息传递效率和医疗保险结算速度。

第二，引入大湾区医疗保险卡。如前所述，居民跨境接受医疗服务可分为不同类别。由于跨境计划就医可能涉及医院住宿、高度专业化和高费用的医疗设施，可能增加患者就医地的医疗负担，并因报销医疗开支而给患者来源地增加财政负担，而其他三类医疗服务类型产生过高医疗开支的可能性较小。因此，对不同类别的跨境医疗服务，应做出不同规定。在欧盟，欧盟第2011/24号指令（《患者跨境医疗权利指令》）强调赋予患者跨境医疗权更全面的保障，该指令允许欧盟公民在短期旅途就医、异地工作就医、退休异地安置就医过程中，在就医结束时直接通过欧洲医疗保险卡获得相应补偿。借鉴欧盟经验，引入大湾区医疗保险卡，允许短期旅途就医、异地工作就医、退休异地安置就医直接使用大湾区医疗保险卡结算。同时，该卡记录居民医疗参保情况、就医情况和医疗费用报销情况，在就医结束时直接通过医疗保险卡即时结算，并通过网络技术加强医疗监管。

第三，设置事先授权机制。欧盟对跨境医疗服务做出了区分，对于跨境居民在境外短暂停留期间出现的医疗服务需求，即在跨境非计划就医的情况下，无须寻求来源国的事先授权，而在跨境计划就医的情况下，须获得来源国的事先授权。欧盟次级立法规定了两种不同的事先授权机制。欧盟社会保障体系合作条例规定（第 883/2004 号法规），以接受恰当医疗服务为目的去往其他成员国的参保人，须寻求主管保险机构的授权；如根据参保人居住国法律规定，该医疗服务项目属于福利范围，且当前的身体状况和疾病进展状况，在合理期限内无法在居住国获得医疗服务，应允许前往欧盟其他成员国接受医疗服务。不同于第 883/2004 号法规将事先授权视为一般规定，欧盟第 2011/24 号指令将事先授权视为例外规定，即只有在接受某些类型的医疗服务时，才须向患者来源国寻求事先授权。对于打算寻求跨境医疗的患者而言，可以选择任意一种事先授权机制，而无论何种机制，设置的目的都是在满足欧盟居民日益增多的跨境医疗需求的同时，尽可能地控制资金技术、人力资源的成本，避免医疗资源浪费，这也有助于保证在相关成员国境内能够充分且永久地获得高质量服务。未来如大湾区计划逐步实现三地医疗保障体系的对接，为了避免可能给港澳医疗保障体系增加不必要的负担，也可在港澳设置事先授权机制，允许港澳政府根据自己的意愿制定医疗服务的清单，规定属于可以报销的跨境医疗服务的范围，并结合对患者身体状况和疾病发展程度的专业判断，允许那些在合理期限内无法在港澳获得医疗服务的患者前往大湾区其他城市接受医疗服务。

第四，实现三地医疗保障的转移接续。实现粤港澳三地包括医疗保障在内的社会保障的转移接续，也是促进大湾区人员自由流动的关键之一。特别是对在大湾区广东九市工作和养老的港澳居民，需提供医疗保险的转移接续，并提升港澳养老福利的可携性。总体而言，欧盟医疗保障转移接续体现了福利可携性原则、单一国原则和累计原则。具体说来，欧盟的跨国就业劳动人口须根据工作地而非居住地选择社会保险关系的归属地；特殊情况下，例如外派和同时受雇于多个成员国时，社会保险关系可不转出，或选择任何一个成员国参保。欧盟对不同国家之间医保的转移接续，采用累计原则，将其在不同成员国的居住时间、缴费时间或就业时间考虑在内，并要求工作地所在成员国将其在其他成员国的工作期限和投保期限进行累计。当劳动者需要某项社会福利时，则可以随着其流动而携带该福利。大湾区可以借鉴欧盟提升医疗福利可携带的经验，在未来人员流动更加频繁的情况下，规定在广东九市居住和工作的港澳居民不仅有权参加当地的基本医疗保险，与当地医疗保险参保人享受同等待遇，而且允许港澳居民将港澳的社会福利携带到大湾区广东九市。在医疗方面，香港和澳门采用税收支持的医疗福利制度，为保证医疗福利的可携性，应允许香港和澳门居民在缴纳医疗保险个人缴纳部分后，向香港和澳门特区政府申请补助。在实现老龄人口医养结合方面，可进一步扩大医疗券在大湾区其他城市的适用范围，根据老年人健康状况适度提高报销额度；为保障医疗券制度的推广，需提升监管水平，特别是优化临床管治架构和强化财务监管。

# 粤港澳大湾区粤港养老合作一体化：
# 现状与未来发展<sup>*</sup>

刘　佳　王　琪

　　2019 年 2 月，中共中央、国务院印发《粤港澳大湾区发展规划纲要》（以下简称《规划纲要》），计划将粤港澳大湾区建设成为充满活力的世界级城市群、具有全球影响力的国际科技创新中心、"一带一路"建设的重要支撑、内地与港澳深度合作示范区以及宜居宜业宜游的优质生活圈。《规划纲要》对粤港澳大湾区的定位不仅可辐射全国的新经济增长点，更是未来优质城市群和生活圈的样板。

　　香港现阶段的诸多环境因素让我们认识到其可能存在着深层次的经济和社会结构问题，例如产业结构单一、贫富差距严重、老龄化趋势明显、社会保障不足等。这些问题对未来大湾区发展提出了更高要求，如果能实现湾区内社会政策和公共服务的有效衔接，推动社会保障体系一体化建设，那么就可协助香港解决其存在的社会问题，强化三地的社会凝聚力，提升港澳居民特别是青年一代对社会保障的信心。粤港澳大湾区的建设对于中国未来

　　*　本文系广州市哲学社会科学发展"十四五"规划 2023 年度羊城青年学人课题"广州立足湾区提升制度性开放能级路径对策研究"（2023GZQN13）阶段性成果。

的发展是具有历史使命的，而这样复杂的优质生活圈建设必然是一个艰巨的工程，离不开长期的政策规划和多地政府的支持。基于此，我们认为深化粤港澳大湾区的合作，应从三地居民所面临的实实在在的社会问题出发，通过粤港澳大湾区的发展为他们提供真实的物质利益，切实有效地改善民生。养老服务和社会保障是大湾区规划中反复强调的重点，本文以粤港养老服务合作为中心，为深化粤港两地养老合作的制度整合和融合做出思考。

# 一 粤港养老服务合作发展现状

近两年来，在粤港澳大湾区城市群建设的政策推动下，粤港两地养老服务合作已初具基础，显示出可预期的发展潜力。此外，受两地人口结构、养老需求的影响，深化两地合作尤为重要。粤港两地养老服务发展的基础及未来深化合作的必要性，具体体现在以下五个方面。

第一，粤港两地文化语言和生活习俗互通，合作发展养老产业具有地缘优势。在中央全力支持大湾区发展的背景下，粤港澳三地的交通网络建设已初见成效。其中，已建成并投入使用的有广深港高铁，将广州至香港的时间缩短至一小时以内。这条线路与广珠城际铁路相交，有效打通了香港与广珠城际铁路沿线区域的交通连接。2018年元旦，港珠澳大桥正式开通，将珠海至香港的时间控制在30分钟左右，进一步缩短了港珠澳三地往来的交通时间。目前，正在建设中的还有珠三角城际铁路和深中通道，当其完成建设并投入使用后，广东省九市可打造一小时生活圈，大大提高了湾区城市间的通勤效率，为推动多地合作发展提供交通便利。与此同时，粤港两地共享岭南文化和粤语，饮食习惯亦十分相近，在人文价值观和家庭观念方面也有所重叠。这些共通之处能有效促进香港长者在内地建立新的社交网络，重构生活常规性。

第二，移居内地养老已是香港不少老年人的选择。根据香港特区政府统计处公布的数据，长期逗留在广东省的65岁以上香港居民数目，至2018年有81000人；自2013年总体呈逐年增多趋势。香港特区政府也为这些赴内地养老的老年人提供了一定的福利保障。除可在香港大学深圳医院使用的医疗券试点计划外，香港特区政府推出的"广东计划"也使得在广州和佛山因经济困难而返港安置的长者人数，从每年约30人减少到7人。

第三，香港投资者已开始尝试在广东兴办养老机构。2013年，商务部、民政部联合下发《关于香港、澳门服务提供者在内地举办营利性养老机构和残疾人服务机构有关事项的通知》，允许香港、澳门服务提供者以外资的形式在内地设立营利性养老机构和残疾人服务机构；港澳服务提供者在广东申办养老机构与内地民办养老机构享受同等待遇。截至2018年7月，在广东省已有3家香港服务机构和由2名香港人以独资或合资合作形式兴办的5所养老机构，设置养老床位超过2000张。

第四，广东省养老正在探索多元化多层次的合作模式。按照《广东省人民政府办公厅关于印发广东省促进老龄事业发展和养老体系建设实施方案的通知》精神，广东省正加大力度落实多元化多层次养老体系建设实施方案，着力推进各地建立以居家养老为基础、社区为依托、机构为支撑的养老服务体系；进一步放开市场，降低准入门槛，营造公平竞争环境，推进社会资金合作模式（PPP）项目；并不断完善养老护理补贴机制，提升养老服务质量，支持医疗卫生与养老服务融合发展，推行建设多层次养老服务体系，为大湾区老年人打造更加完善、更具选择性、更加强调"以人为本"的养老服务网络。

第五，受香港人口老龄化、贫困老龄人口增多等问题的影响，深化粤港养老合作十分必要。2018 年香港特区政府统计处公布的人口统计数据显示，2017 年香港的总人口为 739 万人，较 1986 年增加了 34%。香港特区政府统计处的资料显示，香港人口老龄化将持续加剧，到 2037 年，香港 65 岁或以上的老龄人口比例预计将达到总人口的 31.5%，即每 3 人当中就有 1 名老年人。迅速增长的老年人口必然会对香港当前的社会保障体系提出挑战，这便要求政府加大公共服务的承载力和支持力度，积极应对人口结构转变带来的一系列社会问题，寻求解决办法。此外，老年贫困推动香港长者跨境养老。香港特区政府统计处公布的 2017 年香港贫困数据[1]显示，由于人口老龄化趋势，香港处于贫困线下的退休老年人口持续增加。2017 年，在香港特区政府福利政策介入之前，香港处于贫困线下的老年人口比 2009 年增加了 129000 人，贫穷率高达 44.4%；福利政策介入之后，香港老年人口贫困率大约控制在 30%，仍远超其他年龄阶段的贫困比例并且长期处于高位。在高物价、高消费的香港，不论是公屋住户、私楼住户，还是自置居所，处于贫困线上下的香港老年人可支配的现金收入十分有限，一部分退休老年人为了生计不得不重返劳动力市场。与香港相比，大湾区相对低廉的养老成本可以适度减轻老年人的经济压力，提高生活品质。对贫困老年人而言，有限的资源意味着漫长的等待，尤其是在就医、就住政府购买的安老院舍和申请公共住房方面。虽然香港的公共医疗收费低，部分老年人还可享受医疗豁免，但医疗的轮候问题极其突出，等待时间漫长。香港公立医院紧急新症的轮候时间一般约为 1 个星期；半紧急新症的轮候时间为 4~7 个星期；而稳定新症的轮候时间可长达 158 个星期，即 3 年左右。老年群体大多患有慢性疾病，过长的轮候时间容易影响疾病的预

---

[1]　香港特别行政区政府统计处：《2017 年香港贫穷情况报告》。

防、控制和治疗。在申请政府出资购买的安老院舍床位方面，香港长者的平均轮候时间为 8～36 个月。公屋的轮候问题更加突出。据香港房屋委员会最新公布的信息来看，一般公屋申请者的平均轮候时间为 5.5 年，长者也需要至少 2.9 年。在各项公共服务漫长的轮候时间之外，香港狭小的居住空间也不利于养老。据估计，香港家庭住户的人均居住面积中位数仅为 15 平方米，公屋住户面积更局促，仅 7 平方米，均不属于老年宜居的住房条件。

综上所述，香港受土地和人力资源的制约，当前公共服务的体量难以满足不断增加的长者的养老需求。尽管香港特区政府在积极寻求解决办法，大湾区其他城市也在积极配合，从突破资源限制的角度出发，香港联合大湾区其他城市共同推动城市群间的养老服务体系建设，进行多地资源互补是缓解香港养老压力的可行解决方案之一。

## 二 深化粤港养老服务合作及逐步实现一体化的障碍

深化大湾区养老合作，实现粤港两地养老优质资源互补、协同发展将为推动大湾区人员自由流动提供坚实的社会基础。然而，由于香港和广东在医疗服务和社会保障体系方面的不同，两地相关法规不仅在内容上存在差异，在适用方面更是存在地域上的局限，加之两地在社会经济发展水平方面亦存在差距，多种制度性和非制度性障碍的存在使深化两地养老服务合作存在困难，具体包括以下五个方面的内容。

第一，广东省省内养老机构服务品质存在差异。自 2017 年起，广东省开展养老院服务质量建设专项行动，其中的一项重要工作便是对养老机构进行星级评定。2018 年，第三方机构依据《广东省民政厅关于养老机构星级评定的管理办法（试行）》等相关规定对广东省 96 家养老机构开展的评估结果显示，89 家养老机构被评为星级养老机构，其中，服务最为优质的五星级养老机构 9 家，四星级养老机构 20 家，三星级养老机构 23 家，二星级养老机构 21 家，一星级养老机构 16 家。由于该评估结果全面体现了养老机构在设施设备等硬件建设上的水平，以及在服务质量等软件建设上的水平，因此该结果表明广东省省内养老机构在服务设施、服务能力、规章制度完善程度方面仍存在差异。此外，广东省省内养老机构养老护理人员不足，也是导致省内养老机构服务质量参差不齐的重要原因之一。实践中，不少养老机构的护理人员出于提高收入、获得职业尊严等多方面考虑，选择转投家政及月嫂行业，致使养老机构专业护理人员流失严重。

第二，推进医疗执业资格互认困难。养老机构通常需配备具有专业知识的医疗人员，以此提升老年人在养老机构接受医疗服务的便利程度及安全感。目前，广东省相关部门希望在医疗专业技术人员职业资格互认方面积极作为；然而，实践中面临省级政府相关部门权限范围有限、粤港两地制度差异大的困难。一方面，医疗人员的部分执业管理，涉及行业法律法规或国务院部门规章，应由国家行业主管部门安排；而《内地与香港 CEPA 服务贸易协议》修订权也在中央。另一方面，在香港方面，也面临制度和法律体系的差异。与内地由政府部门对专业资格实行评价和注册的管理机制不同，香港的专业资格注册管理由行业协会或依据法律条例设置的法定机构负责，特区政府不能干预行业协会或法定机构的运作，也难以统筹与内地的互认工作。

第三，香港老年人无法在广东省享受同等医保待遇。香港居民在港享受免费医疗福利待遇，而来粤养老后由于没有参加职工医保，难以享受同等的医保待遇，并且两地的医疗保障难以实现转移接续。尽管香港特区政府发行了医疗券用于抵扣部分医疗费用，但医疗券的额度难以满足香港老年人的就医需求，诸多医疗项目仍需自费承担。此外，医疗券目前只能在香港大学深圳医院使用，并未对大湾区其他城市的医院开放，限制了香港老年人跨境养老可以选择的生活区域。即便在深圳，只能在规定的香港大学深圳医院就医对行动不便的香港老年人而言也是负担。

第四，回港就医陆路转运不便。鉴于目前粤港两地未共享医疗报销，医疗制度和医疗水平也尚存差异，部分香港老年居民在遇到非急重病时会选择回港就医或休养。老年人返港多面临跨境交通的不便，主要是出境和入境的交通问题。例如，在日常粤港两地往来中，由于口岸适合老年人使用的无障碍设施尚未到位，老年人往往需要花费较大精力才能完成入境和出境，而更为严峻的是，当老年人患有急症需要跨境救治的时候，跨境救护车是否能及时完成两地的接驳任务仍存疑问。目前，跨境救护车的配备并不理想，同时拥有粤港两地牌照，可租赁的普通车辆为数不多而且收费昂贵。尽管粤港已拥有良好的交通基础设施，但由于繁复的过境手续和车辆多地行驶的资质问题，诸多香港老年人对跨境养老持观望态度。

第五，"广东计划"下香港老年人广东养老福利可携性保障不足。香港福利包括综合社会保障援助计划（以下简称"综援"）和公共福利金计划两部分。其中，单身老年人综援每月标准为3585港元，加上"补助金"（例如社区生活补助金）和"特别津贴"（例如电话费、特别膳食津贴）以后，单身老年人可领取超过10000港元的综援；而70岁以上的老年人也可在公共福利金计划下获得高龄津贴，每月金额为1385港元。此外，针对严重残疾人士，也可领取每月金额为3585港元、4335港元或6095港元的残疾津贴。然而，"广东计划"下的香港老年人于广东省内养老时，面临前述部分福利无法携带至广东省的困难。其中，于广东省定居的老年人，可以获得综援计划下的每月标准金额和长期个案补助金

（3585 港元、2240 港元，共 5825 港元），不可获得其他补助金和津贴；而公共福利金计划下的"广东计划"为老年人提供了高龄津贴，也为每月 1385 港元，但无法领取包括社会生活补助金 340 港元、交通补助金 285 港元、院舍照顾补助金 340 港元、单亲补助金 355 港元、就业支援补助金 1060 港元等在内的其他类别的综援（见表1）。此外，实践中，受限于两地外汇管理法规，于广东省居住的香港老年人所得到的福利只能先打入其在香港的账户，再通过汇款的方式转入内地账户，而高昂的手续费由老年人自行承担。

表1　香港福利在香港与广东省携带情况的比较

|  | 香港 | 广东 |
| --- | --- | --- |
| 针对老年人的综援 | √ | √ |
| 公共福利金计划下的高龄津贴 | √ | √ |
| 公共福利金计划下的伤残津贴 | √ | × |

## 三　提升粤港养老合作：欧盟推动社会保障一体化的经验与启示

目前，广东省部分城市已开始探索提升养老机构服务品质及跨境养老便利化的做法。从世界范围来看，欧盟在提升跨境福利可携性方面起步较早，经过多年实践，取得了积极成效，为我们提供了可借鉴的经验。在借鉴欧盟经验的基础上，立足粤港跨境养老实践，粤港养老合作需要在放宽港资养老机构市场准入、改善广东省养老机构服务品质、提高香港地区福利可携性以及优化监管水平四个方面入手，实现两地优质资源整合，深化跨境养老合作，为更大程度地凝聚共识、深化大湾区养老合作奠定基础。

**（一）提高广东省养老机构服务品质**

对于老年人而言，选择机构养老还是居家养老，更多出自个人的自由意愿，或者说自主选择。因此，提升养老机构服务品质，为选择机构养老之老年人提供优质的服务、完善的制度保障，是完善粤港跨境养老政策的首要考虑。在提高广东省养老机构服务品质方面，我们从吸引香港地区资本、服务、专业人士到粤，以及进一步挖掘广东省及全国养老资源两方面入手，思考以下四方面。

第一，进一步放宽外资养老机构的市场准入。根据 2003 年"内地与港澳关于建立更紧密经贸关系的安排"系列协议（CEPA）及其补充协议四和补充协议五，内地已在广东省试点允许港澳服务提供者以独资民办非企业单位形式举办养老机构。在此基础上，部分城市已开始探索进一步放宽市场准入，精简养老机构设立许可程序，实行备案管理，并降低对境外资本设置的附加条件和准入门槛。广州市已尝试取消养老机构设立许可，鼓励境外投资者在本市举办民办营利性、非营利性养老机构，且非本地投资者与本地投资者在举办养老机构方面享受同等待遇，禁止对境外资本设置单独的附加条件和准入门槛。在大湾区推广类似广州降低外资的市场准入门槛的做法，简化设立许可程序，并优化将一定比例的存量建设用地用于公益事业的政策安排。扩大市场准入的目的不仅在于吸引境外投资者在大湾区设立养老机构，更重要的在于通过引入外资吸收其管理和服务经验，与广东省内原有的养老机构之间形成良性竞争，从而提升养老机构的服务品质。

第二，推动养老机构标准化建设。目前，广东省部分城市已针对养老机构护理标准的全过程制定了详细的标准化工作流程规范，涵盖医疗、护理、康复、社工、行政管理和后勤保障多项工作，而这些服务标准源于实践，例如工作人员记录工作日志。此外，部分城市也通过与香港养老机构沟通，学习其服务质素标准和评监指标，从而为推动养老机构标准化建设提供理论指导。在大湾区层面，推广这些城市在实践基础上制定标准化工作流程规范的经验，并通过开展标准化培训，安排养老机构实地考察标准化护理服务的运作，与香港老人院开展经验交流，提升养老机构服务质量。

第三，扩大医师资格互认范围，简化医疗机构执业许可手续。当前，香港居民在内地获得行医资格有两种方式，一是获取内地医师资格（包括通过全国医师资格考试和通过资格认定两种途径），二是短期行医。据广东省卫生健康委员会数据，截至2019年6月，获得内地医师资格的港澳医师在广东执业登记人数为258人；截至2018年12月31日，香港医师在广东短期行医人数为74人。实践中，除了医师职业资格互认的问题，香港医师于广东省执业面临的另一困难是医疗机构执业许可证的获取，以及商务、工商、税务等部门的多项许可的获取，手续较为烦琐。针对此，未来应进一步深化大湾区粤港养老合作，简化医疗机构执业许可手续。此外，鉴于职业资格互认工作涉及国家事权，在与人社部积极沟通的基础上，扩大医疗领域专业资格单方认定的范围。

第四，优化社会工作专业岗位开发和激励保障机制。提升社会工作职业化水平，壮大社会工作专业人员是提升养老机构服务质素的一项重要因素。实践中，广东省面临社会工作专业岗位开发力度不够、专业人才待遇水平较低的问题。未来，大湾区深化养老合作，可考虑吸引更多专业人才长期投身社会工作，不仅需要开发更多岗位，改善专业社会工作人才的待遇，使岗位和待遇水平体现当前的巨大社会需求，也需要通过更加规范、更为专业的社会工作服务提升专业人员的职业满足感。

**（二）借鉴欧盟社会保障一体化的经验，提升香港地区福利可携性**

目前，深化粤港养老合作，最大的困难之一来自两地医保、社保无法对接，香港老年人在港领取的福利补贴难以在大湾区其他城市使用。"广东计划"下的香港老年人福利可携性安排与欧盟国家的制度设计类似，均允许于境外居住的老年人享受与本地同等金额福利金，而不享受或不完全享受那些由本地生活水平决定的额外补助金。鉴于在广东省保障香港地区福利的可携性有助于大湾区人员的自由流动，在借鉴欧盟做法的基础上，探索有利于大湾区跨境养老、医养结合的便利化制度安排，可行的安排包括以下两方面。

第一，探索香港老年人于广东省内就医便利化的安排。在欧盟层面，欧盟第2011/24号指令（即《患者跨境医疗权利指令》）强调赋予患者跨境医疗权更全面的保障，针对已移居到他国的公民发生跨境医疗的情况，允许在就医结束时直接通过欧洲医疗保险卡获得相应补偿。借鉴欧盟经验，针对香港老年人于广东省内就医便利化安排，可行的办法包括以下三种。

（1）为香港老年人在广东省内就医费用报销提供多种途径，例如同时采取就医地医保偿付标准和参保地原则，供老年人依其就诊的实际情况选择福利最大化的一种报销途径。

（2）引入医疗保险卡，记录香港老年人参保情况、就医情况和医疗费用报销情况，并在就医结束时直接通过医疗保险卡即时结算，或将医疗券的使用延伸至大湾区其他城市的大型三甲医院，并通过网络技术加强医疗监管和报销。

（3）鉴于香港地区公共医疗支出由一般税收承担，而广东省实行职工基本医疗保险、城镇居民基本医疗保险、新型农村合作医疗相结合的制度，但由于香港老年人于广东省就医的医疗结算问题涉及粤港两地医疗保障互通互认，属于中央事权。因此，大湾区需在与人社部对接沟通的基础上，探索医保跨境衔接的相关安排。例如，借鉴欧盟医疗保险一体化的经验，当居住在广东省的香港老年人在广东省就医后，通过前述医疗保险卡结算，建立粤港医疗结算平台，在不给香港公共医疗支出不合理负担的前提下，由香港特区政府食物及卫生局、医院管理局结算给广东省的医疗保险机构。

第二，强化"医疗券"试点工作的制度化及推广工作。目前，粤港两地已有的政策试验是香港卫生署与香港大学深圳医院的合作。该合作已于2015年10月展开，允许香港老年人在香港大学深圳医院使用长者医疗券，以支付该院指定科室的门诊服务费用。香港大学深圳医院的调查显示，在成功访问的380多名香港老年人中，92%的老年人对在该院就医而利用医疗券付款的服务表示满意。然而，医疗券的报销额度有限，诸多检查和治疗仍需老年人自行承担，这对有较高医疗需求的老年人来说是巨大的负担。与此同时，医疗券只对香港大学深圳医院开放，不利于老年人便捷就医。因此，在两地医保尚未完成对接的情况下，应进一步扩大医疗券在大湾区其他城市内的适用范围，可根据老年人健康状况适度提高报销额度。为保障医疗券制度化的推广，需提升监管水平，特别是优化临床管治架构和强化财务监管。

**（三）完善跨境养老合作的相关配套制度**

第一，探索多元化保险机制。探索多种途径寻求医疗服务补偿，例如在大湾区其他城市引入于香港注册的商业保险公司，或设立网上保险销售平台，并通过在大湾区设立服务中心的方式为购买了商业医疗保险和养老保险的香港老年人提供支援服务。

第二，回港就医跨境转诊机制建设。由于目前粤港两地医保存在转移接续的困难，短期内于大湾区广东省养老的香港居民大多选择回港就医或休养。在日常返港过程中，需为香港老年居民提供更为便捷的通关方式，缩短通关时间及步行距离，搭建好两地口岸与各自主要商业及住宅区域的交通连接。同时，需完善口岸适合老年人使用的基础设施建设，比如无障碍电梯、轮椅通道、适合老年人使用的公共卫生间等，以此减少出境入境可能给香港老人带来的风险，帮助老人更轻松、更简易地过境。在支持香港老年人日常返港的基础上，两地需建立更妥当的急症陆路转诊机制。一方面，需要适度增设跨境救护车，并在跨境口岸设立老年人急诊通关专用通道。另一方面，政府也可根据实际的转运转诊距离，协助两地的大型医院建立绿色转诊机制，主要针对返港救治的急症患者。

第三，建立跨境养老服务平台。大湾区养老服务合作可利用当前服务信息化和网络化的特征，建立多层次跨境合作服务平台。其一，多地政府可利用平台适度做到信息共享，包括各地的养老政策信息、养老服务信息、跨境养老可携带福利信息、福利申请的资格评定、机构评估信息、医疗服务信息、人力资源信息等，并同时开放网络服务平台，方便香港老年人或其家人实际操作，提高跨境养老服务申请的便携性。服务平台应与多地媒体建立良好合作关系，通过合作向民众传达即时的政策信息，对跨境养老、旅游养老、生态养老等新兴养老方式进行宣传。其二，合作平台需具备公开的服务信息反馈功能，鼓励民众参与服务监督和服务评估，提高养老服务的透明度和质量，以此加强粤港民众对跨境养老的了解和信心，也同时服务于湾区民众。

# 推进粤港澳大湾区数据跨区域流动：
## 现状、挑战与对策[*]

曾志敏　贾　开

　　伴随数字时代的来临，数据流动成为世界各国普遍出现的现象。日益增长的数据流动不仅将世界各国更为紧密地联系在一起，同时也深刻影响了各国国内的政治经济社会生态。一方面，数字经济越来越依赖数据的自由流动；另一方面，数据流动对个人隐私、公共安全、产业发展等多个数据保护政策议题带来了新的挑战，推进数据流动的治理共识便成为摆在各国决策者面前的重要议题。一般而言，数据流动的治理需求源于不同国家数据保护政策的不同，制度差异决定了不同国家要在制度协同性方面实现治理共识。但对我国来说，"一国两制"的特殊性决定了在统一的主权国家之下我们同样存在不同制度的差异，这种制度差异也就直接带来了粤港澳大湾区建设过程中的数据流动治理挑战。

　　粤港澳大湾区是我国目前最重要的区域发展国家战略之一。为顺应数字时代的发展机遇，《粤港澳大湾区发展规划纲要》对粤港澳大湾区数字经济、数据产业发展提出了诸多要求和目标，明确提出要求粤港澳三地"共建粤港澳大湾区大数据中心和国际化

---

[*]　原文完成于 2020 年 3 月 31 日。

创新平台"，"加强粤港澳智慧城市合作，探索建立统一标准，开放数据端口"，"建成智慧城市群"。这些目标的实现都离不开数据及其自由流动。特别是在数字经济发展背景下，相关产业的发展已经不再完全体现为传统的离岸金融中心、科技创新中心、产业集聚中心建设，而更多体现为"数据中心"建设。换言之，"粤港澳数字大湾区"建设可能才是实现后发优势、弯道超车的关键所在。实现这一战略转向，根本在于数据流动制度的共识与创新，确保以数据作为关键生产要素的数字经济能够加速发展。

与数据在内地的自由流动不同，数据在粤港澳大湾区范围内的流动则面临数据跨区域流动的治理问题，不仅关涉数据合规，更关涉数据价值的有效释放。如何在确保个人隐私、公共安全、产业发展等多方利益得到保障的同时推动大湾区数据自由流动，以充分释放创新潜力、挖掘数据价值，建设大湾区数字统一市场，便成为当前推动大湾区建设的重中之重。本文将对大湾区数据跨区域流动的现状与问题进行梳理，并在此基础上总结建设大湾区数据自由流动、形成统一数字市场的制度挑战，进而就改善相关政策进行思考。

## 一 粤港澳大湾区数据跨区域流动的制度现状

第一，作为粤港澳大湾区数据跨区域流动的制度基础，国家层面跨区域数据流动治理的规范体系已经初步建立，形成了"分散立法+专门规定"的制度框架，体现了"禁止流动为原则、允许流动为例外"的制度特点，但在落实方面仍然存在大量空白。

粤港澳大湾区作为统一国家下的城市群区域，尽管存在"一国两制"的制度特点，但国家层面的规范体系仍然是讨论粤港澳大湾区数据跨区域流动治理的制度基础。近年来，我国高度重视数据治理问题，尤其是针对不同制度框架下的数据流动问题（在不同国家之间体现为数据跨境流动，在不同区域之间体现为数据跨区域流动），已经初步建立了治理规范体系。

《中华人民共和国网络安全法》作为网络安全领域的基本法，首次明确了针对个人信息和重要数据跨区域流动的制度框架，基本确立了针对关键信息基础设施运营中收集和产生的个人信息和重要数据，以本地存储（禁止跨区域流动）为基本原则，以"确因需要"且符合"安全评估"而向境外提供为例外规则。为配合《中华人民共和国网络安全法》的实施，国家互联网信息办公室于2017年4月和2019年6月分别发布了《个人信息和重要数据出境安全评估办法（征求意见稿）》和《个人信息出境安全评估办法（征求意见稿）》，基本确立了个人信息和重要数据出境"安全评估"的规则框架，《信息安全技术数据出境安全评估指南（征求意见稿）》则增强了该规则框架的可操作性。除了一般性规定之外，我国在主要领域均已相应建立个人信息和重要数据跨区域流动的基本规则。内地跨区域数据流动规定已经涉及银行金融、医疗健康、商业服务、自动驾驶及学术资源等领域。其中，银行金融领域、医疗健康领域、自动驾驶领域已经初步形成框架，大多以"禁止流动为原则、允许流动为例外"。

需要指出的是，已经生效实施的位阶较高的规则文本（法律法规）大多仅以专门性条款对数据跨区域流动规则作出原则性规定，而尚处于征求意见阶段的位阶较低的规则文本（部门性规范文件、国家标准）则以专门性"办法""指南"对其作出体系化的规定。总体而言，国家层面针对数据跨区域流动的治理规则更多呈现框架初步形成但落实细节不足的特点。事实上，考虑到不同地区的差异性，由国家事无巨细地作出规定并非最优选择，落实细节应更多依赖地方根据实际制定相应管理办法，而这也同时为地方创新留出了空间。

第二，珠三角九市针对数据跨区域流动的治理规则各地不一，当前尚未形成一致性的政策框架，在未能弥补国家层面规范执行细节不足的同时，也未体现出结合地方需求（尤其是大湾区建设）而展开的治理创新。

从广东省全省范围看，尽管2014年广东省就提出了要制定数据跨区域流动的标准规范，但到目前为止仍然尚未出台全省范围内的数据跨区域流动的规则体系。就地市而言，在珠三角九市中，除了广州市、深圳市和珠海市之外，佛山市、惠州市、东莞市、中山市、江门市、肇庆市并未出台有关"数据跨区域流动"的政策规定，也并未在珠三角九市中形成一致性的"数据流动"规则框架。已经出台相关规定的城市，广州和珠海还停留在倡导"数据跨区域服务"的层面而未能注意到数据流动可能带来的风险以及与当前制度的协同问题，深圳则更为全面地开始探索构建数据跨区域流动的制度体系。基于广州、珠海、深圳已经出台的规范文本，广州市政府已经将建设南沙跨区域数据服务产业基地提上议事日程；珠海市则允许相关服务提供者在横琴试点设立独资公司以提供跨区域数据库服务；深圳市政府着重关注到了"数据跨区域流动的风险防控"并在逐步引导建立数据共享机制，同时禁止银行业金融机构非依法律、行政法规规定向境外提供依法履行反洗钱和反恐怖融资义务获得的客户身份资料和交易信息。

因此，总体上广东省及其地市都尚未将数据跨区域流动的制度规则建设提升到足够重要的位置，相关规范仍然缺失，未能形成较为明确、一致、体系化的制度规则。相比于香港、澳门已经具备一定的针对数据流动的规制能力，广东省的制度空白虽然有利于制度创新（因为制度变革的成本较低），但不利于形成制度共识。

第三，港澳两地初步形成了数据跨区域流动的治理规则，但二者在制度成熟度、制度理念、制度规范程度等方面均存在较多差异，且当前尚未形成对话机制，未能体现出实现数据跨区域流动的治理共识。

香港、澳门两地本身的法律传统、产业结构、文化理念均不同，这一差异性同样体现在数据跨区域流动的治理规则层面。

香港早在1996年就颁布了《个人资料（私隐）条例》[The Personal Data（Privacy）Ordinance]，对个人数据的跨区域流动做出了原则性规定，"禁止除在指明情况外将个人资料移转至香港以外地方"（第33条规定）。同时，香港立法者也进一步明确了允许数据跨区域流动的多项条件，包括个人书面同意、隐私专员同意、豁免情形等。尤其值得注意的是，类似于欧盟针对数据流动的治理规则，香港同样在制度设计方面明确规定，如果隐私专员认为数据流向的目的地与香港存在相似或达致与香港法律相同目的的法律框架，则允许数据的跨区域流动，而这也在事实上为实现不同制度下的治理共识留下了制度创新的空间。虽然香港制定了相关法律，但在执行层面并不理想。当前尚未制定落实第33条规定的相关指南或办法，这也对推进粤港澳三地的治理共识带来了一定的挑战。

2005年澳门通过了《个人资料保护法》，这是澳门现行法律体系中一套较为完整、系统规范的一般性法律，保障个人数据权利并对数据流动作出相应规定。在具体内容上，首先，与香港类似，澳门同样规定了如果数据接收地的法律体系能够确保适当的保护程度，则允许澳门个人数据的流出，而澳门同样规定了由公共当局来判断、决定某一区域的法律体系是否满足"适当保护"原则。其次，与香港以"禁止流动"为基础原则不同，澳门则更加坚持以"自由流动"为原则，并较为全面地规定了允许数据跨区域流动的三种情形：（1）数据当事人明确同意数据的跨区域流动；（2）负责处理数据的实体具有能够确保个人数据权利和自由不受侵害的法律或合同机制；（3）为维护公共利益而需进行的数据跨区域流动。

由此可以看出，港澳两地虽然都在承认制度"适合性"方面具有共识，但至少在两个方面仍然存在重大差异：其一，香港虽已制定制度框架，但在执行层面缺乏落实，而澳门则在执行层面更为成熟；其二，香港事实上是以禁止数据流动为前提，而澳门则在治理理念上与之相反，以允许数据流动为前提。

## 二　粤港澳大湾区达成数据跨区域流动治理共识的挑战

第一，粤港澳三地针对数据跨区域流动的治理话语体系不一致，阻碍治理共识的达成。

治理话语体系是所在区域制度文化的反映，话语体系的不同可能反映了更深层次的法律理念的不同。粤港澳三地的数据跨区域流动治理制度存在较多的不一致性。例如香港《个人资料（私隐）条例》使用"资料"（私隐）作为法律名称的主题词，而澳门《个人资料保护法》虽也在法律名称中使用"资料"作为主题词，但在正文中也涉及"数据""信息"的表达。相比之下，内地的法律规范在数据跨区域流动方面使用的术语是"个人信息"和"重要数据"。如果对象的用语不一致，就无法确保对象的内涵一致，而这将在执行层面造成概念上的混淆与混乱。事实上，香港的《个人资料（私隐）条例》和澳门的《个人资料保护法》仅将个人资料作为数据跨区域流动的治理对象，而都没有将非个人资料（非个人数据）作为数据跨区域流动的治理对象，但内地是将"个人信息"和"重要数据"并列纳入数据跨区域流动的治理范畴。

第二，粤港澳三地针对数据跨区域流动的治理理念、法律传统不一致，将需要更多的对话机制以推进更为充分的互信与理解。

正如前文提到，香港的立法理念体现了更强的数据保护导向，以"禁止流动"为前提，"允许流动"为例外；相比之下，澳门则更为宽松，以"允许流动"为前提，"禁止流动"为例外。内地的数据跨区域流动治理规则以本地化存储为原则，以"确因需要且达到安全评估标准转移"为例外。一方面，要求数据本地化存储，即普遍性禁止数据跨区域流动；另一方面，数据可以相对流动，但首先要满足"确因需要"的条件，其次还要达到规定的"安全评估"标准。可见，香港更加接近内地理念，而澳门则反之。在未来推进治理共识的过程中，究竟以何种理念为主，仍然是尚未得到明确回答的重要问题。

同时，三地在法律传统方面的不一致，将进一步影响数据跨区域流动治理的执行与落实。在立法上，内地的立法权在于全国人大，能够有效、有秩序地实现立法；香港通过一项法律则困难重重，例如《个人资料（私隐）条例》的第33条至今尚未生效；而相比香港，澳门通过新的立法又相对容易实现。在司法方面，粤港澳三地的司法体系各自独立，在起诉、举证等权利救济方面存在程序不同、要求不同等具体问题，例如对于数据权益的保护，在内地目前没有专门的案由寻求民事救济，从而不得不借助"人格权"等，所以在数据跨区域流动司法方面存在更大的合作需求。在执法方面，不同的监管机构、审查机制，以及保护"数据"或"隐私"的观念不同也将导致执法结果具有不同程度的差异性，不利于形成统一规范。

第三，粤港澳大湾区推进数据跨区域流动治理没有可借鉴的经验，尚处于"无人区"和"空白区"。

粤港澳大湾区是在"一国两制"下的"三种立法制度"并存，

所以粤港澳大湾区内部的数据跨区域流动问题是纽约湾区、旧金山湾区、东京湾区所不曾遇到过的全新问题。事实上，即使是上述三大湾区，内部也尚未形成统一性的数据跨区域流动治理框架或体系。因此，粤港澳大湾区内部在法律、金融体系、行政管理体系、关税、货币、制度等方面的差异性，均会在数字时代体现为数据治理制度的差异性，而如何制定统一的、具有多方共识的数据跨区域流动治理规范，尚无可借鉴的经验，只能"摸着石头过河"，靠自己"杀出一条血路"。

## 三　建设数字统一市场、推进数据跨区域流动

难以从纽约湾区、旧金山湾区、东京湾区借鉴经验，反过来也证明了粤港澳大湾区存在在数字经济领域"弯道超车"的可能。立足粤港澳大湾区数字市场一体化、推进数据跨区域流动的战略目标，我们可以做的有以下几方面。

第一，搭建对话平台：依托粤港澳大湾区建设领导小组，抓紧建立粤港澳大湾区数据流动对接协调机制。

制度协同的关键在于理念层面的治理共识和执行层面的合作落实，而这两方面的实现都有赖于对接协调机制的建立与维护。不同于数据跨境流动需要双边或多边谈判，复杂性较大，在统一国家主体下的三地具有天然的对话与工作基础。因此需要加快成立在中央粤港澳大湾区建设领导小组统筹协调下的"粤港澳大湾区数字统一市场建设小组"，或者更具体的"粤港澳大湾区数据流动协调小组"，由三地相关部门共同组成。其具体承担三方面职责：首先，推进三地对话以实现治理共识和制度变革；其次，具体执行三地数据流动的监管执法；最后，代表粤港澳大湾区整体对外展开合作对话，以进一步促进大湾区数据与全球数据的自由、

安全、可信流动。

第二，吸收地域经验：以求最小公倍数和通用性经验为原则设计粤港澳大湾区数据跨区域流动治理的顶层框架。

粤港澳是"一国两制三法域"，目前在规则制度方面，内地（同样适用于广东）、香港和澳门都各自形成了基本的数据跨区域流动治理规则文本。这些规则文本都是内地、香港和澳门各自针对其区域内的主要问题而提出的具有本土特色的数据流动治理规则，具有相当的本土契合性。在设计粤港澳大湾区数据跨区域流动治理顶层框架时，适宜求最小公倍数，将具有通用性的经验作为顶层框架的基本元素。例如内地、港、澳的数据跨区域流动规则中都有规定"征得主体同意"，那么这便是最小公倍数。如果求取粤、港、澳三地的最小共识无法实现，那么至少要达成两地的共识（注意如果粤没有相关规则，则按内地规则求取）。特别地，对话语体系不同的问题，一方面汉译表述时应该和内地的称谓统一，这并未改变香港居民或澳门居民对称谓指代对象的理解；另一方面应统一明确数据跨区域流动治理的规范对象，不仅应包括个人数据，还应当包括非个人数据（特别是重要数据）。

第三，融合行业标准：注重吸收平台公司的数据治理规范经验，建立粤港澳大湾区数据跨区域流动治理的基本准则。

数据跨区域流动治理离不开数字产业的支撑，制定粤港澳数据跨区域流动一体化框架时，要特别注重融合行业标准，尤其是要重视5G、跨区域金融支付、跨区域数据交易等平台公司的数据治理规范和经验。基于数字化业务的实务操作流程、数据存储规程、数据跨区域传输准则、数据跨区域流动风险评估与防控指南等制定粤港澳大湾区数据跨区域流动治理基本准则，使"粤港澳数据跨区域一体化框架"更具操作性、更加接地气。尽可能实现：（1）增补空白点，即在不违反上位法的前提下，将须解决的现实迫切问题纳入粤港澳数据跨区域一体化框架；（2）补强薄弱点，即将现有行业标准或经验已经确定的关键性措施纳入立法，提升其相关的效力位阶。

第四，实现产业愿景：以更加强调"发展"的观念积极打造粤港澳大湾区一体化数字市场。

尽管当前的数据跨区域流动治理的相关框架和规则大都采用"原则+例外"式监管来解决数据跨区域流动问题，但是并不意味着数据跨区域流动就等同于数据监管。着眼于推进粤港澳大湾区数字市场一体化，更要建立起包括数据确权、分布式存储、合法跨区域交易等在内的规则体系。确定数据权属，有助于解决数据流动过程中的权利义务关系、侵权责任和救济问题；通过分布式存储，既实现大湾区内数据自由存储，整体上不违背"本体化存储"原则，又有助于打造粤港澳大湾区大数据中心；承认数据合法跨区域交易，有助于解决"数据黑市流动"等侵害个人隐私的问题，释放出数据的经济价值。

# 人才流动与社会融合

# 粤港澳大湾区如何引进境外高端人才?[*]

张若梅　李海滨

《粤港澳大湾区发展规划纲要》自实施以来,大力引进国(境)外高层次人才成为各地共识。整体而言,从省到市再到区一级层面,已经构筑了多层次、多类别以及相互衔接的引才体系,海外引才效果也已初步显现,以广州和深圳两地尤为突出。但进一步对比不同层级的引才计划则发现,粤港澳大湾区整体上在引进人才方面还欠缺竞争力,此外,大湾区内部各城市之间引才竞争激烈,未来可能造成弱势城市"引才难、留才不易"的窘境。本文将主要梳理大湾区引才体系下的国(境)外人才回流现状,思考如何优化当前的引才政策和留才方式。

## 一　粤港澳大湾区引才体系下的国(境)外人才回流现状与挑战

当前粤港澳大湾区国(境)外引才计划的实施途径主要包括:省政府层级主导的引才政策和各市级、区级层面的"招才引智"

---

* 原文完成于 2020 年 9 月 24 日。

工程。人才需求对接区域产业发展，以战略新兴产业和紧缺型产业的海外高端人才引进为主，同时注重团队引才，尤以引进和培育创新创业团队为重。近几年来，这种多层次的海外引才政策实施效果较为突出，以深广两市为例，截至 2019 年初，深圳共引入 86 个"孔雀团队"和 3788 名海外高层次人才。同时期在广州地区工作的有诺贝尔奖获得者 6 人、"两院"院士 97 人、国家重大人才工程入选者 493 人、享受国务院政府特殊津贴专家 3897 人、省"珠江人才计划"创新创业团队 90 个、海外高层次人才 4770 名以及"广东特支计划"入选者 891 人，后两者分别占全省同类人才总数的 41.9% 和 75%。① 但大湾区整体上在引进人才方面还欠缺竞争力，高层次人才在数量上不敌北京、上海，甚至难敌江苏、浙江。

此外，粤港澳大湾区内的深圳、广州和香港等明星引才城市，对海外高层次人才易形成强大的"虹吸效应"，使得大湾区内部其他城市引才计划的执行效果不佳。以九市二区的国（境）外人才的引进效果为例，香港、深圳及广州与大湾区其他城市相比，在海外高层次人才引进方面具有明显优势，尤其是在省市级人才计划中，其引进人才数是其他城市的近 10 倍。而在国家级人才计划中，广深两地也表现出较强竞争力。进一步对比各市的引才政策发现，在保障人才落户、子女教育、配偶工作以及医疗保障等配套服务基础上，深圳和广州在创新产业项目资助和人才奖励方面的资金投入均高于其他城市，且深圳市海外高端人才引进的"一站式服务"以及广州新设的"人才创新创业基金"和"人才服务银行"等创新举措又进一步提高了这两个城市对人才的吸引力。

---

① 广州市人才工作领导小组办公室、广州日报数据和数字化研究院：《广州人才发展白皮书（2018）》，http://www.gzgddi.com/index.php?m=content&c=index&a=show&catid=4&id=191。

此外，在普华永道与中国发展研究基金会联合发布的《机遇之城2019》报告中，广州、深圳及香港无论在城市智力资本、技术成熟度、城市环境、文娱生活、经济影响力以及宜商环境等方面都排名前列。①受制于经济环境、科技环境、文娱环境及政策环境的差异性，大湾区内其他城市在留住海外高层次人才方面略显弱势，加上本身引才政策与广深两地相比缺乏具有竞争优势的引才资金，也缺乏创新性的引才制度，使得本身引才效果不佳。

事实上，近年来各省（区、市）均将海外高层次人才引进工作作为地区创新发展的重要一环，尤其是新一、二线城市以超越历史力度的引才新政发起"海外高层次人才争夺大战"，给大湾区高层次人才集聚带来了挑战，也削弱了大湾区引才竞争的优势。从当前国际引才环境来看，世界各国在全球范围内以前所未有的利好政策吸引高层次人才，给我国引进海外人才构成了更大的竞争压力。此外，全国各地人才新政以加码人才奖励、完善配套政策、建立创新基地，以及优化管理机制等手段全方位加入这场"海外高层次人才争夺大战"之中，使大湾区内弱势城市在人才抢夺竞争中遭到猛烈冲击。

另外，大湾区从省至区引才政策体系完整度高，但是具体政策的制定却体现出"重引才轻留才"现象，导致大湾区对外缺乏引才竞争力。而内部各城市引才类别趋同，多以重点领域领军型人才和创新团队为主，大湾区内部分弱势城市在引才资金、引才政策的投入上难以与广深港明星城市匹敌，这进一步削弱其引才的效果。相比于大湾区其他城市，广深港在技术成熟度、城市环境、文娱生活、经济影响力以及宜商环境等方面具有基础优势，

---

① 中国发展研究基金会、普华永道：《机遇之城 2019》，https://www.pwccn.com/zh/research-and-insights/chinese-cities-of-opportunities-2019-report-zh.pdf。

极易形成人才"虹吸效应"，造成弱势城市留才更难。此外，明星引才城市之间的"人才战争"也尤为激烈，其中香港流入广州、深圳的高水平人才各占其人才总数的 11.69% 和 15.37%；而香港吸引广州、深圳的高水平人才占比也高达 29.53% 和 57.61%。① 随着广州、深圳与香港之间个税差距的"政策性抹平"，以及香港"科技人才入境计划"项目的推进，可以预见未来三地对高水平科技人才的争夺情况会愈演愈烈。而大湾区在国（境）外人才引进工作中尚未发挥其战略和区域优势，人才政策与产业发展战略"两张皮"、大湾区各城市引才工作"单打独斗"，战略与引才未能形成合力，各地分散引才则弱化了整体引才效果。

## 二　粤港澳大湾区引才政策和留才方式的优化

根据上述提到的现状，当前大湾区的引才政策和留才方式可以就以下几方面进行优化。

（1）尝试构建粤港澳大湾区产业战略—人才项目的系统性构架，盘活湾区人才存量，避免内部城市"引才内耗"。尝试将湾区人才政策全方位嵌套于湾区各城市产业发展战略的布局之中，以重点领域项目（领域人才、新兴发展项目）人才及团队的形式引进，使人才政策与产业发展战略能更加适配，以重点产业发展集聚人才，以人才巩固促进产业发展，实现双赢；同时充分利用现有粤港澳大湾区门户网站，集城市项目、人才引进、人才评估和人才流动的信息共享于一体。政府可以通过在线发布各市区的产业基地、重点领域、新兴发展项目，以及针对性的引才项目和具

---

① 清华经管学院互联网发展与治理研究中心：《粤港澳大湾区数字经济与人才发展研究报告》，2019.02，http://mis.sem.tsinghua.edu.cn/ueditor/jsp/upload/file/20190226/155114 8170211032606.pdf。

体资助情况，集中湾区项目人才信息；定期更新公布已引进的海外高层次人才及创新创业团队的名单和领域，设置开放权限，促进湾区人才间的内部流动；同时也可公布区域、各市区、企业、高校及研究院所最新研究项目信息，吸引其他机构和人才参与项目，促进跨界跨区域研究。这方面可以参考欧盟发起的"地平线2020"计划的管理模式。此外，以城市间异质化的产业项目引才代替同质化人才竞争，以区域引才梯队代替顶尖人才无序竞争，实现大湾区海外高层次人才引进工作的有序推进。

依托《粤港澳大湾区发展规划纲要》中对各城市的战略定位和发展目标，进行大湾区内异质化产业项目统合布局，以"项目—人才"形式进行人才引进，避免明星城市间的同质化人才竞争。同时结合城市经济实力和人才环境，进行人才梯队划分，避免弱势城市与明星引才城市间的人才争夺。此外，探索湾区内海外高层次人才共享机制，内部城市间充分利用区域优势探索"人才飞地"模式，借力"外脑"服务发展。通过门户网站的人才信息公布，城市可以就其重点发展项目进行柔性引才，充分利用假期邀请人才进行跨区域的项目指导，以盘活粤港澳大湾区的海外高层次人才存量。

（2）优化海外人才落地后的发展环境，引留并重，注重后续对人才发展的支撑。目前湾区内城市能够凭借其良好国际化营商环境以及颇具竞争力的引才投入，来获得具有回流意向的海外人才青睐，但鲜少制定回流人才后续培养的相关政策，容易造成人才流失等后果。因此，对于已经回流的海外人才，跟进对人才引进后的持续培养。一方面，健全人才及团队落地的服务跟踪机制，扩大"一事一议、一人一策"的政策适用范围。各市人才部门应联合人才单位就每一位海外高层次人才的落地应享待遇和有待解决的问题建立"跟踪回访机制"；在向每一个海外创新创业团队的入驻提供基础配套设施之外，也要向新创企业提供技术中介、成果转让、合作研发单位推荐、产品市场拓展、知识产权、融资、法律以及优惠政策要点宣传和帮扶等服务。另一方面，成立粤港澳大湾区海外高层次人才协会，将重点领域、新兴领域的战略科学家、青年人才、创新创业团队一并纳入协会管理，以定期举办主题论坛、讨论会、文娱活动等形式为人才间交流创设机会，以便于不同领域的海外高层次人才实现未来的产业互动。

（3）强化海外引才信息技术支撑，构建粤港澳大湾区国际中高端人才大数据。目前湾区内产业机构仍未在人才数据方面建立共享机制，也没有一个单独的机构可以准确掌握湾区内不同城市所引进的海外高端人才总数，并在专业领域上加以区分。因此可以探索建立大湾区国际中高端人才大数据。

首先，建立大湾区的重点领域及未来新兴领域所需人才数据库，利用信息技术使精准识才和有效引才成为可能。由广东、香港和澳门三地政府部门牵头，依托省级驻外联络处、海外研发机构、跨国公司、海外合作社团、海外商会、校友会以及各类华侨组织，根据不同领域和不同层级，分类完善海外回流人才以及海外散居人才数据库，减少引才风险及提高引才精准度。

其次，尝试建立湾区内的各市区当前经济及技术发展所需人才数据库，针对其支柱性产业列出中高端人才的存量和所需增量。其中存量方面，应对本地人才领域、所在单位、职位、薪酬、福利、家庭背景进行详细统计及做好信息变更工作，尤其对高端人才的职业发展、薪酬福利以及子女教育问题进行特别关注；而在增量方面，应着眼此类海外人才的家乡、所在单位、职位、薪酬福利及家庭因素进行统计，关注此类人才的动态需求，以便各地有针对性地进行引才。

# 优化国际学校建设 助力高端人才
# 留粤港澳大湾区[*]

杨丽君　李昌达

## 一　问题背景

在新出炉的《粤港澳大湾区发展规划纲要》（以下简称《纲要》）中，粤港澳大湾区被赋予了打造教育和人才高地的重要使命，也提出将支持珠三角九市借鉴港澳吸引国际高端人才的经验和做法，创造更具吸引力的引进人才环境，实行更积极、更开放、更有效的人才引进政策，加快建设粤港澳人才合作示范区。其中，外籍专家、国外企业家、中国留外未获外国国籍及港澳台地区的优秀人才都是粤港澳大湾区发展对外引智的主要需求项。毋庸置疑，经济发展的关键是人才；粤港澳大湾区的发展前景也与人才引进和储备密切相关。鉴于港澳地区的社会经济制度与内地有所不同，且有比较完善的人才引进机制，本文主要针对粤港澳大湾区的珠三角九市进行分析。

外来人才引进至少需要考虑两方面的问题。第一，哪类人才

---

* 原文完成于 2019 年 6 月 13 日。

是当地产业发展所需要的，现阶段当地相关人才储备如何，以及未来相关人才引进的预计规模和分布如何？第二，如何引进所需要的人才，特别是如何引进相关人才中处于创造力旺盛期的中青年优质人才？关于第一个方面的问题，对于与产业发展相配套的人才的鉴定，将另行撰文讨论，本文将聚焦于第二个方面的问题。改革开放以来，国家对外来人才的引进一直给予了很大的政策支持力度，但这些政策主要集中在人才引进者本人的经济报酬和职业发展前景方面。这从各类人才引进计划中都可以看到，比如引进人才的研究启动经费、职称待遇、住房补贴待遇等。但鲜少关注到这个群体的生活环境问题，尤其是子女教育问题。从经验和观察中可发现，最具创造力年龄段的中青年人才多数处于育儿阶段，其回国后子女的教育问题往往成为其职业选择决策时最具决定性的要素。因此，如何解决归国中青年人才子女教育的后顾之忧，特别是回国后与海外教育衔接等方面的问题，将是引进优质中青年人才的重中之重。

通常，归国人才子女在教育方面存在以下问题：第一，由于国籍或户籍的限制（不少人的子女出生在海外，拥有外国国籍），无法入读当地的公立学校和普通的民办学校；第二，由于语言限制（不少子女在海外从小接受所在国语言教育），回国后无法接受纯中文教育；第三，国内与海外教育课程与体制不衔接；第四，对现有国内的教育体制不利于未来申请海外大学的忧虑。所有这些问题都是影响海外中青年人才选择归国的最主要因素。对此，国际学校无疑是解决其子女教育问题的必然途径。然而目前珠三角地区的国际学校在数量、区域分布、教学质量和管理水平上还有诸多的不足，难免使该地区外来人才的引入和留住受到掣肘。珠三角地区的国际学校的状况如何？在促进年轻优质人才引进方面，需要怎么改进？这将是本文重点探讨的问题。

# 二 国际学校在珠三角地区发展存在的问题

国际学校原指采用外国侨民母国的教育制度，为外国侨民提供母语教育的学校，近年来又发展成同时可以为本国学生提供国外教育模式的学校。简言之就是外国家长按照自己国家的教育制度培养孩子，提供国外教学模式和课程的一种学校，后来随着中国学生外出留学升温，部分国际学校也开始招收中国国籍的学生，以方便这些学生实现从本国教育到留学的过渡，与外国教育无缝对接。

当前中国国际学校分为外籍子女国际学校、民办国际学校、公办学校国际部/班三大类（见表1），其中第一类仅面向外籍学生和港澳台户籍学生，后两类则在前者的基础上可招收内地户籍学生。对上述的外来优秀人才而言，三类国际学校似乎可以满足他们子女入学的要求。但从现状来看，由于目前珠三角国际学校在发展过程中存在以下一系列问题，这三类学校并不能很好地服务于引进人才的子女教育需求。

表1　当前中国国际学校的分类及对比

| | 外籍子女国际学校 | 公立学校国际部/班 | 民办国际学校 |
| --- | --- | --- | --- |
| 设立机构 | ·各类合法外籍机构或合法居留的外国人 | ·国内公立高中 | ·国家机构以外的社会组织或个人 |
| 招生对象 | ·义务教育及高中阶段仅招收外籍学生<br>·幼儿园阶段可招收中国学生 | ·国际部招收外籍学生或港澳台学生<br>·国际班（包括经省教育厅审批的中外合作办学项目、经市、县教育局审批的国际课程项目）仅招收中国籍学生 | ·所有阶段均可招收中国及外籍学生 |

续表

|  |  | 外籍子女国际学校 | 公立学校国际部/班 | 民办国际学校 |
|---|---|---|---|---|
| 覆盖教育阶段 |  | ·K12 教育<br>·大部分学校提供幼儿园阶段教育 | ·国际部可提供 K12 教育，国际班主要提供高中阶段课程 | ·K12 教育<br>·大部分学校提供幼儿园阶段教育 |
| 课程设置 | 幼儿园 | ·采用国外课程和教材，结合学校特点及办学理念，拥有成熟健全的外国课程体系，以全英语方式授课 | ·不适用 | ·结合学校自身特色及办学理念提供灵活的双语课程，融入国际教育理念 |
| | 义务教育 | ·采用国外课程和教材，结合学校特点及办学理念，拥有成熟健全的外国课程体系，以全英语方式授课 | ·义务教育期间要符合教学大纲，高中阶段可自行安排一些特色课程 | ·需主要参照国务院教育部门制定的教学大纲进行课程设置及考试测评，达到教育行政部门制定的课程标准<br>·可适当增加补充性的国际课程 |
| | 高中 | ·提供 A-level、IB、AP 等国外大学认可的高中国际课程 | ·提供 A-level、IB、AP 等国外大学认可的高中国际课程<br>·国际班为国内学生提供包括 TOEFL、SAT、AP 等课程<br>·亦可提供国内高中应试教育课程 | ·提供诸如 A-level、IB、AP 国外大学认可的高中国际课程<br>·亦可提供国内高中应试教育课程 |
| 代表学校 |  | ·北京顺义国际学校<br>·深圳蛇口国际学校<br>·上海耀中国际学校 | ·上海中学国际部<br>·人大附中国际部<br>·北京四中国际部 | ·上海协和双语学校<br>·枫叶国际学校<br>·万科梅沙学院 |

资料来源：《教育新时代——中国教育发展报告 2018》，德勤 Deloitte 研究，2018，第 13~14 页。

## （一）数量不足，分布不均匀

据全球化智库联合南南国际教育智库研究院发布的《中国国际学校蓝皮书（2018）》，截至 2018 年底，中国共有 1028 所国际学校，其中广东为全国之最，共有 149 所。[①] 然而，这些学校集中在广州和深圳两地，珠三角其他 7 市建成的国际学校屈指可数，总体分布极不均匀。另外，在当前由教育部公布经批准设立的外籍人员子女学校名单中，广东地区除了有 4 所分布在珠海、东莞和惠州，其余的 14 所云集于广深两地。[②] 再者，这些学校在设置方面存在重视高中教育而忽视初中和小学教育的倾向。新学说国际学校数据库和远播教育官网发布的数据显示，截至 2019 年第一季度，珠三角地区的国际学校中，开设高中部的占比为 82.8%，远超开设初中部的 51.2% 和小学部的 43.1%[③]（见表 2）。这与目前民办和公立的国际学校主要服务于国内计划在海外修读大学课程的群体有关。不难理解，对于旨在打造人才高地、建设国际一流城市群的珠三角九市而言，目前本地区的国际学校无论是在总体数量还是分布的均衡度上还达不到未来大规模引进外来人才的要求，特别不利于吸引那些有中小学在读子女的中青年归国人才。

表 2  珠三角地区国际学校的分布及其开设的课程阶段

| 城市 \ 课程阶段 | 高中 | 初中 | 小学 | 幼儿园 | 总数 |
|---|---|---|---|---|---|
| 广州 | 57 | 31 | 24 | 21 | 70 |
| 深圳 | 57 | 38 | 36 | 20 | 67 |
| 佛山 | 17 | 9 | 7 | 6 | 21 |

[①] 全球化智库（CCG）、南南国际教育智库研究院：《中国国际学校蓝皮书（2018）》，全球化智库传媒，2018，第 11~15 页。

[②] 中华人民共和国教育部教育涉外监管信息网（http://www.jsj.edu.cn/news/1/24.shtml）。

[③] 根据新学说国际学校数据库和远播教育官网数据计算得出。

续表

| 课程阶段 城市 | 高中 | 初中 | 小学 | 幼儿园 | 总数 |
|---|---|---|---|---|---|
| 珠海 | 11 | 6 | 5 | 4 | 13 |
| 东莞 | 10 | 7 | 7 | 5 | 12 |
| 惠州 | 7 | 6 | 6 | 2 | 11 |
| 中山 | 7 | 5 | 1 | 1 | 7 |
| 江门 | 5 | 5 | 4 | 3 | 6 |
| 肇庆 | 2 | 0 | 0 | 0 | 2 |

注：由于不同学校开设的课程阶段组合不一，表中最后一列的总数并非是前面四列之和，而是指该地区目前拥有的国际学校总数。

资料来源：新学说国际学校数据库、远播教育官网。

### （二）优质师资不足，管理不规范

当前，国际学校的师资通常由外籍教师、本土教师、中国籍海归教师构成。其中外籍老师往往被视为核心力量，多以"形象代言人"的角色出现于学校的各类宣传平台上，所享受的薪资福利也是最高的。但同时，外籍老师也是流失率最高和责任承受度最低的教师成员[1]。顶思教育 2018 年发布的调查显示，在北京、上海、江苏、浙江、广东等地区 49 所民办国际学校和外籍子女国际学校中，有近七成的外籍教师年流失率在 5% ~ 15%，在离职教师总体中占很大比例。这跟部分国际学校的办学实力不足及对外籍教师招聘定位不当有直接的联系。另外，伴随国际学校日益增多，外教师资也存在鱼龙混杂的情况。当前业界主要依据是否具有外国专家证、合法居留证、本国/国际教师资格证和学历证书[2]对外籍教师的专业程度、教学水平及基本人品进行评定并指导家长和

---

[1] 参见《关于国际学校师资你了解多少，为何水平相差那么大？》，http://guoji. 114study. com/news/5362/。

[2] 参见《曝光！国际学校师资大 PK，这四点尤其重要！》，http://www. sohu. com/a/ 241352695_543744。

学生择校。而现实中，许多国际学校尤其是民办国际学校往往会基于薪资压力和招生宣传需求降低准入门槛，导致部分不具备资格的外教也进入教师队伍中，无疑会影响学校的教学水平和增加不稳定因素。

同时，虽然近年来本土教师和中国籍海归老师在国际学校教师队伍中的比例在逐步增加，甚至在一些学校中发挥着中流砥柱的作用，但由于自身所接受的教育培育体系的限制和教龄不足，总体而言还不能于国际学校中发挥擎纲作用。

**（三）课程设置有待改善**

在中国，民办国际学校和公立学校国际部/班属于中外合资办学的公益性事业。作为国际学校的主体，它们在课程设置上不仅要与国际课程体系接轨，还需依照《中华人民共和国中外合作办学条例》（以下简称《中外合作办学条例》）的规定开设有关中国宪法、历史、政治、国情等课程，这也是"国际教育本土化"的内在需求。但是，一方面，由于目前我国民办国际学校和公立学校国际部/班的主要办学目标为服务潜在的留学群体，所以在课程设置上普遍倾向于海外高考应试教育。这种应试教育表面上看来与海外课程相关，但在教育方法和理念以及知识的广度深度、思考力的培养方面都与海外存在很大差距，事实上并不与海外教育完全接轨。这种教育目标和课程设置与海外归国人员子女的教育需求并不完全一致。另一方面，以提高学生出国留学率为主要目的的国际学校为确保"国际课程"占主导地位，有不断弱化、边缘化本土课程的倾向，这也无法满足一部分海外归国人才想让子女学习中国文化，日后在中国升学发展的愿望和要求。在目前存在的三类国际学校中，与海外课程衔接最好的是外籍子女国际学校，但由于规模小、数量少、招生有诸多限制，同样不能满足海外归国人才子女的教育需求。

# 三　对策

## （一）加大国际学校建设的引资和政策扶持力度

国际学校的产生和发展既是外来人才引进和培育的需要，也是创造新业态、促进社会经济发展的需求。对于要进一步扩大对外开放、建设世界一流湾区的粤港澳大湾区而言，国际学校的建设更具战略性意义。针对当前珠三角地区国际学校总体数量不足和分布不均的状况，在《中华人民共和国民办教育促进法修正案》（以下简称《民促法》）、《中外合作办学条例》等上层法律法规的大框架下，由广东省人大、政府出台地方性法规、规章，鼓励国外资本及本国民间资本投资，赋权各地市尤其是珠三角地区政府对于国际学校的引入和建设进行政策帮扶，比如在土地使用方面的支持政策等；同时为外来人才子女入学在程序、手续上提供便利，并对其在国内升学给予一定政策优待［类似港澳台学生入读内地（大陆）大学的政策］。

在对目前的三类国际学校的建设方面，要逐步开放和加强外资国际学校的建设，增加其数量。当然，在引进外资国际学校时必须注意到美式和英式等教育体系的均衡性、从小学到高中的教育连续性和一贯制。外资国际学校的存在不仅有利于吸引海外的中青年归国人才，解决他们子女教育的后顾之忧；同时也有利于吸引非中国背景的国际人才，其最终目标在于将粤港澳大湾区打造成一个国际人才聚集高地。像新加坡那样，因为国际学校的发达，在国际人才流入和流出问题上，子女教育不会成为一个决定性的考量因素。此外，外资国际学校的增加，也会为本土国际学校和国际课程提供竞争动力。对于外资国际学校的增加是否会带来国家认同危机或者其他类似问题，通过政策管理是可以避免的。

其实,我们已经有很多海外知名大学在国内办学的监管经验,这方面的顾虑,相信通过监管能够克服。

**(二)加强外籍教师的资质审查,探索中国国际教育教师培养和资格认证机制**

解决外籍老师资质、教学水平良莠不齐的根本途径在于设立统一聘任标准和审查体系,并且在此基础上将其教学资质与其工资福利相挂钩,这既有利确保国际学校招聘师资的水平,也有利于学校与外籍教师双方形成稳定明确的合同关系。另外,随着国际学校的增多,对于中国本土教师和海归中国籍教师的需求量也必定与日俱增,为提高中国国际教师的整体水平,在高校尤其是师范类高校中开设国际教育方向的课程,培养面向国际教育的师资队伍。同时,应与国际标准接轨,出台中国国际教师资格的考核和认证体系(如同教师资格证一般),为人才的培养和行业准入提供依据。

**(三)开发优质"中外结合"的课程体系,变国际教育本土化为引智亮点**

习近平总书记指出,培养什么人是教育的首要问题。这也是现今国内一直强调的"国际教育本土化"所面临的本质性问题。国际教育的本土化并不意味着简单地将中国本土文化镶嵌于国外课程体系之中,而是在课程设置标准与国际标准接轨的同时,将贴合中国国情、代表中国社会进步方向的文化因子与国外先进的思想、观点进行内涵性衔接,助力学生在多元的文化熏陶中完成知识积累和思维衔接。这不仅有利于实现中国传统文化的创新性转变,实现文化自信,同时也有利于将中华民族优秀文化打造成一张树立国际新形象和吸引外国人才的名牌。为此,教育主管部门一方面要组织相关的专家、学者对课程设置的标准进行研究,编写相关的教材;另一方面要鼓励和帮助国际学校内部建立"中外合作"的教师团队，自主探索符合校情的教学方案，并创新国际学校间的教学交流和互助机制，从而带动区域内国际学校教学水平的提升。

### （四）允许、鼓励和主动引入中国香港、中国澳门和新加坡的国际学校来珠三角办国际学校

中国香港、中国澳门和新加坡是高度国际化的城市，国际学校系统发达，也积累了很多经验。珠三角要"近水楼台先得月"，在引入和建设中国香港、中国澳门和新加坡国际学校模式方面下功夫。改革开放以来，香港很多大学已经在珠三角设立了分部。香港中文大学在深圳设立了校区，自主办学；现在，广州的南沙也在积极引入香港科技大学设立校区。但这种办学模式应当大大前置，延伸到高中、初中和小学。对国际人才来说，光重视大学是远远不够的。实际上，在大学选择上，国际人才具有更多的选择，一旦孩子高中毕业，独立成人，家长会放心地让他们去选择欧美或者其他国家的大学。但小学到高中这一阶段，国际人才几乎没有很多选择，因为他们要把孩子留在身边，关心孩子的成长。新加坡已经在广州知识城设立国际学校，但这样的做法到现在为止还只是个案，没有形成系统。这个过程需要加快。再者，从中国香港和新加坡的经验来看，从经济上说，国际学校也更容易产生经济效益，因为在这个阶段，家长非常乐意投资于孩子的教育。从这个层面讲，大力发展国际学校，不仅有利于引进和吸引各类优质人才，也有利于阻止教育资金的外流。

# 提升认同与增强协作：推进港澳青年在珠三角地区发展[*]

蒋余浩　吴璧君

为深入了解港澳青年在珠三角地区的发展状况和需求，本课题组对在珠三角地区三个重要城市（佛山、东莞、珠海）发展的若干港澳青年进行了问卷调查和访谈。通过对这些青年人在生活、工作和创业等方面需求的分析，我们发现持续改善港澳青年发展环境的重要性，需要激励更多港澳优秀青年尽快融入祖国建设大业，增强港澳青年的国家认同和协作精神。

粤港澳大湾区以"支持香港、澳门融入国家发展大局，增进香港、澳门同胞福祉"为主旨，因而不能仅仅将其理解为一个经济发展项目的规划，而必须从提升港澳同胞的国家认同、充分展现社会主义制度优势的高度，来看待大湾区建设。一方面，需要营造有利于港澳同胞干事创业的优良环境，提升广大港澳青年对内地政策开放性和改革勇气的认识；另一方面，需要通过从中央到地方各级政府充分发挥作用，推动大湾区高品质建设和均衡发展，通过营造平等竞争环境和保障广大劳动者群体的公平共享，来实现高度的社会正义，以优异的建设实绩向港澳乃至世界展现

---

＊　原文完成于 2020 年 6 月 28 日。

体制的优越性和治理效能。

本文基于 2019 年 11 月和 2020 年 5 月的两次调研成果。调研组对在佛山、东莞、珠海从事创业的 50 位港澳青年进行了问卷调查和深入访谈。受访者中，男女比例分别为 58% 和 42%；香港籍和澳门籍分别占 60% 和 40%。从内地转籍港澳并且主要成长在港澳地区的占 48%，在港澳出生并且主要成长于海外的占 28%，主要在内地生活但取得港澳身份的占 24%。主要在内地接受大学及以上教育的占 28%，主要在港澳或国外接受大学及以上教育的占66%，其他占 6%。个人年收入在 20 万元以下的占 40%，20 万~50万元的占 34%，50 万~100 万元的占 16%，其他占 10%。总体而言，此次访谈的港澳青年与内地的渊源比较深，要么是其父辈长期在内地开办企业或从事其他实业，要么是本人已在内地工作并且安家（定居），但他们中多数人（占近 80%）在港澳地区依然有较为深厚的社会交往圈，他们对内地的认识，可以对相当一部分较少来内地的港澳居民产生影响。

## 一　基本调研情况：港澳青年对在珠三角地区发展的认识

港澳本地青年在当前面临严重的发展困境。实际上，香港在遭受 2008 年国际金融危机拖累后，经济长期陷入低迷状态，迄今仍未见完全复苏的迹象。最近几年里，不断有研究者分析指出，香港已陷入所谓"高收入陷阱"，面临生育率下降、房价高企、青年人对未来没有信心、贫富悬殊的严峻挑战。多项数据都显示，香港作为一个国际大都市，正面临经济衰退的冲击。例如，根据香港劳工及福利局的数据，在经济起飞时代，香港地区生产总值增速能维持在 6% 以上，近年仅为 3%；人口年龄中位数在 1981 年是 26 岁，1996 年是 34 岁，到 2015 年则已达 44 岁；平均房价接近本地家庭年平均收入的 20 倍；2016 年，香港的基尼系数为 0.539，是 45 年以来的历史最高[①]。严重的经济社会危机导致了港澳青年面对未来的迷茫心态，这在我们对港澳青年进行访谈时也能清晰感受到。

受访的港澳青年几乎一致承认，参与内地的发展是大多数港澳青年的前途。他们的理由很清晰简洁：最富裕的那批港澳青年无论是留在港澳，还是去欧美等地，都有很好的发展前景；属于中下阶层的广大青年既没有能力在欧美发达国家参与竞争，在港澳本地的发展前景亦受限；而内地多层次的发展态势，使资本并不算雄厚、技能也称不上特别优异的这批青年人有了大量的创业机会和相对的竞争优势。

整体来说，来内地发展的港澳青年对珠三角目前形势和未来前景抱有乐观认识，也有较为强烈的在珠三角地区持续发展下去的意愿。事实上，随着近年来粤港澳合作的不断深化、大湾区建设的纵深推进，国家也相应打造了一批促进港澳青年在珠三角城市干事创业的平台，同时出台了以《粤港澳大湾区青年行动框架协议》为代表的一系列旨在推动港澳青年在珠三角城市发展的政策，使得这批港澳青年对融入粤港澳大湾区发展实践的理解正逐渐提升。

**（一） 对在当地生活和工作的满意度**

就其对当地生活和工作的认识而言，首先，这批港澳青年认为如佛山这样的珠三角城市的美食是非常具有吸引力的；其次，他们对佛山、东莞、珠海的城乡建设和风土人情感到满意，而内

---

① 中华人民共和国香港特别行政区政府劳工及福利局：《香港贫富悬殊之坚尼系数》，https：//www.lwb.gov.hk/tc/blog/post_08082021.html。

地青年比较看重的经济发展状况、社会活力和公共服务则排在满意层级的后面（见图1）。

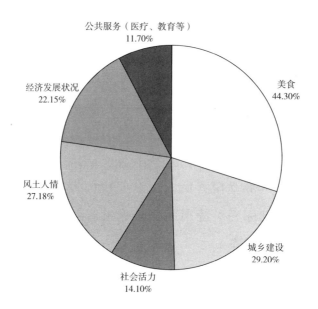

**图1 港澳青年对在佛山、东莞、珠海生活的满意度**

说明：这是多选题，所以图中数据加起来不是100%。

相比于大湾区内的国家一线城市如广州和深圳，这批港澳青年认为佛山、东莞、珠海这样的二、三线城市"更有利于形成有益的社会关系网络"，而且与广州和深圳相比，这些二、三线城市的生活工作成本低、组建创业团队更容易、面对的竞争压力小也是其显著优势。

**（二）在当地生活和工作面临的困难**

港澳青年在生活和工作中面临的困难如图2所示。这批港澳青年提出，在佛山、东莞、珠海生活和工作，面临的最大困难是朋友圈太小、认识的人少，难以融入当地人的社会交往圈，所以经常感到孤单。与此同时，以东莞为代表的珠三角地区二、三线城市的交通基础设施、幼儿教育和医疗条件等方面存在不尽如人意的地方。青年人才经常需要花费较大的心思去应对这些困难。

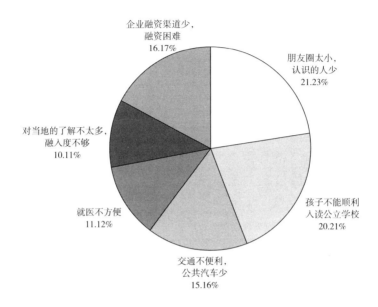

图2 港澳青年在生活和工作中面临的困难

**（三）对在当地生活和工作的需求**

港澳青年对在当地生活和工作的需求情况如表1所示。

（1）受访的港澳青年希望从政府获得帮助，首先是引进人才的优惠政策，其次是政府提供的创业启动资金和为青年企业家交流而搭建的平台。此外，对便捷的融资渠道、配套设施齐备的工业园区等都有所期待。简言之，对政府政策的需求主要集中在创业领域。

（2）港澳青年表示希望有机会参与共青团等基层群团组织的活动以及其他商会协会的活动，希望通过活动扩大自身的交往范围，同时获得了解内地政策的机会。

（3）受访港澳青年提出参与社会组织活动的需求主要包括了

解国内各类政策、与政府加强交流、寻求帮助解决困难、融入社区生活等。此外，部分港澳青年创业团队还希望社会组织帮助开展技能培训，提供住房等公共服务，解决子女入学、就医等生活问题。

总而言之，来珠三角地区发展的港澳青年对内地的发展、对粤港澳大湾区的建设前景都有比较深的认同和认可，但在生活和工作过程中依然面临一些困难。这些困难包括干事创业方面的阻碍，也包括日常生活中的难处，如社会交往、情感需求等。无论如何，为不断提升港澳青年对祖国的认同，政府部门需要对这些问题加以重视，并通过建立有效制度机制的方式持续地、细致地予以应对。

**表 1　港澳青年对在当地生活和工作的需求**

| 政策需求 | 内容 | 引进人才的优惠政策 | 政府提供的创业启动资金 | 便捷的融资渠道 | 加强专业技术支持 | 为青年企业家交流而搭建的平台 | 医疗、教育等公共服务资源的便利化使用 | 配套设施齐备的工业园区 | |
|---|---|---|---|---|---|---|---|---|---|
| | 占比（%） | 34.24 | 29.21 | 16.12 | 14.1 | 24.17 | 13.9 | 9.7 | |
| 参与社会组织活动的意愿 | 内容 | 希望有机会参加基层群团组织的活动 | 希望有机会参与相关商会协会的活动 | 希望通过这些组织活动展现自身及企业 | 希望通过这些活动为社区与其他企业家从事社会服务 | 希望通过这些组织活动拓展自身和企业的人脉 | | | |
| | 占比（%） | 30.31 | 22.23 | 18.19 | 10.1 | 16.17 | | | |

| 参与社会组织活动的需求 | 内容 | 了解国内各类政策 | 与政府加强交流 | 寻求帮助解决困难 | 融入社区生活 | 与内地青年开展联谊 | 帮助开展技能培训 | 提供住房等公共服务 | 解决子女入学、就医等生活问题 |
|---|---|---|---|---|---|---|---|---|---|
| | 占比（%） | 28.21 | 19.15 | 17.13 | 23.18 | 13.1 | 13.1 | 10，8 | 7.5 |

## 二 港澳青年在珠三角发展遇到的困难

随着大湾区建设的推进，港澳青年在珠三角城市的创业和发展势头将持续高涨，创业发展地点也会不断向珠三角周围城市扩散。青年是国家建设的重要力量，而创业政策将成为推动港澳青年融入国家发展大局的重要举措。虽然中央与地方政府在推动港澳青年创业实践方面已取得一定成效，但由于各项政策尚处于起步阶段，港澳青年在珠三角城市融入、创业还是会遭遇一定的困难。从制度机制的角度分析，相应的困难主要有以下几点。

### （一）珠三角部分城市基本公共服务供给滞后，城市管理水平相对偏低，导致港澳青年难以安心落地

对公共服务的批评意见主要集中在医疗保险和跨境交通方面。其一，当前珠三角城市与港澳医疗保险系统尚未联通，导致港澳青年在珠三角城市就医不便。例如，港澳青年在港澳购买的医疗保险计划无法转移到珠三角；内地就医流程与港澳相比有较大差别，且港澳人士需在医院"国际部"就医，收费昂贵。这导致港澳青年更倾向于返回港澳就医，造成不便。

其二，当前部分珠三角城市公共交通设施与其经济发展速度

不相匹配，且往来港澳与珠三角之间交通不便。（1）部分城市公共交通设施较落后，城市主干道道路狭窄且交通堵塞，交通配套设施不完善；（2）区际、城际直达公交班次少，往来城市各区交通不便；（3）当前私家车往来粤港、粤澳之间需要两地车牌或一次性临时牌照。一方面，两地车牌申请办理要求严格，初期创业者或小微企业创业者难以满足条件；另一方面，一次性临时牌照需要车主提前申请备案，但港澳青年来往粤港澳间大多因紧急事务，因此难以预先申请牌照。城市交通系统建设的滞后，是导致他们对目前所在城市满意度较低的最主要原因。

总之，交通、教育和医疗等基本公共服务供给水平高低是青年人衡量一座城市是否适宜安居的核心指标，然而大部分港澳青年创业者认为，珠三角的城市尤其是该地区的二、三线城市，虽然有生活成本相对不高等优势，但在基本公共服务供给方面还有较大的改进空间。基本公共服务供给落后、城市管理水平（相对港澳和内地一线城市）不高，是阻碍他们安心在当地生活和创业的主要问题。

**（二）地方政府设置有大量优惠政策，支持港澳青年创业和发展，但政策落实不够，导致未能惠及很多符合条件的港澳青年**

这一方面有较多案例。例如，支持港澳青年在珠三角部分城市购房置业的具体措施还有待进一步落地。当前，部分珠三角二、三线城市仍对港澳居民在内地购买自住房屋参照外籍人士进行管理（即有居住时间、购房手续和审批程序限制）。同时，港澳居民在珠三角部分城市与内地居民同等待遇缴存住房公积金的相关政策仍待进一步落实。有相当一部分优惠政策仍仅停留在纸面上，无法真正惠及青年人才。又如，港澳青年创业的机制保障不健全。珠三角地区一些地市对港澳青年创业的机制保障仅停留在文本上，实施细节方面还有不少技术性难题需要克服。

**（三）珠三角城市群团组织的活动与港澳青年脱节，未能在帮助港澳青年及吸引港澳青年融入方面起到应有的作用**

一方面，部分城市基层群团组织与港澳青年联系不密切。主要表现在：（1）缺少专门的平台整合、发布活动信息，港澳青年无法清楚了解群团组织活动安排；（2）相关单位群团组织活动缺乏主动性，街镇青年组织活动未能吸引到企业、学校等港澳青年较多的单位参加。

另一方面，基层群团组织的许多活动活力不足，且经常流于形式。例如：（1）学校、企业、街道、社区群团组织的活动少且有涵盖面上的局限性，难以真正联动港澳员工、学生、居民；（2）基层团委活动类型单一、形式化，缺乏灵活性和自由度，部分活动如歌手大会等虽受关注度较广，但又有参与门槛过高的问题，而且缺少其他辅助性活动相配合，难以吸引广大港澳青年。

**（四）港澳青年企业家在珠三角地区创业发展，存在社会文化方面的隔阂和制度性的壁垒**

首先，粤港澳三地虽然有相似的文化背景与语言基础，但因社会制度、教育体制和经济社会发展程度不同，三地青年人才在语言使用习惯、文化价值观等方面仍存在差异。香港社会奉行个体自由、制度至上等价值观念，成长在这种社会氛围下的港澳青年在回内地创业发展过程中难免会面临程度不一的文化适应问题。

其次，目前珠三角二、三线城市社会创新氛围弱，广州和深圳的创新辐射力仍有待加强，且珠三角部分城市既没有科技创新大赛等活动，也不常宣传讨论新科学、新技术，因此港澳青年企业家无法通过交流获取信息。同时，政府的招商引资模式过于陈旧，仅把外地大企业的生产线搬来，而没有相应对接科技信息、产学研信息。

再次，营商环境仍待进一步优化。主要表现之一是在部分自贸区内，税收优惠政策条件严格。目前，大湾区内的自贸区已开始对区内企业在企业所得税和个人所得税方面实施部分优惠。然而，许多港澳创业公司因为注册地点不在自贸区、前置审批不通过、主营业务不属于可享受优惠的项目等，无法享受税收优惠。

最后，地方政府创业扶持力度虽在不断增大，但政策信息的发布平台分散，而且政策要求繁杂，难以为港澳青年企业家所充分利用。例如：（1）珠三角城市针对港澳青年企业家创业，已有多项支援计划，但不同单位主办的资助项目没有统一整合的信息发布渠道，信息搜索咨询需要花费大量时间；（2）创业投资政策文件与法律法规繁多且更新缓慢，仅通过宣传网站难以判断其有效性，导致港澳青年难以有效了解法规、申请服务；（3）港澳青年在珠三角各地申请创业支援计划时需要面对繁杂的申请要求与限制性条款，如学历、履历、年龄、创业领域、设立企业地点等，通常难以成功申请资助；（4）政府优惠政策对小微企业帮助有限。当前部分城市优惠政策多以"普惠"形式出现并希望不同企业"竞争"以获取优惠，导致政策主要服务于资源更为丰富的大企业集团。

## 三 改善港澳青年在珠三角地区发展环境的对策

为推动港澳青年融入大湾区城市创业发展，需要出台长期的、建设性的措施。在大湾区内部，必须首先坚持改革开放方面的先行先试，建立以市场为主导并作为驱动力的社会运作模式。这意味着政府首先要从上至下革新观念和创新体制机制。大湾区包括两个特区、九个内地城市，分属三个不同的司法管辖区，实行各有特色的法律和制度。在这种特殊的背景之下，各自自成体系的法律制度也难免包含一些封闭排外的因素。这种复杂状况决定了大湾区建设的高难度，只有欧盟这样的复杂治理体才能与粤港澳大湾区进行比较。

我们认为，在大湾区建设的当前阶段，必须首先确立开放式服务于世界的根本宗旨，方能吸引包括港澳青年在内的世界优秀青年。同时，需要确立市场机制在各类资源配置中起决定性作用的基本原则。只有广东省率先全面深化改革开放，从国家发展和大湾区建设的大格局下审视青年人才的前途，在政府和市场主体的联动协作下，才可能摆脱制度和法律的藩篱，实现大湾区建设的新格局。

此外，针对港澳青年在当前面临的具体困难，可以在社保体系、人才政策、跨境交通、群团组织建设、创业环境等方面做出如下的改善。

第一，大力营造改革氛围和开放理念，通过全心全意促改革、谋发展，增强港澳青年融入祖国建设大业的信心。

在当前状况下，中央可以考虑采取"两手抓、两手硬"的措施，即一手以兼顾中国国情和港澳特区实际、符合现代依法治国理念要求的优质法律为新时代的升级版"一国两制"保驾护航；另一手大力推进珠三角地区的全面深化改革，将珠三角地区建设成为一个吸引港澳青年与内地青年协力求发展的改革开放前沿阵地，帮助青年人实现充分发展和全面发展，助力港澳与内在的经济社会发展。实际上，我国的改革开放正是始于内地向港澳地区张开怀抱，通过承接香港等地转移而来的制造业企业，实现了港澳与内地的共同发展，这是改革开放的优良传统。当然，在全球化发展出现新趋势的今天，此前那种"前店后厂"式的合作方式已经落伍了，今天更需要强调以制度创新和开放合作，推动内地和港澳的各类生产性元素的多元组合，在高端服务业、创新型产业和高端制造业中共同参与世界竞争。粤港澳大湾区乃至整个内地的全面深化改革是促进香港、澳门持续繁荣和发展的坚强硬核，因此只有切实推进"两手抓、两手硬"的措施，才能真正使香港、澳门在新形势下实现持续繁荣稳定，使内地成为包括香港、澳门青年在内的广大优秀青年一展宏图的"圣地"。

第二，完善公共服务，推动人才政策和创业优惠落地，增强对港澳青年的吸引力。

（1）完善公共服务设施，增加直达城市核心区的公交班次，改善路面交通；规划、建立公共基础设施系统的长期维护机制。（2）推动将港澳青年进一步纳入内地社保体系，推动大湾区内五险一金的互认，为跨境医疗提供便利。（3）在跨境交通方面探索实施电子化申请、一日内往返特别申请，为跨境交通提供更灵活的安排。（4）在港澳居民置业贷款政策方面，探索实施与内地居民同等待遇的措施；同时探索推进与港澳之间征信体系的衔接。（5）通过横向协调机制，统筹政府内部行政审批和政府公共服务信息，建立便捷、有效、统一的政府信息公开平台，发布明确、具体的最新人才政策与创业政策，并设立政府服务咨询处给予指导。（6）简化人才政策与创业优惠补贴申请程序；可考虑借助"区块链"等新技术优化审批流程，提高审批效率；尽快开通网上业务办理渠道，或专门设立申请文件递交点以方便申请人。

第三，创新基层群团组织建设，与港澳青年形成紧密联系，帮助青年融入内地主流生活。

（1）以基层群团组织为中心，搭建内地青年与港澳青年之间的共建共享平台，开展多元化、普适化、便利、具有创意、面向青年群体的活动，并出台相应的激励措施。（2）针对港澳青年企业家，可专门开展活动；同时，也可考虑和港澳高校、社会组织联动。可推广广州经验，基层群团组织与港澳的青年社会组织、青年团体共同签署协议，举办创业青年交流会，成立青年志愿服务联盟，邀请港澳青年代表分享经验，围绕青年文化交流、知识共享、创新创业、生活融入等方面开展讨论。同时，建立专门的活动整合与发布平台，发布最新活动信息、提供线上报名系统、设立反馈机制，及时回应港澳青年的意见与建议。（3）充分利用当地中小企业资源，建立联动机制，加强新老企业员工、不同群体间的合作与交流。借鉴中山市举办青年创业大赛、人才节的经验，团委等群团组织、政府部门可牵头举办峰会、讲座、行业技术交流会、培训会、科创大赛等。同时，提供场地等配套设施支持，如设立创意园、共享办公室等。（4）探索组建港澳青年企业家访问团，与国内一流大学和科研机构建立常态性联系，帮助港澳青年企业家接触科技发明和科研成果，进而推动珠三角企业整体转型升级。

第四，加快推动粤港澳大湾区建设，提升珠三角地区的整体实力，吸引更多优秀港澳青年创业。

（1）加强珠三角二、三线城市与一线城市之间，珠三角城市与港澳之间的合作，在交通设施、人才布局、产业结构互补等方面形成区域联动态势，吸引港澳优秀青年加盟，如将港澳创业比赛中获胜团队引入珠三角城市。（2）探索以自贸区为试点，在大湾区内推广"港人港税""澳人澳税"；同时对自贸区内企业尤其是港澳企业逐步放开行业限制，给予所得税优惠。（3）发挥社会组织作用，形成协同治理格局。探索推动社会组织与政府协同建立港澳青年创业基地及配套设施，吸引港澳青年创业团队及项目，推动青年创新成果转化为市场产品。（4）珠三角城市可协同港澳，打造国际化、法治化的营商环境。探索成立粤港澳自由贸易仲裁中心，创新经济纠纷调解机制；同时，三地可推进共享司法资源和司法信息。另外，统一大湾区内行业标准和认证标准，在经济贸易、环境保护、土地产权、知识产权保护方面，实现法律法规、规章制度的高效对接。（5）地方政府可考虑设立针对港澳居民的创业启动资金，放宽申请与归还限制。探索创新财政扶助资金的监督机制，由财政、法律和其他专家组成监督小组，从资金利用的效果来评估创业启动资金的使用情况，激励更多港澳青年积极借助政府的帮助投入创新创业。

# 促进融入与助力发展：内地青年在粤港澳大湾区的发展需求[*]

蒋余浩　吴璧君

　　粤港澳大湾区建设作为国家级战略，在珠三角地区创造了新的增长极，给青年创业者提供了更多更新的机会。为深入了解内地青年在大湾区广东地区的发展状况和需求，尤其了解青年人对相关人才政策、各级政府相关领域公共政策和公共服务供给的认识和理解，以及对各级政府创建适宜居住、适宜工作、适宜创业的现代化城市的期望和要求，本课题组对珠三角地区三个重要城市（佛山、东莞、珠海）的若干内地青年进行了问卷调查和面对面访谈。通过对内地青年在大湾区生活、工作和创业等方面需求的分析，我们发现需要持续改善青年发展的环境，进一步推进粤港澳大湾区内城市之间的互补和联动，为青年发展创造更好的空间。

## 一　导言

　　青年人是祖国的未来，青年工作是我们国家和政府始终关注

---

[*]　原文完成于 2020 年 6 月 29 日。

125

的一项极为重要的工作。2019 年，在出席"纪念五四运动 100 周年大会"上，习近平总书记寄语当代青年，提出了新时代发扬五四精神的明确要求，并且要求"一切党政机关、企事业单位，人民解放军和武警部队，各人民团体和社会团体，广大城乡基层自治组织，各新经济组织和新社会组织，都要关心青年成长、支持青年发展，给予青年更多机会，更好发挥青年作用"。

毋庸讳言，近来伴随经济环境变化，社会活跃度降低，改革开放以来形成的阶层高速流动在当前已逐渐放缓，社会结构日益固化，青年人在开拓事业、追求发展方面遇到的困难增多，由此表现出的迷茫心态需要得到特别关心。2019 年 2 月，中共中央、国务院印发《粤港澳大湾区发展规划纲要》，在全国开放程度最高、经济活力最强的区域推动形成全面开放新格局的新尝试，为青年人提供了更多更新的发展机会。那么青年人对融入和推进这项国家级战略有什么要求？如何为青年人提供有针对性的帮助，构建有利于年轻人创新创业的公共政策和公共服务供给机制？

针对上述问题，本课题组在 2019 年 10 月、2019 年 11 月、2020 年 5 月，分三次对珠三角地区三个重要城市（佛山、东莞、珠海）的青年人开展问卷调查和面对面访谈，并形成两份有关青年人发展需求的调研报告。第一份报告针对在珠三角地区发展的内地青年（访谈对象多为非本地的内地青年）；第二份报告针对在珠三角地区发展的港澳青年（访谈对象为迄今为止主要生活经历在港澳的港澳青年）。我们的调研目的是深入了解各类青年的发展状况和需求，尤其了解青年人对相关人才政策、各级政府相关领域公共政策和公共服务供给的认识和理解，以及对政府创建适宜居住、适宜工作、适宜创业的现代化城市的期望和要求。通过对青年人在生活、工作和创业等方面需求的分析，我们思考国家和政府应如何持续改善青年人的发展环境，进一步改善粤港澳大湾区广东部分城市地方政府之间的互补和联动，为青年创造更好的干事创业空间，促进广大优秀青年融入大湾区并得到全面的发展。

## 二 基本调研情况

本次调研采取问卷调查和面对面访谈两种方式。首先，通过问卷星平台①开展网上调查，其中内地青年调查问卷共 1729 份；通过三个城市某些区的团委协助，发放、回收纸质调查问卷 316 份。其次，通过面对面访谈，主要了解青年的真实想法和需求。在三个城市某些区的团委的协助下，课题组共举行 14 场小组座谈，其中访谈高学历青年 6 场、外地青年 5 场、青年企业家 3 场。共有 68人接受访谈，其中 9 人具有博士学位，13 人为青年企业家。

调查显示，多数受访者对目前所在城市的发展和未来前景抱有乐观态度。对于所在城市的就业环境，受访青年以"比较满意"和"基本满意"为主，93% 的受访者对"就业"表示满意，63%的受访者预期所在城市"未来发展会更好"，预期"未来不如现在"的仅有 1%。调查显示，受访青年普遍认为珠三角的这三个城市（佛山、东莞、珠海）相对于同一地区其他一线城市（广州、深圳）的吸引力不足，但也有超过 70% 的外地青年看重所在城市的比较优势。调查中，有 45% 的外地青年认可所在城市的发展空间比自己上（大）学时的城市以及老家要大。

收入和事业发展空间是青年人考虑未来 3~5 年发展时优先关注的事项。尽管有 55% 的受访者表示未来希望继续留在所在城市工作，但高达 52% 的受访者对目前的收入状况不满意。约 10% 的

---

① 问卷星是一个专业的在线问卷调查、测评、投票平台，专注于为用户提供功能强大、人性化的在线设计问卷、数据采集、自定义报表、调查结果分析系列服务。

受访者表示自己在来到所在城市前后有较大的心理落差（主要在于工资水平与一线城市有不小的差距）。此外，调查显示，受访者认为所在城市的产业优势集中在小工业制造业，而在文娱、高端服务（如律师、金融）等行业的发展上存在短板；其中有6%的受访者明确表示，不久的将来希望去国内一线城市发展。

总体而言，青年人对所在城市目前发展和未来前景抱有乐观认识，对粤港澳大湾区建设也有相当良好的预期，对目前的工作环境有较高满意度。珠三角地区对内地相对欠发达地区的青年吸引力较大，主要吸引要素为薪酬、事业发展空间，以及所在城市与一线城市（广州、深圳）之间的连接便利度。

## 三　青年在大湾区发展遇到的普遍性问题

青年人在珠三角的创业、发展和生活，也遭遇了较多的困难，其中有一部分困难具有普遍性，这些困难阻碍了青年融入当地社会，也是加快大湾区建设必须着力解决的重要瓶颈，需要引起各级政府的重视。

第一，当前二、三线城市普遍存在基本公共服务供给滞后、城市化程度不高的问题。

在调研组访谈中，有相当一部分的受访者对所在城市提供的基本公共服务的满意度较低；批评意见主要集中在交通系统、教育系统方面。一方面，当前部分城市公共交通设施与其经济发展速度不相匹配，具体表现在：（1）公共交通的设施较落后；（2）人行道和车道在多数路段没有分开；（3）道路狭窄，高峰期易堵车，配套设施差；（4）区际、城际交通尤其不便利，直达班次较少，不同地域居住的人出行不便；（5）一些通达的关键地点，如医院、学校、政府服务点，公交班次少。

另一方面，部分城市基础教育缺口较大，缺乏足够的容纳能力。首先，部分城市教育资源供不应求、学位紧张；入学申请条件多、要求高，并且政策有时会临时变动，带来不便。外来人口尤其非户籍人口入学困难；而对引进人才的子女，尤其是挂靠集体户人才的子女而言，政府支持力度不大。其次，学费和教育质量失衡。教育改革后，公办学校虽然收费低，但教学质量普遍下降，而教学质量好的私立学校学费高，学位紧张。最后，划片入学政策不够灵活。部分受访者反映，由于工作地点和居住地离得远，工作繁忙，孩子接送麻烦，而且无法带在身边及时照顾，以至于孩子成为"半留守儿童"。

第二，政府公共服务的友好程度不足，人才政策等优惠措施亦落实得不够到位。

各级政府在近年改革政务服务方式，同时出台各类人才优惠政策，取得了相当大的进步。但在许多政策领域，执行层面的配套服务依然滞后，未能给外地青年提供便捷、快速的帮助，而且有相当一部分优惠措施，由于在设计时未能充分考虑需求对象的实际情况，而落实得不够到位。

（1）外地青年在部分城市面临落户困难的情况。例如，外来人口在部分城市主要选择"买房落户"的方式，但因政策内容较为复杂、指引服务不足等，申请者经常发现出现申请材料不齐全，或者申请者到政务大厅办事时才发现明显不符合申请条件等情况。此外，在租房方面，外地青年对不同区域治安状况、不同校区的基本情况不了解，房源信息不够畅通，因此也经常面临"租房难"的问题。

（2）人才政策落地不到位。这主要表现为审批效率较低或政策信息不畅通，导致符合条件的青年难以有效利用这些优惠政策。例如，各地推出的"人才绿卡"类优惠政策申请周期长、手续多、效率低，从审批到发放耗时都在半年以上，且办理的智能化程度低，需要线下提交材料；政策信息公开渠道不畅，信息传播缺失或滞后，外来青年只能主要通过公司公告、公司内部微信群以及自己上网搜索等方式了解政策详情，而相关机构在人才新入职时并没有尽到通告政策信息的义务；政策信息公开不清晰，指引性不强；部分政策信息更新缓慢，已经失效的信息也没有注明失效，导致搜寻者无法获取真实可靠的信息；政策发布渠道少，发布平台不集中，搜索政策难度较大、费时费力，部分青年人才只能通过亲友关系了解相关政策；等等。

第三，基层群团组织与外地青年联系紧密度不够，为青年解决困难的力度不大。

部分城市的基层群团组织工作积极性不足，工作方式也缺乏创新，导致与外地青年联系过于松散，对外地青年的了解和帮助都很不到位。主要表现在：（1）主动联系外地青年的积极性不足，而且缺少专门的平台宣传、整合、发布活动信息，致使相当多的外地青年根本不清楚基层群团组织的性质、作用和活动安排；（2）许多群团组织也面向在镇街工作和生活的青年组织活动，但这些活动的形式往往比较单一（如篮球赛、棋牌赛等），未能吸引企业、学校等工作任务比较繁重的单位的青年参加，而相关单位的群团组织在开展活动方面也缺乏主动性。

此外，许多基层群团组织开展活动的动力不足，部分活动流于形式，未能真正起到服务青年、团结青年的效果。例如，（1）有基层团委开展活动少，且主要局限在社区，难以联动在企事业单位工作的青年。（2）基层群团组织活动类型单一、形式化，缺乏灵活性和自由度，对青年人的吸引力不足；另有部分活动如歌手大会等参与门槛高，未能与广大青年形成足够的互动。（3）在部分企事业单位，如大中专院校，对群团组织开展活动的审批检查过多，而且单位领导因开展活动往往会挤占教学时间而不予有力支持，导致这些单位联系青年人的组织活动不活跃。此外，过于严格的审查也打击了部分青年组织参与活动的积极性，进而使基层群团组织难以持续开展工作。

第四，创新活力不足，政府支持力度有待进一步提高，青年企业者的创业环境需要改善。

作为全国开放程度最高的区域之一，粤港澳大湾区有着吸引青年人创业的优势条件，但是，在城市创新氛围、营商环境优化和政策支持力度等方面，依然有相当大的改进空间。

首先，部分城市社会创新氛围不足，与其他先进城市的交流和学习也不够，不能满足青年企业家的发展需求。部分二、三线城市既没有科技创新大赛等活动，也没有广泛的有关新科技、新技术的讨论，青年企业家无法通过交流获取信息。同时，政府还停留在旧的招商模式上，仅把外地大企业的生产线搬来，而没有相应对接科技信息、产学研信息，无法给青年企业家提供更多更深层次的开拓事业方面的帮助。

其次，营商环境仍待进一步优化。这主要表现在以下几方面。（1）部分城市营商环境市场性不够显著。在监管方面，部分城市搞"一刀切"整治工地环境；同时，创业基金等制度设置没有围绕市场需求运作，未能充分发挥应有的鼓励和支撑效能。（2）政府创新力度有限。当前，珠三角地区部分二、三线城市政府在推动共享式办公楼宇、企业内部扁平化管理方式等企业治理革新方面的力度太小，无法为新公司发展带来活力。（3）部分城市在制定融入大湾区建设的政策方面存在不足。政策定位不明，宣传力度不大，青年企业家无法融入大湾区建设。（4）政府决策过程中对青年企业家倾听不足。青年企业家参与政府决策的渠道不顺畅，声音无法反映到区委区政府。例如，针对当前实施的村级工业园区改造挤出高素质中小企业的情况，青年企业家除效果有限的人大、政协和协会组织外，无法找到渠道有效反映意见。

最后，政府创业扶持力度偏弱。主要表现在两个方面。（1）政府在创业启动资金、技能培训、技术优化等方面对青年企业家缺乏支持。在政府引导基金、创业激励政策、简化项目申请机制、信息公开等政策上，部分城市出现申请门槛过高或政策只有宣传没有落地的情况，使青年创业者无法获取帮助。（2）政府优惠政策对小微企业帮助有限。当前部分城市优惠政策多制定了比较高的条件，如要求申请者必须是某些专业领域的博士、毕业院校必须是排名靠前的海内外名校等，而实际上，小微企业很难吸引到具备这些条件的人才，因此这种优惠政策只对资源丰厚的大企业集团有利，未能惠及小微企业。

## 四　持续改善青年发展环境的可行方案

从调研的整体情况来看，基本公共服务不足、人才政策落实不到位、青年人才发展和创业条件欠缺、与基层群团组织的联系松散等，是当前大湾区广东地区许多城市未来升级发展必须解决的问题。事实上，大湾区规划纲要出台之后，广东省及多个地方政府已经推行了有力的措施投入建设。根据我们对青年发展需求的了解，为帮助青年更好地融入大湾区的社会生活和创业发展，各级政府有必要不断落实规划纲要要求，推出长期的和建设性的措施，持续改善青年的发展环境。

首先，需要提高政府的公共服务水平，推动优惠政策落地，从整体上提升大湾区的包容性和友好度。

作为衡量城市人文水平和管理文明的重要尺度，包容性是指外来人不仅可获得经济物质条件的满足感，还能迅速融入当地文化，融入当地生活圈子，安居乐业，获得深层次满足感。而公共政策的友好度，指的是公众对公共政策的满意程度，不仅表现在政策制定的科学、公正、公平上，还体现在政策执行的便利、快捷、高效上。近年来，随着经济发展和人民群众生活水平的提高，公共需求呈现增长迅速、主体多元、需求多样的特点，老百姓不但要求实现基本公共服务均等化，而且要求公共服务和政策执行的优质、高效、便捷和热情。因此，切实提升大湾区的包容性和友好度，是从政策上促进和从制度上保障大湾区建设成为国际一流湾区和世界级城市群的基本条件。进行这种高规格的建设，不能仅仅依靠自上而下地设置大项目，还需要建立机制，充分了解人民群众的需要和需求，在此基础上对交通、教育、医疗、住房、人才政策等具体公共服务领域进行统筹部署、规划推进。

具体措施包括以下几点。（1）完善城市内部公共交通设施和城际交通设施建设，如增加直达城市核心区公交班次、改善路面交通；增建城际交通网线，规划、建立公共基础设施系统的长期维护机制。（2）针对教育、医疗机构的建设展开专项研究，引导地方政府制定根据经济发展长远状况，补强教育和医疗等公共服务的规划方案，在用地、人员、资金等方面给予合理配套，逐步营建高质量学前教育、中小学教育体系以及医疗服务体系。（3）灵活运用微信公众号与 App 等新信息技术工具，建立覆盖大湾区的便捷、有效、统一的政府信息公开平台和政策发布平台，公开发布并及时更新明确、具体的各类人才优惠政策、创业支持政策等，同时设立线上线下互动的政府服务咨询中心给予政策指导，以使从中央政府到各地方政府的优惠政策都得到充分有效的利用。（4）简化人才政策申请程序，开通网上业务办理渠道，或专门设立申请文件递交点；同时，可考虑借助"区块链"等新技术优化审批流程，提高政务服务效率。（5）优化人才住房申请标准，为无房申请者提供优先权，同时创新标准设置，使申请评价机制尽量做到公平，更广泛地覆盖符合优惠条件的青年。同时，购房补贴等政策应改变仅以学历为申请指标的单一做法。（6）严格落实解决外来人才落户问题；督促企业等用人单位为外来务工人员购买保险。（7）探索开发针对留学生、创业者的政策扶持机制。探索引进独立创业团队，联动同行，以人才共享、管理共享、利润分享等方式支持青年人投入小微企业创业。

其次，需要加强基层群团组织建设，强化其服务功能，帮助青年人解决困难、融入所在城市。

群团组织历来是我们党联系最基层群众的桥梁和纽带，群团组织是各自所联系群众的利益的代表者和维护者，如何在新形势下更有效地帮助青年人纾解困难、实现利益，是当前基层群团组织开展工作必须思考的重要问题。针对珠三角地区青年人融入和发展的具体情况，基层群团组织的工作方式需要进行较大的变革，在具体的工作环节上切实为外地青年提供帮助。

具体措施包括以下几点。（1）以群团组织为中心搭建青年交流平台，开展多元化、普适化、便利、具有创意、面向年轻群体的活动，并出台相应激励措施。（2）针对教师、工程师、医生等有特殊情况或诉求的群体，可专门开展活动。同时，也可考虑和工会、社区联动。建立专门的活动整合与发布平台，及时发布活动信息，建立线上报名系统，设立反馈机制，及时回应青年人才的要求和诉求。（3）基层群团组织可联合租房中介，建设官方信息发布渠道，提前筛选房源；同时联合有关执法部门，对中介机构展开定期检查，清退不合格房屋中介，保障中介服务诚信、合理。（4）充分利用当地中小企业资源，建立联动机制，加强新老企业、不同群体间的合作、沟通与联动。基层群团组织、政府部门可牵头举办峰会、讲座、行业技术交流会和培训会等，并提供场地等配套设施支持，如设立创意园、共享办公室等。（5）探索组建青年企业家访问团，与国内一流大学和科研机构建立常态化联系，帮助青年企业家接触科技发明和科研成果，帮助推动珠三角企业整体转型升级。（6）基层群团组织可协同有影响力的媒体智库，联合举办青年科技创新大赛，给予优胜者重奖或创业机会；同时，可与媒体智库联合打造以科创文化发展为主题的高峰论坛，共同研讨科创发展方向。

最后，加强区域联动，加大扶持青年干事创业的力度。

针对青年在珠三角地区的干事创业，从中央到地方政府需要实施更大力度的扶持政策，具体措施包括以下几点。（1）借助大湾区建设等热点理念，加强珠三角二、三线城市与一线城市如深圳、广州等地的合作，在交通设施、人才布局、产业互补等方面形成区域联动态势，增强青年人才聚集效应。（2）对政府引导基金的效益进行全面检查，推动政府引导基金向着市场化方向变革，改变引导基金的保值功能，设立项目支持规则，允许由引导基金投资支持的项目，其他社会资本也可以参与研发和制造，实现市场条件下的国资与民资共赢。（3）地方政府可考虑设立创业启动资金，放宽申请与归还限制。探索建立监督机制，由财政、法律和其他专家组成监督小组。（4）探索开办大湾区专题课程，邀请政府部门负责人或学者专家讲解政策动向，帮助青年创业者厘清思路，积极投入大湾区建设。（5）与国内一流大学或科研院校联合创设科研机构，以政府投入启动基金、社会广泛参与的方式，研究前沿科技创新项目与国内外改革发展经验。同时，设置科研成果转化机制，允许企业通过"拍卖"的方式竞投科研项目，推动科研项目实行市场化转化。（6）定期针对各类企业专门进行大规模调查研究，收集企业家关于完善政府政策的建议，尤其针对如何建造更好的产业生态展开研究。

# 粤港澳大湾区回流科学研究人员的工作
# 适应困难与应对策略<sup>*</sup>

陈惠云

## 一 高端人才与国际湾区发展

2018 年 3 月，中共中央公布决策部署发展"粤港澳大湾区"（简称大湾区）。同年 8 月，著名国际会计师事务所德勤（Deloitte）发表《从"世界工厂"到"世界级湾区"——粤港澳大湾区发展建议》，通过占地面积、常居人口、经济增长速度、港口输送量和机场通航量五大范畴，推算粤港澳大湾区最有可能成为下一个世界顶级湾区，甚至有超越现有三大湾区之势。<sup>①</sup> 大湾区可令中国制造业进一步升级，有助创新科技发展。在"一带一路"倡议下，更会推动贸易、科技产业及制造业的业务增长。

世界上最重要的湾区，包括美国的纽约湾区和旧金山湾区、日本的东京湾区，都有一个共同性，那就是它们都是全球性的国

---

\* 本文系中国侨联课题"粤港澳大湾区回流华裔科学家的适应困难与应对策略：质性调查与数学建模分析"（19BZQK203）、北京师范大学 – 香港浸会大学联合国际学院（UIC）Start-up Research Fund 项目 "Exploring the Trend of Two-way Mobility of Talents in Innovation and Technology Parks in Greater Bay Area"（项目编号：U ICR0700096-24）的阶段性成果。

① Deloitte, 2018, "From 'The World's Factory' to 'World Class Bay Area': The Greater Bay Area Integration of Guangdong Province, Hong Kong and Macau," https://www2.deloitte.com/content/dam/Deloitte/cn/Documents/about-deloitte/deloitte-cn-cxo-greater-bay-area-whitepaper-zh-180206.pdf( accessed on 14-07-2018.

际人才港。人才是发展创新知识型湾区经济最基本和最重要的元素。中国吸引的国际人才,其中一个重要的群体就是"回流海外人才"。这群社会精英不管是在科技创新、文化交流,还是在社会进步、经济拓展领域都对招纳的城市有很大贡献,例如,2006年国家技术发明奖项目第一完成人中40%、国家科技进步奖项目第一完成人中30%以上是回流海外人才。①

21世纪的回流专才具有特定的时代色彩,那就是这群社会精英的生活和工作轨道已经不再附属于某个特定的区域。随着全球化的发展,高端人才在不断地评估和比较他们在新居住地和移出地的职业发展、社会文化适应等方面的情况,处于持续流动的状态中。因此,粤港澳大湾区如何吸纳和保留国际人才,并进一步帮助人才发展个人潜能,让大湾区发展成为一个有活力的、可持续性的高端人才聚集地是其未来成功的关键要素之一。

而在人才的吸引、保留和发展方面,政府人才政策的有效性及其相关方面的施政能力不管是对招聘人才的机构组织发展,还是对人才的个人职业向上流动和生活稳定,都具有深远的影响。而要了解政府政策及其施政有效性,必须基于对相关政策最直接关联的人才的深入认识和研究,尤其是我们需要全面和切实地了解到:第一,在工作层面,有哪些制度性的因素限制了人才的职业发展;第二,大湾区内现行的人才政策存在哪些不足;第三,哪些关键因素会导致人力资本的流失。

## 二　广州和深圳的人才引进计划

在人才的吸引方面,粤港澳大湾区九个内地城市中,深圳和

---

① 　王辉耀:《当代中国海归》,中国发展出版社,2007。

广州无疑在人才的引进方面发挥着龙头的作用。2009 年，广东省启动实施了"珠江人才计划"，面向全球引进创新科研团队和领军人才。2010 年，广东省的两大领军城市广州和深圳分别出台了"广州市高层次人才引进计划"和以"孔雀计划"为人熟知的"深圳市海外高层次人才引进计划"。综合两个计划的内容，两者的对比大致如表 1 所示。

**表 1　深圳市海外高层次人才引进计划（孔雀计划）与广州市**
**高层次人才引进计划对比**

| 深圳市海外高层次人才引进计划（孔雀计划） | | | | | |
| --- | --- | --- | --- | --- | --- |
| 人才分级 | 年龄要求 | 住房补贴（5 年等额发放） | 医疗待遇 | 认证方式 | 考核 |
| 诺奖得主及两院院士 | / | 600 万元 | 政府一级医疗保健待遇 | 认定 | |
| A 类 | 60 岁以内 | 300 万元 | 政府二级医疗保健待遇 | 认定/评审 | |
| B 类 | 55 岁以内 | 200 万元 | 政府三级医疗保健待遇 | 认定/评审 | / |
| C 类 | 40 岁以内 | 160 万元 | / | 认定/评审/杰出人才举荐 | |
| 广州市高层次人才引进计划（A 证持有者） | | | | | |
| 人才分级 | 年龄要求（不超过） | 住房补贴（5 年等额发放） | 医疗待遇 | 认证方式 | 考核 |
| 诺奖得主及两院院士 | / | 1000 万元 | 副省级医疗保健待遇 | 认定/评审，杰出专家需人才办复核 | 人才所在单位负责年度考核，主管部门负责期中期末考核 |
| 杰出专家 | / | 500 万元 | 局级医疗保健待遇 | | |
| 优秀专家 | / | 200 万元 | 局级医疗保健待遇 | | |
| 青年后备人才 | 40 岁以内 | 100 万元 | 年度休假体检服务 | | |

资料来源："高层次人才奖励补贴发放"，广东政务服务网，http://www.gdzwfw.gov.cn/portal/guide/11440300695583248534421111802000；"2020 年深圳市海外高层次人才奖励补贴及优惠政策"，http://www.gaoxinbutie.com/zizhu/haiwai/。笔者综合整理。

比较分析两个城市的海外人才吸引政策，就会发现如下异同。第一，在住房补贴方面，两个城市均对高层次人才提供了丰厚的住房补贴，在最高端的人才吸引方面（例如院士级别人才），广州的住房补贴高达 1000 万元，比深圳的 600 万元高出很多。但两个计划都限定如果夫妻双方都属高层次人才的，按照"就高不就低"的原则，以层次较高一方享受住房补贴，对另外一方则不提供此类补贴。第二，在其他配套方面，例如医疗保障、子女入学、配偶就业、人才培养资助方面，两个城市都提供相关的配套。表 1 仅在市级层面对比两市的海外高层次人才引进计划，而各区一般另有额外的补助或支持政策。第三，在吸引海外青年才俊方面，深圳的"孔雀计划"C 类相比广州市青年后备人才，资助更高，且申请更为容易，仅需从世界排名前 150 名的大学获得博士学位即可认证，而广州市青年后备人才则需要是重点学科带头人或是参与国家级课题且通过结题验收。这也使深圳比广州吸纳了更多的海外青年人才。

## 三 粤港澳大湾区人才分布特征

粤港澳大湾区 9+2（9 个内地城市+2 个特区）城市中，目前人才的分布并不平均，而人才集聚的重要城市也没有突出人才的辐射作用。大致上，湾区内的人才集聚主要沿着香港—深圳—东莞—广州主轴呈"西北—东南"方向分布，虽然人才重心出现向内地转移的趋势及人才核心区域开始出现扩散，但是过程非常缓慢。[①]

部分人文地理学家提议把人才分为高学历人才和高技能人才。高学历口径聚焦高学历劳动力，是指具有大学专科、本科、研究生学历的就业人口；高技能口径聚焦高技能劳动力，包括党的机

---

① 张颖莉：《粤港澳大湾区人才集聚与空间分布格局研究》，《探求》2020 年第 4 期。

关、国家机关、群众团体和社会组织、企事业单位负责人和专业技术人员两类就业人口。研究显示，粤港澳大湾区高学历人才的集聚是以高等教育驱动的，尤其是广州，集中了珠三角城市群全部的 4 所"211"高校，因而广州高学历人才集聚尤为突出。而 2015 年的人口统计数据显示，不管是在高学历人才还是高技能人才方面，深圳作为大湾区的中心城市，在人才集聚方面明显低于广州。[①] 但这种基于国内人口普查的数据结果，可能存在偏颇，尤其是针对深圳的情况，那就是高度流动的海外回流人才未必被全面和切实地涵括在这个人口统计数据中。而这种人才将会越来越成为深圳创新人才的主要来源之一。

## 四 回流科学研究人员的工作适应挑战

基于和 20 位目前正在广州和深圳的高校及企业工作的回流科学研究人员的深入访谈，本文聚焦于回流科学研究人员的工作适应状况。"回流科学研究人员"在我们调查中的定义为在海外取得理工科博士学位或者在海外具有三年及以上理工科科研或工作经验的华人科学研究人员。在这里，华人的定义采用血统和文化上的广泛定义，涵括那些在香港、澳门或者海外其他国家出生的华裔。

受访人员共 20 名，包括 17 名男性和 3 名女性，这种性别比例和科学界以男性为主的特征相一致。在年龄分布上，以 30~45 岁的青中年为主（70%），回流前的工作国家包括 7 个不同的国家，但是以美国居多（60%），而所从事的科学研究行业超过十种。回流后，他们在工作上遇到的适应问题，可以归纳为以下四方面。

---

① 齐宏纲、戚伟、刘盛和：《粤港澳大湾区人才集聚的演化格局及影响因素》，《地理研究》2020 年第 9 期。

一是引才政策的承诺与现实兑现之间的落差问题。在我们的访谈个案中，不少海外回流人才表示引进机构并没有实现之前所承诺的所有事项。未兑现的承诺主要包括研究经费款项的如期到账，实验室设备和人手的到位、配偶工作及子女就学的安排等。他们对这种"口惠而实不至"的情况感到很不满，但又很无奈。

二是管理文化的适应问题。不少回流科学家在日常工作中体验到中西管理文化之间的差异，这些差异部分是由于国内体制的不完善，例如有一些研究自然科学的回流科学家反映行政审批缺乏规范，不同地方执行不一样，不确定性很大，存在学术上的地方保护主义；还有一些科学家对缺乏统一平台处理共同需求，需要每个研究者各自做，花费很多时间，需要应付的杂事多，报账麻烦，花费时间多，不能专注科研本身等情况表达不满。有一些差异与由更复杂的传统管理文化与社会政治环境等多重因素混杂而成的科研生态有关，例如"免责思维""格局小""自信不足""论资排辈""科学家独立性不被尊重"等问题都是受访者所忧虑的，也是希望社会加以反思的关键点。

三是回国后在科研与合作上遇到的新挑战。在个人的科研层面，受访科学家陈述的困难主要包括：回国科研人员的启动经费多为一次性，缺乏稳定支持，启动经费花完后，申请国家经费难；有些研究经费被削减，影响原定的研究团队建立和研究计划实施，而国家经费里面劳务费少，聘请高素质团队人员难；高端研究所需要的物资（例如试剂）订购地多在海外，到货周期长，研究展开所需的筹备时间比在海外多，研究进程滞后；回国后的工作从单纯的研究过渡到教学科研及行政任务都需兼顾的新工作模式，时间管理挑战大；国内的科研体系和国外的科研体系之间存在一定的区别，科学家回国后随着身份从研究者转变为独立首席项目负责人，压力日益增加，甚至有些身体开始吃不消。在合作层面上，不同层级的人才所处的情况则很不一样。刚回国的年轻教授表示很难打开局面，由于已经离开国内很长时间，或者在国内的时候还是学生身份，在学界和业界都没有人脉，缺乏本地社会网络支持研究，加之研究声名还未树立，申请不到课题；另外，国内评估体系的设定导致大家都争做第一作者，合作难以开展；也有一些从美国回来的科学家指出目前中美关系的新形势让两地科研合作的风险提高了，尤其是高端科学技术方面的合作，比以前遇到的挑战更多了。

四是高校硬件设备不足和高素质学生招收的困难。我们访谈的不少回流科学家是在高等院校里面工作的。他们发现学校的校园面积虽然不小，但是有些新学校没有科研实验室，需要花费大量时间在设计和筹备上；有些实验室空间不足，设备不齐全；有些学校出现缺乏统筹平台、重复建设浪费资源严重的问题；有些大学即使是教授级别也缺乏独立办公室，多人共用空间，环境嘈杂，无法专心思考和做研究。而在招生方面，也要面对不少问题，包括：学校虽然鼓励交叉学科合作，但是冷门学科招生难；虽然国家需要科研方面的人才，但是行业普遍工资待遇低，吸引力低，招不到好的研究人员；教育和科技的投入不同步，目前大量的科研资金投入后，出现用人荒等问题。

## 五　回流科学研究人员的应对策略

面对工作上的种种适应困难，众多受访的回流科学研究人员意识到很多时候无法依靠个人的力量来解决问题，造成这些困难的原因更多的可能是体制机制设计方面尚有欠缺。在应对策略方面，他们并没有集合起来进行集体谈判的意识，而更多的是进行自我思想和心理的调整。他们的应对方法简单列举如下。

**（一）再认知与再解释**

1. 积极地认知与解释。

2. 积极地比较。

3. 文化认同。

4. 接受现实。

5. 理性化：自我调节。

**（二）工具行为**

6. 辛勤工作。

7. 院内合作，熟人合作。

（1）积极参与社会活动、学术会议，扩大学术社交圈；

（2）选择进入有熟人的单位。

8. 主动寻求帮助。

（1）找领导反映问题；

（2）找同事帮忙；

（3）向本地亲朋好友寻求生活上的意见；

（4）向亲人和亲密的朋友倾诉。

# 六 回流科学研究人员对政府的建议

针对政府的人才引进政策以及后续的管理问题，受访的回流科学研究人员根据自己的经历，也结合身边同事或者同行朋友的经验，提出了自己的建议。简单陈述如下。

**（一）优化人才政策：公平透明，标准合理，切实落实**

1. 人才计划办理须严格按要求执行。

2. 政策的落实要一视同仁。

3. 政策要切实落到实处。

4. 人才政策需要透明和稳定，让归国人员做决定的时候更好地衡量，避免出现当时看到政策还在，等回来后不久政策就被取消的问题，从而影响海外回流人才的决策。

5. 精简流程，人才申请流程要清晰。

6. 提高人才引进的标准。

7. 启动经费应该分配给更广范围的研究人员（例如实验室内的老师），让研究人员能够把更多的精力和时间投入科研项目中去，而不是把大量的时间和精力花费在搞项目上。

8. 人才引进的认定标准要设定得更合理，认定制度要高效公平（国内外助理教授评选标准存在不对等现象）。应该把学校排名改为专业排名更为合理。夫妇双方不能同时享受"孔雀计划"政策的要求不合理，需要修改。

9. 部分人才引进标准不能机械化，尤其是在关于论文发表的指标上，因为不同专业发表在一区期刊的困难度差异很大，故而不能将不同的专业混在一起用同一个标准，需要对不同专业的标准再进行细化。

10. 城市发展要靠年轻人，应该把高端但是年纪大的人才待遇稍微调低一点，然后把资源分配给年轻人。

11. 做好信息沟通。要更容易、更及时地让人才获取引进政策变更的信息。解决目前网站服务落后的问题，提供精准对口服务单位的资料。

12. 人才政策全部跟户籍或者社保脱钩。

**（二）人才引进后续支持**

13. 做好引进人才的后续工作，上中下三层领导对引进后的人才的工作绩效考核需要有统一的标准。

14. 政府引进人才时目光要放长远一点，除了引进人才的力度要继续保持外（例如提供启动经费），还需考虑给一些稳定的支持。

15. 人才政策既要鼓励增量，也需要鼓励存量（保持人才）。

16. 在人才引进优惠期满后需有持续激励式的配置，设立人才层次向上流动通道。

17. 政府政策需要在人才产业化方面多一些引导。

18. 政府对引进的人才要有足够的耐性，不能期望短期内就有大回报。

**（三）家庭配套的提供：居住、教育、医疗**

19. 解决回流人才的居住问题，提供公租房、廉租房或人才房等居住安排。

20. 人才房位置要合理，目前人才房远离高新区，对高新技术人才不便。

21. 人才引进的配套措施要足够，并且能切实落实。

22. 要解决及改善人才子女的就学教育问题，目前政策欠具体可操作的程序。

23. 医疗配套要完善，看病能方便一些（外籍人员不能网上预约挂号，个别医院医生临床经验欠缺，住院设施有限）。

24. 改善外籍人士使用公共交通工具的购票便利问题。

25. 政府多建设一些适合全家活动的亲子活动空间。

26. 放开对人才购车的限制。

**（四）简化行政，改善管理**

27. 政府应进一步简政放权，放开让科学研究人员去做自己觉得合适和有价值的工作和研究，尽量给人才营造一个更开放的工作环境。

28. 落实对人才的承诺，杜绝口惠而实不至的问题。

29. 更大的网络开放：允许回流人才继续使用国际联网，保障其境外社交平台、学术搜索引擎等正常使用。

30. 改善行政上信息重复交叉提交的问题。

31. 改善中国管理模式存在的众多认证要求问题（驾照要改，

结婚证、学位证需要认证，中介翻译机构水平低）。

32. 人才回国签证办理应放开。

33. 设立独立的社科部，而非从属科技部，提高国家层面对社科研究成果产业化的硬性要求。

34. 应该考虑更好地利用海外回流人才的跨国背景，促进中国对外招商和文化交流，也能更好地建立海外回流人才的身份认同。

## 七　深层结构与管理失范：国家层面的制度改革

粤港澳大湾区回流科学研究人员在工作上遇到的几个关键的适应困难。例如，部分政府和招聘机构存在"口惠而实不至"的问题，以及人才引进后的持续支持不足、行政审批缺乏规范、管理条文烦琐等，并不只是粤港澳大湾区特有的问题，而是存在于全国高校和国有科研机构的普遍问题。这些问题的出现部分原因在于相关体制机制的设计，例如国家对大学和科研机构的经费管理、国家其他的行政管理与资金管控（甚至涉及外汇管理）等是捆绑在一起的。这种国家体制层面的大机器式操作，再加上各城市、机构等执行单位本身的行政壁垒，往往增加了很多不必要的监管和限制，使不管是科学研究人员本身还是他们所从属的行政机关都成为巨大机器中的螺丝钉，在官僚体系中疲于应对各种细节性的监管，从而出现本末倒置的问题。我们需要做进一步的体制性比较研究，既要找到切实可行的政策改革要点，也要思考如何重塑、建立与时俱进的社会规范（social norms），这样我们才能以回流科学研究人员的吸引、保留和发挥作为切入点，提升整个大湾区的社会治理水平，让大湾区发展出一个具有国际竞争力的创新型知识经济，进而扩展到全国，再次让广东成为国家社会治理水平提升的先行者。

# 异质性发展视角下粤港澳大湾区的人才困境与破解思路<sup>*</sup>

庄文越

粤港澳大湾区建设重大国家战略，是推动"一国两制"事业发展的新实践，近年来成效显著，正逐步形成以前海、横琴、南沙三个重大合作平台为先导，大湾区内各城市协同发展的良好态势。但广东九市发展水平存在较大差异，与港澳的深度融合也面临诸多阻碍。这其中，各地人才供给与需求的错位成为一个关键性问题。

人才是创新活动的源泉与支撑。习近平总书记多次强调，"创新是第一动力，人才是第一资源"。粤港澳大湾区是广东经济发展的核心引擎，本文拟从异质性发展视角出发，对其发展特点与人才供需现状进行简要梳理，明确现有人才引培政策可能存在同质性与供需错配等问题，再以三个重要平台为例，对如何通过制度创新破解这一难题进行探讨。

## 一 异质性发展的大湾区

### 1. 异质性的经济发展

异质性发展是各地经济发展的常态，产业基础不同，面临的

---

\* 原文完成于 2023 年 5 月。

机遇与挑战不同，对人才的需求，以及为人才引培所能推动的工作重点也不尽相同。从地理位置和发展机遇来看，曾任广东省委书记的李希提出的"黄金内湾"无疑是整个广东经济的最核心，包含了广州、深圳、东莞、珠海、中山和香港、澳门7个地区的核心区域。从大湾区各城市的优势分析，香港是国际化高地，是类似于华尔街的亚洲金融中心，相应的专业服务非常发达；深圳的高新技术产业和高端服务业在内地处于领先地位，作为先行示范区具有制度型开放的优势；广州的信软等信息服务业、汽车和生物医药等高端制造业发达，拥有广东九市中最好的教育资源。这三者处于第一梯队。香港是已经发展得很成熟的国际金融中心，而广州、深圳以发展成为国际大都市为目标，故第一梯队的人才需求偏向国内外高端人才。

佛山、东莞、惠州、中山等第二梯队城市的机遇主要在于广深的产业转移及为其提供相应配套，对这些城市来说，中等技能型人才队伍的夯实才是最好的发展手段。珠海比较特殊，一方面承接了深圳电子信息产业的转移，另一方面服务澳门，联动发展的定位凸显，这也意味着其人才需求比较特殊。澳门传统产业中博彩业占比较高，但出于该产业经营方式、利润率等原因，想发展其他产业必须要有新的、澳门当地之外的空间。这也是横琴自贸区"服务澳门产业适度多元化"的原因之一。江门、肇庆拥有一定的制造业基础，但经济发展水平有待提升。两地被纳入大湾区范围，享受大湾区一体化发展的机遇极大拓展了其发展潜力。

2. 各有侧重的人才需求

在大湾区城市异质性发展的背景下，人才需求情况究竟如何？《粤港澳大湾区（内地）急需紧缺人才目录（2022年）》数据显示，广东九市制造业人才最为紧缺，在所有需求中占62%。广州、深圳、珠海等发展基础好的城市缺研发型人才，而其他城市更缺操作管理等类型人才。学历上，企业对本科、研究生以上的需求量分别提升至 21% 和 3.3%，企业对技能型人才的需求量超过 47%，专业技术人才的需求量超过 33%。

## 二 人才政策的同质性和人才困境

### 1. 现有人才分布与配套问题

从各地引才的最重要抓手，即人才政策上分析，广东现有人才政策已较为全面，都强调引才、育才、用才、留才；也注重港澳内地"软联通"，如近日出台的往来港澳人才签注政策。同时各地积极出台相应政策，如广州的"红棉计划"、深圳的"孔雀计划"、东莞的"蓝火计划"等。但总体而言，现有人才政策偏向高端人才，对中等技能型人才的支持力度不够，对与人才引留相配套的基础设施建设重视力度不够，同时未能根据本地产业发展需求对人才进行细化聚焦。

固然大湾区人才政策在全国已走在前列，为高质量发展提供了有力支撑，但几个现实显示了这种侧重鲜明的人才政策在解决一些问题方面效果欠佳。

一是人才分布不均。广深两地聚集了超 80% 的人才，高端仍稀缺但中低端内卷，人才密度呈放射状分布，而其余地市深受虹吸效应影响难有突破。二是教育资源分配不均。粤港澳大湾区高等教育院校主要集中于香港、广州、深圳，且目前粤港澳大湾区内世界一流大学都在香港，其他城市高等教育资源较少。三是配套资源与国内发达地区存在较大差距，例如北京拥有医疗机构的数量接近广深总和。四是人才供需失衡。根据《粤港澳大湾区（内地）急需紧缺人才目录（2022 年）》，企业最需要工程技术人才，但供给端财务、文秘人才较多；此外产学研脱节也是持续困扰大湾区产业发展的问题。

2. 现有人才政策与城市异质性发展的需求落差

以上分析说明现有人才政策对城市发展异质性方面的考虑存在不足，没有充分发掘和依赖各地禀赋，存在以下三个问题。

一是突破性不足，部分地区陷入同质化"抢人大战"。政策支持方向和支持方式的同质性导致各地人才竞争变成单纯的投入额度、门槛高低比拼。财政相对薄弱的城市竞争力较弱，无法发挥比较优势。

二是没有依托自身发展禀赋布局人才链，"四链融合"流于表面。所谓"四链融合"，即产业链、资金链、人才链和创新链的融合与一体化建设。自党的二十大报告首次提出以来，其已成为各地政府施政的纲领性指导。但就珠三角九市而言，尽管整体政策制定确实已从单纯重视资金奖补转向同时侧重服务、配套，但实际执行效果欠佳。人才政策并没有很好回应企业的迫切生产需求、产学研脱节仍然严重，资金是否有效投入仍待考量。通过实地调研所收集的资料来分析，这一问题的根源在于政策制定没有充分考虑自身与周边竞合的异质性禀赋，没有在配套设施建设上进行有效突破。

三是人才政策多片面追求高端人才，较少关注中等技能型人才，忽略"高端看机遇，中端求待遇"的需求特点。首先，这种现象是对异质性发展思考不足的一个表现。各地市片面追求高端人才以期其带来创新的重大突破，而忽视自身发展基础。发达城市如广州、深圳、香港，在基础设施、人才集聚水平、产业发展机遇等方面远强于其他地区，倘若各地均无差别地追求高端人才，势必加剧分布不均。其次，企业发展的骨干中坚力量在于庞大的中等技能型人才队伍，面向高端人才的岗位需求规模远小于前者。各地，特别是非一线城市若不注重中等技能型人才招引，势必对自身发展造成重大阻碍。即使通过重金引进高端人才，由于基础的薄弱，也多是"双聘"等"柔性引才"模式，用才、留才将成为新的问题。而从人才自身发展需要的角度分析，高端人才更在意发展的机遇，其自由度远高于中等技能型人才。没有高度的人才集聚、完善的产业创新生态和良好的基础设施配套，很难真正留住、用好高端人才，发挥其引领性效能。我们的调研显示，中山、惠州等城市均反映高端人才受广深虹吸严重。同时，中等技能型人才更看重所能享受的待遇。这种待遇一方面由薪酬水平直接体现，另一方面也体现在教育、医疗配套、人居环境等"软实力"上。现有政策对中等技能型人才的认定和奖补幅度较小，而其也较难享受相应配套。

## 三　三大自贸区分析及其引才建议

现有人才政策该如何突破，进而更好地服务各地人才队伍建设和高质量发展大局？前海、横琴、南沙三大自贸区是改革的试点，是最容易进行尝试并产生示范效应的区域。从异质化发展的视角对三大自贸区进行分析，并提出政策创新的思路，对其自身发展及后续湾区内其他地区有效跟进，扩展和丰富为异质性竞合发展的地方性特色人才政策体系具有重大意义。

1. 三大自贸区比较

三大自贸区在总体定位、产业发展上存在明显区别。"前海方案"主要聚焦"扩区"和"改革开放"两个重点；"横琴方案"主要围绕促进澳门经济适度多元发展初心；"南沙方案"突出"粤港澳全面合作"和"面向世界"这两个关键。"规则衔接"是自贸区建设的重要要求之一，三大自贸区最大的共同点，在于直接对接港澳，具备高水平深度对外开放的物质和制度条件。同时，各方案也提供了相应的税收优惠，金融、国际合作等领域亦各有侧重。但唯独在人才政策上相对缺乏异质性。三大自贸区虽然都注重海外人才，注重高端人才，注重青年创业，但相应措施区分度较小。

三大自贸区异质性发展需求是基于其原有发展基础的现实考虑。前海发展基础最好，背靠深圳，毗邻香港北部都会区，是深港深度融合的重要节点，现在最为紧缺的是国际化高端人才。只有通过高水平的营商环境建设与国际规则的高质量衔接，才能真正打动这类人才，起到引才留才的作用。横琴的定位非常明确，即为澳门产业和人居开辟新空间，珠海市也进行了长期投入，基础设施较好。横琴最需要的是特性化的、服务于澳门相关产业的人才，但目前部分企事业单位和政府机构对澳门本地人才提供与内地人才同工不同酬的优待，恐不利于对内地人才的招引。南沙腹地广阔，适合制造业发展，但基础较差，人口的增长是现阶段需要面对的问题之一，人才政策忽视中等技能型人才，因而短期内发力点可能在于对中等技能型人才的招引和相关基础设施配套的完善。

2. 三大自贸区创新引才建议

根据粤港澳大湾区发展规划，三大自贸区是一体化、差异化的布局，只有协调联动，各自发挥比较优势，才能真正对高质量发展形成有力支撑。基于以上讨论，我们总结出聚焦、开放与协同的总体战略思路。

一是以需求为抓手，践行"四链合一"，立足自身禀赋成体系引才育才；二是充分利用自贸区先行先试的优势，试点打通要素流动壁垒，协同联动；三是创新产教融合方式，夯实公共服务，发力提高软实力以"筑巢引凤"。

遵循以上战略思路指引，我们将三大自贸区创新人才招引分为共性策略和各区针对自身发展的特性策略。共性策略方面注重以下几点。

一是聚焦需求。在梳理自贸区产业基础与发展规划的基础上，充分了解当前各行业、各规模企业的用工难点，总结出人才需求清单。这个清单不同于以往简单调研后所出具的，建议考虑成立产业发展咨询委员会，吸纳足够比例的大中小企业代表，对清单和相关产业政策的制定充分提供意见建议。

二是分类精准施策。秉承"为高端提供机遇，为中等提供保障"的原则，针对不同行业、不同层次人才制定不同的人才及相应配套政策。对高层次人才进行激励，特别是根据产出成果的连续性激励，避免一刀切；对中等层次人才，考虑一次性激励，辅以相关住房、医疗等保障。

三是打通壁垒。一方面不断扩大粤港澳三地职业资格等的互认，另一方面尝试进行职称评审等体制机制改革，为企业人才的晋升和成长提供更多通道。同时，数据要素的重要性越发凸显，建议以三大自贸区和港澳为试点，从科研数据流动开始，逐步打通公务和社会数据流动壁垒。这两方面是现有政策持续发力的方向，需要坚持并深化。

四是产教融合。成立校企合办的新型研发机构，充分对接港澳和广深优质科研资源，开展新型联合培养模式等探索。一方面以企业需求为研发导向，另一方面对研究成果进行明确合理确权，确保高校师生利益。

特性策略方面，三个自贸区在政策制定时的侧重应有不同。

针对前海，在聚焦上，建议进一步瞄准高端人才特别是香港和国际人才。在落地路径上，前海已基本具备高端人才集聚的经济和基础设施配套基础，建议探索出台更多柔性引才措施，以核心吸引团队，以团队促进项目，以项目形成集聚，但需注意对相关人才进行实际工作时间、效果等考核。

针对横琴，在聚焦上，现有政策更侧重于为澳门人员和产业提供机遇，但对双向互动方面的支持力度不足。在政策思路上，建议将内地人才和产业如何更好推动澳门发展纳入考虑范畴。在落实路径上，一方面建议在规则衔接方面进一步突破，如基础设施、医疗、教育、职业信息等方面的互联互通，全方位提升与澳门的一体化水平；另一方面建议探索提高对内地人才的扶持力度，在自贸区内对境内外符合相应条件的人才提供同等待遇，塑造公平的发展环境。

针对南沙，在聚焦上，建议加大对中等技能型人才的招引力度。在落实路径上，建议在当前加大对人才落户奖励的同时，优先做好教育、医疗、交通等基础配套，并参考现行总部企业相关政策中对中等技能型人才的配套支持，将覆盖面向重点产业的非总部企业人才延伸。此外，充分利用土地资源优势，招商与引才一把抓，拓展与港澳及广东其他城市的合作机会，以拓宽市场为人才提供更多机遇。

聚焦发展需求，保持开放姿态，注重区域和要素支持协同，在三大自贸区进行人才政策创新试点探索并辐射其成功经验，则大湾区有望破解现有人才困境，为持续高质量发展提供有力支撑，回应习近平总书记对广东"在推进中国式现代化建设中走在前列"的殷切嘱托。

# 高等教育

# 粤港澳大湾区高校教育资源的分析与整合<sup>*</sup>

李海滨　　张若梅

随着粤港澳大湾区发展建设步入正轨，一体化发展也要求粤港澳高等教育系统能够在人才培养和技术创新方面有更为紧密的合作。然而三地所面临的最大挑战在于优质高等教育资源分配不均，因此需要进一步思考如何让大湾区高校融合成为有机整体，从而促进香港、澳门与内地之间人才的良性循环，这对打造珠三角的人才高地、教育高地，适应世界大学发展新格局、区域创新驱动发展的新需求，具有引领意义。粤港澳高等教育资源整合应当明确粤港澳三地教育优势，确定三方合作目标，健全组织协调机制，出台《粤港澳高等教育合作框架协议》以实现制度保障，同时广东最好借助香港和澳门的教育优势，争取成为未来国家教育的示范点。

## 一　粤港澳大湾区高等教育的现状比较

目前粤港澳城市群中，广东省拥有本科高校 64 所（约占全国

---

　＊　原文完成于 2018 年 2 月。

本科高校的 5%），香港有 10 所，澳门有 6 所。广州和港澳集中了 90% 以上的优质高等教育资源，尤其是以国际化定位的香港高等教育体系，在亚太地区高校排名中始终保持极强的竞争优势。因此客观评估粤港澳各地高等教育现状并对比其教育资源的优劣势是区域教育合作的基础，例如对广东九市、香港和澳门的本科院校发展现状进行描述并进行三地教育资源（包括高等院校学院学科、教师、学生以及科研实验室和国家财政支持等情况）的对比研究。考虑到高等教育资源多集中在本科院校（广东省的优质高等教育资源多集中在"985"和"211"高校），因此我们将重点关注广东省"985"和"211"高校和港澳高校的比较。

### （一）高等院校国际化情况对比

自改革开放以来，内地一直重视高等教育的国际化发展。然而几十年过去了，内地高等教育的国际化程度依然很低，内地高校的国际化排名远低于香港和澳门的大学。当前，中国高校在能反映高校国际化水平的有代表性的两个指标（留学生和外籍教师的数量和比例）上均表现不佳。据"重点高校国际化调查分析报告"的统计数据，中国重点高校平均每校有外国留学生 1000 余人，占在校生总数的比例平均为 3.7%，这一比例与欧美发达国家 10%~20% 的比例（澳大利亚留学生占在校生总数比例达到了 19.8%，英国为 16.9%，法国和德国约为 10%）有一定的差距。此外，中国高校外籍教师的比例也偏低。在外籍教师方面，平均每所高校的外籍专任教师人数为 17 人，重点高校外籍专任教师平均每校不到 40 人；若仅以重点高校来计算，外籍教师数量占专任教师总数的 2.3%，仍然与日本（3.4%）和德国（9.5%）有较大的差距。总体看来，我国高校的整体国际化水平仍然有待提高。

从 "2017 年中国大学国际化竞争排行榜"① 中，我们发现广东省的高校在排行榜中名次较低：前 50 名中，中山大学排第 5 名，综合得分为 64.31 分；华南理工大学排第 44 名，综合得分仅为 23.88 分，远低于清华大学（排名第 1，综合得分为 100 分）和浙江大学（排名第 2，综合得分为 95.18 分）。2018 年《泰晤士高等教育特刊》的世界大学排行榜和 QS 世界大学排行榜中，中山大学分别排名全球第 351~400 名和第 319 名；华南理工大学分别排名全球第 501~600 名和第 551~600 名；香港大学分别排名全球第 40 名和第 26 名；香港科技大学分别排名全球第 44 名和第 30 名；香港中文大学分别排名全球第 58 名和第 46 名；香港城市大学分别排名全球第 119 名和第 49 名；香港理工大学分别排名全球第 182 名和第 95 名；澳门大学分别排名第 351~400 名和第 515 名（见表 1）。

**表 1　粤港澳高校国际排名比较（2018）**

| 地区 | 高校名称 | 《泰晤士高等教育特刊》排名 | QS 排名 |
| --- | --- | --- | --- |
| 广东省 | 中山大学 | 351~400 | 319 |
| | 华南理工大学 | 501~600 | 551~600 |
| 香港 | 香港大学 | 40 | 26 |
| | 香港科技大学 | 44 | 30 |
| | 香港中文大学 | 58 | 46 |
| | 香港城市大学 | 119 | 49 |
| | 香港理工大学 | 182 | 95 |
| 澳门 | 澳门大学 | 351~400 | 515 |

资料来源：《泰晤士高等教育特刊》，2018，https：//www.timeshighereducation.com/cn/world-university-rankings/；《QS 世界大学排行榜（2018）》，https：//www.qs.com/faq-items/qs-world-university-rankings-2018/。

---

① 该排行榜从国际化教育、国际化科研、国际化合作、国际化奖项四大维度，以及中外合作办学机构数量、海外留学生人数比例、ESI 前 1% 学科数、国际合作科研机构数量、国际奖项数量等 18 个指标，对国内大学的国际化竞争力进行了一次全面的综合性评价。

### （二）高等院校学科情况对比

目前广东省共有本科院校 64 所（包括粤港合作办学的院校、中外合作办学的院校和民办院校），平均每所高校包含 18 个学院、54 个本科专业；香港共有本科院校 10 所，平均每所高校包含 6 个学院，分别为文学院、经济与工商管理学院、教育学院、工程学院、社会科学学院以及理学院；澳门共有本科院校 6 所，平均每所高校包含 24 个专业，主要包括工商管理学院、社会科学学院、法学院、教育学院以及人文学院等。在院系专业设置方面，广东省高校学科门类较为齐全，港澳高校则比较注重商科、法律以及医学等，其中澳门官方统计表明 21.70% 的学生选择医学专业，21.90% 的学生选择管理学专业，12.20% 的学生选择经济学专业。从三地高校学生专业对比情况来看，澳门高校学生中选择管理学、医学、经济学以及文学的占比超过 70%，香港高校学生近半数集中于商学、文学及社会科学等专业，内地高校学生选择工学和管理学专业的占比较高。一方面，港澳产业集中在金融和电子科技领域，这些行业为学生提供的就业机会远高于其他行业；另一方面，上述行业的薪酬收入以及职业发展也是学生集中考量的重要因素（见图 1、图 2、图 3）。

### （三）高等院校师生情况对比

广东省有 4 所国家重点院校，即中山大学、华南理工大学、暨南大学以及华南师范大学，共有专任教师 10360 人，教师总数为 24494 人。而广东省内高校专任教师总数为 98897 名，其中副高级职称以上比例达到 38.52%。院士的分布如下：中山大学 20 人，华南理工大学 33 人，暨南大学 7 人，华南师范大学 10 人。副高级职称以上教师，中山大学有 3888 人，华南师范大学有 1098 人。香港 10 所高等院校中，专任教师共有 8252 人，教师总数为 31994 人。澳门高校的专任教师有 1688 人，教师总数为

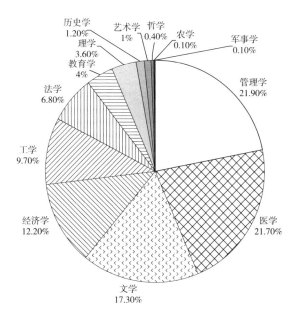

**图 1　澳门高校学生专业选择情况**

资料来源：澳门特区政府《澳门 2016 年高等教育统计年鉴》，笔者整理。

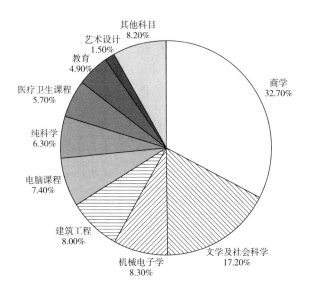

**图 2　香港高校学生专业选择情况**

资料来源：香港特区政府《香港 2016 年高等教育统计年鉴》，笔者整理。

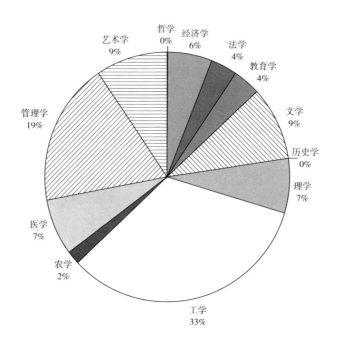

**图 3　内地高校学生专业选择情况**

资料来源：国家统计局《中国统计年鉴 2016》，笔者整理。

3892 人（见图 4）。从教师统计数据来看，广东省专任教师以及教师总数远远高于港澳高校，但在教师质量方面还有待进一步数据验证。从数据完整性方面考量，学生数量上仍然选择广东省 4 所国家重点院校与港澳高校进行对比。广东省 4 所国家重点院校共有普通本科生 108399 人、硕士研究生 45378 人、博士研究生 10552 人；香港高校共有普通本科生 91923 人、硕士研究生 20731 人、博士研究生 8965 人；澳门高校共有普通本科生 23553 人、硕士研究生 5817 人、博士研究生 1468 人（见图 5）。三地全日制师生比例分别为广东省 1∶17.73，香港 1∶13.7，澳门 1∶22.4。另据统计，2016 年内地高校免试招收香港学生 1391 人（除暨南大学以及合作办学），而内地高校和科研院所赴香港学生人数超过 1.5 万人。

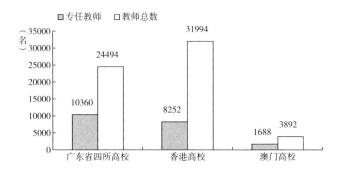

**图 4　粤港澳高校教师情况对比**

资料来源：《2016 年高校本科教育质量评估报告》。

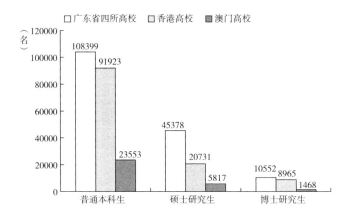

**图 5　粤港澳高校学生情况对比**

资料来源：《2016 年国家高等教育统计年鉴》。

2016～2017 年澳门共招收 659 名内地学生，而澳门则有 924 名学生赴内地升学，两者比例相当。从三地高等教育毛入学率来看，广东省为 35.1%，香港为 68.48%，澳门为 81.72%，广东省高等教育的大众覆盖率远远低于港澳地区，尽管其本科院校数量是港澳院校总数量的四倍。从学生数量来看，尽管广东省本科生及研究生人数远远超过港澳，但内地学生赴港求学的比例却在逐年增加，即香港高等教育体系对内地学生有较强的吸引力。

**（四）高等院校教研实力情况对比**

从高等院校学科实力来看，中山大学有 18 个学科进入 ESI 世界排名前 1%，拥有 10 个国家级人才培养基地，获得"973 计划"和国家重大科学研究计划项目 567 项；华南理工大学有 7 个学科进入 ESI 世界排名前 1%；暨南大学有 6 个学科进入 ESI 世界排名前 1%；华南师范大学则有 4 个国家重点学科以及 22 个广东省重点学科。在 2017 年 QS 世界大学学科排名中，中山大学有 1 个学科，即社会政策与行政学专业进入世界 100 强，有 20 个学科进入世界 500 强；华南理工大学有 11 个学科进入世界 500 强；香港大学有 37 个学科入围前 100 名，其中教育、建筑、语言、土木工程和社会政策与行政管理专业跻身世界前 10 名；香港中文大学有 30 个学科进入世界 100 强，传媒专业跻身世界前 20 名；香港科技大学有 9 个专业进入世界前 50 名；香港理工大学有 2 个学科进入世界前 10 名，分别是土木工程与酒店休闲管理专业；香港城市大学有 5 个专业进入世界 50 强；香港浸会大学传媒专业进入世界 100 强；香港教育大学的教育学专业进入世界前 13 名（见表 2）。

**表 2  2017 年粤港高校学科国际排名学科数比较**

单位：个

| 地区 | 高校名称 | QS 学科排名前 100 名 | QS 学科排名前 500 名 | ESI 世界排名前 1% |
|---|---|---|---|---|
| 广东省 | 中山大学 | 1 | 20 | 18 |
| | 华南理工大学 | | 11 | 7 |
| | 暨南大学 | | | 6 |
| | 华南师范大学 | | | |

| 地区 | 高校名称 | QS 学科排名前 100 名 | QS 学科排名前 500 名 | ESI 全球排名前 1% |
|------|---------|------------------|------------------|-----------------|
| 香港 | 香港大学 | 37 | | |
| | 香港科技大学 | 16 | | |
| | 香港中文大学 | 30 | | |
| | 香港城市大学 | 18 | | |
| | 香港理工大学 | 16 | | |
| | 香港浸会大学 | 2 | | |
| | 香港教育大学 | 1 | | |
| | 香港演艺学院 | 1 | | |

资料来源：QS 世界大学排名相关新闻报道。

从各高校实验室建设情况来看，中山大学建有 3 个国家文科基础学科人才培养和科学研究基地、4 个国家理科基础科学研究基地、9 个国家级实验教学示范中心。华南理工大学建有 3 个国家重点实验室、5 个国家工程（技术）研究中心、6 个国家（地方联合）工程实验室，校内科研机构达到 131 个。暨南大学建有国家工程中心 2 个、教育部人文社会科学重点研究基地 1 个、省部级重点实验室 21 个、省部级工程中心 18 个、国际联合实验室 11 个。华南师范大学建有教育部重点实验室 6 个、广东省重点实验室 6 个、广东省高校工程技术研究中心 20 个等。香港大学建有 4 所国家重点实验室，而在香港大学设立的国家重点实验室和伙伴实验室数目占其研究机构总数的 31.3%。香港中文大学建有 5 所国家重点实验室，集中在生物、化学以及医学领域。澳门大学则建有 2 个国家重点实验室（见图 6）。总体而言，广东省 4 所国家重点高校的国家实验室数量远远超过港澳高校，但是在高校国际排名以及学科国际排名方面远远低于香港高校。

国家实验室（基地/研究中心）

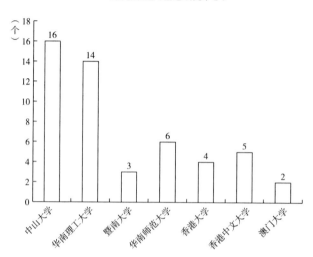

**图6 粤港澳高校国家实验室数量比较**

资料来源：各高校官网信息介绍。

## （五）高等院校财政收支情况对比

对比各高校的收支情况发现，中山大学总收入 1164113.21 万元，政府财政拨款达到 228293.74 万元，教研支出 831302.86 万元，占该校总支出的 98.08%；华南理工大学总收入 632366.73 万元，政府财政拨款达到 169159.42 万元，教研支出 409147.73 万元，占该校总支出的 94.51%；华南师范大学总收入 248544.00 万元，其中财政拨款达到 117112.00 万元，教研支出 234522.00 万元，占该校总支出的 99.45%。而香港大学财政拨款占该校总收入的比例达到 63.70%，教研支出占该校总支出的比例为 74.00%；香港中文大学教研支出比例达到 72.40%；香港城市大学的教研支出占比较高，达到总开支的 95.00%；香港科技大学、香港教育大学、香港理工大学以及香港浸会大学的教研支出占比均在 60%～

70%；香港岭南大学和香港公开大学的教研支出不足总支出的
50%。而澳门高校方面，因为数据未公开，我们仅能查到澳门大
学2016年获得财政拨款16.63亿澳元；澳门理工学院的财政拨
款占总收入的8.45%，教研开支占比为8.28%。从三地高校的财
政收支数据来看，港澳高校的政府财政拨款占总收入的比例远远
低于广东省高校，在具体收支金额方面，内地高校远胜于港澳高
校，同时教研支出是内地高校投入的核心部分（见表3、图7、
图8）。

表3　粤港澳高校财政收支情况

| 高校 | 财政拨款（万元） | 总收入（万元） | 财政拨款占比总收入（%） | 教育及科研支出（万元） | 总支出（万元） | 教研占比总支出（%） |
|---|---|---|---|---|---|---|
| 中山大学 | 228293.74 | 1164113.21 | 19.61 | 831302.86 | 847551.65 | 98.08 |
| 华南理工大学 | 169159.42 | 632366.73 | 26.75 | 409147.73 | 432900.00 | 94.51 |
| 华南师范大学 | 117112.00 | 248544.00 | 47.12 | 234522.00 | 235819.00 | 99.45 |
| 香港大学 | 412287.48 | 647150.10 | 63.70 | 478891.07 | 647150.10 | 74.00 |
| 香港中文大学 | 405388.85 | 674829.80 | 60.00 | 447798.50 | 618506.22 | 72.40 |
| 香港城市大学 | 218501.03 | 382948.73 | 57.10 | 362640.86 | 381727.21 | 95.00 |
| 香港科技大学 | 197573.10 | 365518.70 | 54.10 | 242099.00 | 367373.30 | 65.90 |
| 香港教育大学 | 73345.59 | 96489.66 | 76.10 | 66391.25 | 96498.90 | 68.80 |
| 香港理工大学 | 260468.05 | 540405.60 | 48.20 | 361709.45 | 543107.28 | 66.60 |
| 香港浸会大学 | 110468.25 | 243554.98 | 45.36 | 136523.52 | 227160.60 | 60.10 |
| 香港岭南大学 | 40725.12 | 69142.12 | 58.90 | 32911.92 | 69142.69 | 47.60 |
| 香港公开大学 | 15505.85 | 218846.75 | 7.10 | 76704.50 | 218843.10 | 35.10 |
| 澳门理工学院 | 4605.20 | 54506.76 | 8.45 | 4485.21 | 54170.05 | 8.28 |

资料来源：各高校财务处官网。

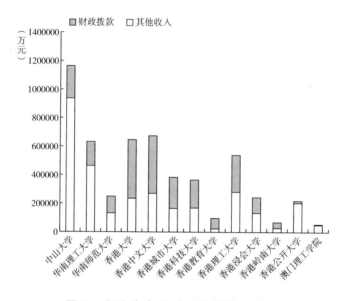

**图7　粤港澳高校财政拨款情况对比**

资料来源：各高校财务公开数据信息。

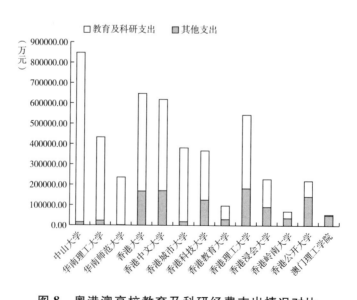

**图8　粤港澳高校教育及科研经费支出情况对比**

资料来源：各高校财务公开信息。

## 二 粤港澳高等教育合作的优势及困境

### (一) 粤港澳高等教育合作的优势

第一，港澳具有世界一流高校的品牌专业和较高的国际教学水平。在对粤港澳三地高校的国际排名及学科排名的数据进行整理后发现，香港 10 所本科院校中有 5 所高校在 QS 世界大学排行榜前 100 名，而广东省没有国际排名前百的高校。从学科排名来看，香港各高校共有 121 个学科进入 QS 学科排名前 100 名，而广东仅中山大学有一个学科入选。学科优势和教学质量是多年来港澳高校吸引内地学生的持续性优势，也是吸引内地高校合作的"金字招牌"。第二，广东省乃至内地充足的国家财政拨款为教研活动提供了动力支持。从数据来看，广东省高校财政支出的 90% 以上集中在教研层面，而香港教研层面的支出比例多为 60% ~ 70%，粤港澳高等教育的合作也是教育资源和科研资金互通方面的合作。第三，广东省高校内的国家级实验室以及工程研究中心数量远超港澳，同时国家重大自然科学以及社会科学研究项目众多，项目经费充足，这也是港澳尤其是澳门高校科研活动的短板之一。总体而言，港澳高等教育的资源优势在于国际品牌、学科质量以及国际化教学水平，而广东省高等教育的资源优势在于教研资金充足、国际化的实验设备以及国家主导下的科研项目，粤港澳三地各自具备的资源优势具有较强的"互补性质"，共同构成三地高等教育合作的基础。

### (二) 粤港澳高等教育合作的困境

第一，区域高等教育合作的制度环境存在差异。粤港澳高等教育合作是一个主权国家之中处于不同关税区的三个地方行政区域间的合作，其合作机制始终是在"一国两制"制度背景下进行的，尽管粤港澳三地地缘优势下的文化同质性较强，但是三地的政治、经济以及教育制度都存在较大的差异，例如香港中文大学的书院制以及香港岭南大学的博雅教育等与内地教育存在较大差异。第二，粤港澳高校合作的机制多是相互招生、学术交流以及合作科研等社会层面的合作机制，缺乏以政府为主导的三地高等教育合作体制，也同样缺乏针对高等教育合作项目的中立协调组织以及合作战略规划等。目前有些香港的大学到广东办学，但效果不理想，这主要还是因为没有整合。

**（三）粤港澳高等教育合作的现状**

第一，三地合作的制度保障。《内地与香港关于相互承认高等教育学位证书的备忘录》《关于加强泛珠三角区域教育交流合作的框架协议》《粤港合作框架协议》《粤澳合作框架协议》《深化粤港澳合作 推进大湾区建设框架协议》等制度协议都对粤港澳教育合作有一定篇幅的描述，是粤港澳教育合作的制度依据。第二，三地间跨境招生。广东地区高校通过"单独招生"和"联合招生"两种渠道招收港澳学生，暨南大学和中山大学可以单独招生，而其他高校如华南理工大学、华南师范大学等在港澳招生则通过"联合招生"。港澳高校招收内地本科生是以"全国高考统招"和"自主招生"两种渠道开展。第三，高校间的师生互动交流。教师以访问学者、客座教授和兼职教授的形式互动交流，学生则是以访问团及参赛形式进行交流。第四，合作办学。其中包括本科交换生（联合培养）计划、合作办学机构（北京师范大学-香港浸会大学联合国际学院）、合作办学项目（学历教育/非学历教育）以及借地发展（如珠海横琴建有澳门大学新校区）。第五，合作科研。例如深港产学研基地、广州南沙科技园、香港科技大学霍英东研究院以及深圳虚拟大学园区等合作基地。

# 三 粤港澳高等教育如何进一步深化合作

粤港澳大湾区在 CEPA（Closer Economic Partnership Arrangement，即《关于建立更紧密经贸关系的安排》）签署和实施后已经初步形成一个相互依存和功能齐全的大型经济区，而经济趋势的一体化发展也要求粤港澳高等教育系统之间在人才培养和技术创新方面进行更为紧密的合作。

第一，明确粤港澳三地教育优势，确定三方合作目标。港澳具有领先的高等教育运行管理机制、国际通行的教学理念、国际化的人才培养模式以及完善的高等教育培训体系、较高的国际研究水平等。而广东省则具备较为完整的高等教育人才培养及科学研究体系、充足的教研资金以及良好的实验设备等。三地的高等教育合作应该依托资源优势，探索多种形式的合作办学模式，支持各方以其所长共建实验室和研究中心，联合培养高层次人才。香港高校的全球百强学科有 121 个，而广东和澳门的高校则在 300 名以外，因此从学科合作的角度而言，三地人才培养的合作应该将学科专业范围进一步扩大，尤其是香港优势学科应该有针对性地与广东和澳门高校中的该类学科进行合作，重点提升此类学科的教研实力。同时，需要确定粤港澳高等教育合作应达到的预期目标，做到合作资源的优化配置。目前港澳尤其是香港的高等教育资源及科研实力优势突出，广东有高校众多且资金充足的优势，三地间的差异性是合作的基础也是合作的障碍之一，其合作的理念在于"一国两制"下的"求同存异"，可以不断寻求区域高等教育发展的共同利益，树立教育合作的共同理念，以维持三地高等教育合作的平衡以及稳定。

第二，粤港澳高等教育合作应该健全组织协调机制，出台

《粤港澳高等教育合作框架协议》等制度保障。目前粤港澳教育合作机制的管理多依托"粤港澳合作促进会"这类社会机构，缺乏官方权威机构进行合作指导，未来应该建立以粤港澳三地政府为主导的教育组织协调小组。尤其是"一国两制"制度背景下的粤港澳高等教育合作，存在许多跨境关系上的法律和政策约束，该类协调小组需要中央政府的参与和支持，能够对上述事件进行授权或是直接参与，减少三方合作的制度障碍。在中央政府的参与和支持下，以粤港澳政府合作为主导，成立由政府部门负责人、高校代表、企业代表，以及海内外高等教育界专家共同组成的粤港澳高等教育合作组织协调机构。粤港澳三地合作主要是以区域经济发展为主导，进一步促进高等教育以及社会文化方面的融合发展。而针对粤港澳经济民生方面的合作发展，政府出台《内地与香港关于建立更紧密经贸关系的安排》《内地与澳门关于建立更紧密经贸关系的安排》《粤港合作框架协议》《粤澳合作框架协议》等制度文件，明确了三地经济、社会、民生以及文化等领域的合作定位、合作原则以及合作重点。因此，粤港澳高等教育合作也应该在制度层面出台相关协议，进一步增强粤港澳教育及科技合作的开放性，包括粤港澳三地合作办学、合作运行科研项目、教师学生间的流动、实验室开放共用、粤港澳合作成立高新科技园区基地以及产学研平台构建等。

第三，广东省应借助香港和澳门的教育优势，争取成为未来国家教育的示范点。如果广东省借助香港和澳门的教育优势，抓住粤港澳大湾区发展的契机，开展广泛的国际交流合作，那么对打造珠三角的人才高地、教育高地，适应世界大学发展新格局、区域创新驱动发展的新需求，具有引领意义。此外，可以借鉴学习欧盟的经验，设立一项大湾区教育研究基金，开展有利于三地经济社会发展的研究课题。当然，教育资源的整合要求其他方面的配合，例如就业市场、社会政策市场等。如果能根据粤港澳大湾区的发展情况，制定一系列的资源整合政策，那么一定能解决许多问题，包括粤港澳地区经济文化交通的互补等核心问题。

# 粤港澳大湾区高校战略联盟竞争体系的优化<sup>*</sup>

李海滨

高校战略联盟是高等教育国际化的一个重要形式。联盟内通过高效资源整合，使资源配置最优化，从而形成互利共赢、优势互补的一种局面。粤港澳高校战略联盟于 2016 年 11 月在中山大学成立，截至目前已有 40 所高校入盟（广东省 24 所、香港 9 所、澳门 7 所）。它作为我国高校战略联盟领头羊，立足于世界四大湾区之一的粤港澳大湾区，已被中央政府提到了重要的战略地位。它承载着大湾区内高等教育资源整合与互补的作用，也推动着未来大湾区内创新人才的培养与核心产业布局的优化。本文以国家竞争力模型（波特钻石模型）为理论依据，通过对粤港澳高校战略联盟核心竞争力的综合评估，为粤港澳高校联盟竞争体系提出优化方向，以期通过吸引国外资本、技术、人才，把粤港澳大湾区打造成地域嵌入型的世界经济平台。

## 一 国家竞争力模型（波特钻石模型）要素

1990 年，迈克尔·波特（Michael Porter）提出了一套用来解

---

* 原文完成于 2020 年 10 月。

释一个国家产业或企业竞争优势的理论体系——波特钻石模型。这一模型旨在讨论产业集群如何更加有效地在竞争市场中获得优势地位。波特认为决定一个国家产业竞争力优势的要素主要有四种：（1）生产要素，包括自然资源、人力资源、知识资源、资本资源等；（2）需求条件，指本国市场的需求大小、成长速度以及市场国际化程度；（3）相关产业及支撑产业的表现，主要表现在这些产业在横纵向产业的布局上是否有国际竞争力；（4）企业战略、结构与同业竞争，包括企业的经营理念、目标以及竞争对手的表现。以上四种要素均具有双向作用，相互影响形成钻石体系。除此之外，还有政府和机会（机遇）作为两种辅助因素形成两大变数，其中机会包括新技术、新需求方面的重大变革，是无法控制的；政府的政策也是不容忽视的。波特认为这六种因素相互作用，组成了一个动态的竞争模式，构建了一个完整的钻石体系（见图1）。

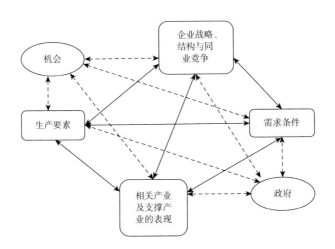

**图 1　国家竞争力模型（波特钻石模型）要素**

## 二　波特钻石模型理论指导下的粤港澳高校
## 联盟发展要素分析

### （一）知识资本与人力资本是联盟发展的核心生产要素

波特钻石模型理论将生产要素划分为初级生产要素与高级生产要素，其中高级生产要素是指现代的信息技术、知识资本与人力资本。比如，美国凭借其高效的知识资本在全球拥有强大的竞争优势，在《泰晤士高等教育特刊》2021年世界大学排行榜的前20名中，美国高校占比达到70%。同样，日本是一个自然资源稀缺的岛国，但它凭借优异的知识资本创造出被全球效仿的准时制生产模式，强化了日本的国家核心竞争力。知识资本同样也是粤港澳高校联盟的核心生产要素。众所周知，科技是第一生产力，创新是引领发展的第一动力，这两者背后依赖的正是大湾区一直需求的高端产业人才资源。大湾区当前有7000万人口、5.65万平方千米土地，粤港澳高校联盟有40所高校等庞大体量的优势，但人均地区生产总值仅占旧金山湾区的18%、纽约湾区的32%、东京湾区的41%。由此可见，粤港澳高校联盟尚未形成相对于世界一流大学联盟的竞争优势。也就是说，其在知识资本转化率方面还有很大差距。

### （二）专业联盟的质量是联盟发展的内在动力

随着高等教育市场化体制不断完善，外部社会对高等教育的依赖使得粤港澳高校联盟内部资源流通达成一种动态平衡。这种外需市场存在的重要意义就是能够刺激高校的不断优化与创新，为联盟内的优势学科发展提供动力。例如，处于粤港澳高校联盟框架下的专业联盟，对标国家和地方发展需求，为粤港澳大湾区建设成为国际高等教育示范区提供强有力的战略支撑。目前由三地院校牵头发起的高校联盟内的专业联盟有四大类：理工科类专业联盟、人文社科类专业联盟、医科类专业联盟、事务类专业联盟。这些专业联盟是外部市场需求的衍生产物，是高校不断优化与创新的一个部分，也是各个联盟高校间通过平台进行的新一轮资源交换与共享。专业联盟的成长质量远比其数量重要得多。波特认为，内行且挑剔的本土顾客是获得竞争优势的第二个重要来源。本土高质量的市场需求会使联盟做出新的战略规划和调整，倘若大湾区内的需求领先于其他湾区，那么粤港澳高校联盟相对于其他世界一流大学联盟就能产生竞争优势。

**（三）教育产业结构一体化是联盟发展的潜在优势**

波特认为，在很多产业当中，一个企业的潜在优势是由于它的相关产业（集群）具有竞争优势，这些具有竞争优势的产业（集群）又能够带动产业（集群）上下游的创新与全球化。我们知道，产业集群本身是能够产生竞争优势的，集群不仅能够降低交易成本，而且可以借助地缘之便促进信息交流，改善创新的条件。它产生的"提升效应"更加有利于教育产业一体化的形成。粤港澳高校联盟的医学、超算、科技、海洋专业十分发达，离不开粤港澳大湾区本地优势产业的支撑；联盟的相关及支撑产业也与优势产业息息相关。从当前大湾区各个城市的产业结构来看，内地城市第一、第二产业占比较大，香港和澳门以第三产业为主，香港的金融业、澳门的博彩业与旅游业都十分发达。但是，由于资源与空间条件的约束，在科技创新方面，香港科技大学、香港大学虽有较高的水准，但是缺乏相应的产业支撑，而广州与深圳坐拥大湾区丰富的资源，在引进港澳先进生产性服务业方面仍有较大的空间。粤港澳大湾区的城市群为产业资源的优化配置提供了条件，如果有高质量的粤港澳高校联盟加持，便很容易在生产率和创新方面形成竞争优势。通过粤港澳高校联盟沟通渠道的作用能够将大湾区的科技创新与产业进行优势互补，借助高等教育与产业结构的完美衔接，在城市间协同效应下形成一个强有力的粤港澳高等教育垂直整合一体化的战略体系。

**（四）联盟前瞻性的发展战略和优化的组织结构是形成竞争优势的必备条件**

面对国外众多一流高校联盟的国际化竞争，在联盟战略以及结构方面，粤港澳高校联盟的标杆管理显得尤为必要。从发展战略来看，粤港澳高校联盟在创新与探索过程中成立了多种专业联盟以满足大湾区对新时期符合粤港澳三地社会发展的创新型复合型人才以及输出引领性的科学技术创新成果的需求，同时将助力国家打造粤港澳国际教育示范区与国家科技创新中心，推进世界一流大学与学科的建设。作为我国大学联盟的实践前沿，在发展战略方面粤港澳高校联盟还需要更好地体现出凝聚性与优势性，可以通过对欧美模式的取长补短，在实践中创造出更多的发展可能性。国外知名的高校联盟无论是成员还是联盟整体，都将强化对内对外合作交流的关系网作为共同的战略目标。英国的罗素大学集团旨在提高国会对大学科研支出的同时降低政府的干预；常青藤联盟通过交叉注册、课程共享等方式来实现联盟学生在学术与运动技能方面共同发展。

从运作体制来看，粤港澳高校联盟在组织架构方面呈现出较为松散化的特点。联盟设立联盟理事会，其中设理事长 1 名，由理事会成员自荐或选举产生。联盟并不实行权力和平转移的选举轮换制，这可能导致在联盟运作当中产生与组织抗衡的非正式团体。世界一流的高校联盟都有规范的组织管理体系，通过多元化渠道进行有效管理。美国大学协会（Association of American Universities，AAU）通过每年两次的例会以及成立常任理事与校长委员会来负责联盟的运作；澳大利亚八校联盟在八校内部成立董事会，并通过每年五次的董事会会议进行联盟内部项目开展的探讨。粤港澳高校联盟需要在与世界一流大学联盟对标的同时适当借鉴其组织管理方式，完善体系运作的制度设计并保障联盟的规范运行。

### （五）政策诱导机遇增加是联盟发展的重要杠杆

机遇和政府作为模型中的辅助因素，同样也在钻石体系中发挥着重要作用。机遇源自联盟外部，如新技术的突破或新市场的发现，这是难以预见的。但是一旦新的机遇出现，便会打破之前的平衡状态，给联盟提供新的竞争空间。政府虽说不可能通过行政手段来创造一个全新的市场，但能够通过创造更容易获取竞争优势的环境，诱导机遇的增加，从而促使高校联盟在机遇的加持下拓展自己的市场。粤港澳高校联盟在创造竞争优势时，政府政策发挥的是正面作用还是负面作用，必须将其加入其他四项主要因素当中进行考虑。当政府政策带来的机遇促进钻石模型的构建时，便会对联盟的竞争优势产生正向影响，反之则会产生负向影响。目前粤港澳高校联盟各成员虽说地理位置相近，但是存在三种不同司法体制与法律制度的模糊治理难题，要达成一项三个地区均能够完全落实的政策最优解，通过整体性治理手段往往是难以实现的。并且粤港澳高校联盟在与三地政府沟通方面联系较少，联盟秘书处仅仅起到联络联盟内部成员的作用，缺乏更多府学之间的沟通渠道。联盟的政产学研关系处理也尚有欠缺，缺乏更多的政策工具促进联盟中产教融合平台的构建以及相关校际合作成果督导体制的落实。

## 三 粤港澳高校联盟竞争体系的优化方向

通过以波特的国家竞争力模型对粤港澳高校联盟竞争力发展要素进行分析，我们将从知识资本的培养、专业联盟的成长质量、高等教育产业的上下游整合、联盟的战略与结构、政府对机遇分配的把控五个方面，探讨粤港澳高校联盟竞争体系的优化策略。

## （一）加快联盟知识资本化，构建产教融合共享平台

知识作为一种能够被源源不断创造的高级生产要素，是高校联盟发展的最强助推器。要实现高校知识资本化的协同创新，首先，在人才培养模式方面提倡实践性与创新性，将联盟人才培养的理念与粤港澳大湾区经济发展需求相结合，通过高校的跨学科研究以及产学研合作等途径多方面提升研究生的综合素质水平。同时注重高端制造产业的专业学位研究生教育的综合改革，实现校企联合的复合型人才培养模式。其次，构建知识资本化专业联盟，高校应当突破自身的组织边界，于联盟内部与其他创新主体融合，共建跨校科学联合研究平台，营造出协同创新、合作共赢的科研环境，利用各方的互补性资源进行知识资本的共创共建共享，通过联盟的协同效应增加高校与知名企业深入合作的谈判砝码，为后续科技成果高效率的转化创造有利条件。最后，利用联盟的影响与多方面渠道广泛引入科技服务中介、知名企业、政府等知识资本化的利益相关者，就知识成果转移相关话题进行定期的合作交流，在实现双方的信息对称的同时，降低隐性知识显性化以及个体知识群体化的交易成本，实现产学资源的深度融合。

## （二）关注联盟市场需求，发挥专业联盟效能

要实现粤港澳大湾区内的市场需求领先于其他世界级湾区，粤港澳高校联盟就必须发挥市场需求方面的竞争优势，主要有三大措施。一是强化专业联盟内各成员高校的协同创新实践，建立联盟内高校间合理有序的分工协调制度，推进区域内专业化信息与研究成果的共享机制，打破之前的无序竞争格局。二是密切关注联盟外部市场需求动向，促使专业联盟紧跟大湾区产业需求。当大湾区的内需市场和国际市场的主要需求相同，而其他湾区却

没有这样的条件时，大湾区内的粤港澳高校联盟就更容易获得竞争优势。三是完善粤港澳高校联盟监督体系，建立专业联盟的成果评估机制。联盟框架内的每个专业联盟可成立相关委员会负责专业联盟内事务的组织、监督与调控，确保专业联盟的效能得到充分的发挥。同时委员会还要对专业联盟的成果进行定期评估，以此激励联盟内部团体的协同创新。

### （三）注重优势产业竞争，促进湾区教育垂直整合

当处于上游的高校具备比较优势时，下游与高等教育关联的湾区产业就能够做到迅速反应与无缝衔接，同时降低一体化的交易成本。这就使联盟高等教育产业的垂直整合显得尤为必要。因此，一方面，联盟应当引导成员高校进行学科设置的优化创新，建立学科动态调整机制，扩大各高校的招生办学自主权，针对各高校以及大湾区产业的具体情况，引导发掘优势特色专业、战略性新兴产业相关专业的建设。同时扩大联盟高校在研究生专业招生方面的动态交流，保障重点产业人才的供求平衡，促进粤港澳高等教育产业衔接的一体化。另一方面，粤港澳高校联盟应当营造出"以实践需求为导向"的科学研究氛围，拥有优势学科的成员高校应当通过联盟的沟通渠道鼓励更多成员高校进行新兴产业的科学研究，围绕大湾区战略产业的实际需求，将科研团队的成果与大湾区产业的绩效挂钩，加快研究型大学与下游企业的垂直整合。

### （四）树立全局发展理念，健全联盟治理结构

联盟内的每个成员高校都关乎整个战略联盟的竞争优势，每所学校的目标、战略与组织结构均有所差异，联盟的竞争优势也就是各种差异条件的最佳组合。因此，应树立联盟的全局发展观。首先，规范制订联盟发展的战略计划，明确各个高校的任务职责，制订联盟发展投资的组合战略以及滚动计划，使整个高校联盟能

够根据大湾区市场需求的变化进行资源配置的调整。同时，在成员遴选方面，选择合适互补的战略联盟伙伴，对每个潜在的合作成员进行全面的调查与评估，对联盟成员做到求质而非求量，使每个成员都能双赢，增加成员对联盟的向心力。其次，联盟要在对标世界一流大学联盟过程中形成自己的区域特色，在借鉴国外一流大学联盟成熟的运作模式的基础上，利用粤港澳高校联盟的品牌效应将成员各自的特色学科与产业推向国际化，这样不但有助于高等教育的协同创新，更能形成防范外国联盟产业侵入的保护网。最后，完善联盟的治理体系与网络架构，一个松散的耦合体是无法形成一种优秀且协同的联盟文化的。联盟需要秉持整体性治理的理念，通过设立项目委员会，协调配置联盟的优质资源，促进联盟的多极化发展，使各个成员高校都能充分受益。同时在目前已有董事会以及秘书处的基础上，优化联盟的信息网络结构，注重联盟对外事务委员会的设立，除了负责联盟与政府企业间的沟通之外，还应当引导联盟同其他世界一流大学联盟进行深入合作交流，提升联盟的国际化水平。

### （五）完善府学合作体系，引导联盟协同发展

粤港澳三地存在制度上的差异，因而需要通过加强府学合作来促进联盟与三地政府沟通体系的建立。首先，三地政府以及教育部门应当理顺高校联盟的诉求，建立透明公正的高等教育资源分配制度，构建三地教育协调机制，通过教育融合的手段化解三地的制度壁垒，为联盟事务在三地的顺利开展提供制度上的优势与便利。其次，联盟应当加强与政府的交流合作机制，利用联盟智库的优势参与政府治理的过程，优化联盟的社会服务职能。同时借助政府的政策优势促进政产学研的相互融合发展，为联盟争取到有利的外部资源与长期竞争优势。最后，应当减少政府的行政干预，增加联盟的办学自主权。政府在粤港澳高校联盟的发展

中更多的是起到政策的辅助与催化作用。三地政府应当制定科学的宏观政策，创造一个合适的发展环境，同时注重对联盟的拨款、信息服务以及政策指导，最终形成联盟主导、政府调控的政产学研紧密融合的协同发展体系。

# 粤港澳大湾区推进高等教育集群
# 发展的问题与对策<sup>*</sup>

余 荔

2019 年 2 月 18 日中共中央、国务院印发的《粤港澳大湾区发展规划纲要》将粤港澳大湾区定位为具有全球影响力的国际科技创新中心，其重要建设目标是打造教育和人才高地。在此背景下，探索高等教育集群发展的模式与路径，改进高等教育资源配置，对于推动人才集聚，加强高等教育与区域经济社会形成共享、共生的发展共同体，繁荣区域经济和科技创新发展具有重要作用。本文在研究高等教育集群理论内涵与意义的基础上，从制度创新和协调机制、高等教育要素流动与资源配置、高等教育集群发展的深度与广度的视角分析目前粤港澳高等教育集群发展存在的主要问题和突出短板，并提出相应政策建议。

## 一 高等教育集群发展的理论认识与意义阐释

大学集群是一组独立的大学以拓展为本位、以实现创新为路径、以获取竞争优势为目标，在某一区域或特定领域联结在一起，

---

* 原文完成于 2023 年 4 月。

并与周边环境整合一体化的空间集聚体。① 从地理区位来看，粤港澳三地具有空间上的邻近性，能够实现邻近聚集，符合高等教育的空间发展规律。纵观纽约、旧金山、东京等世界级湾区的发展历程，它们既是全球区域创新中心的代名词，也是一批世界一流、高水平大学与科研院所的集聚地。正如斯坦福大学带动了硅谷的发展，麻省理工学院促使了"128 号公路"的繁荣，高水平大学集群的引领和溢出效应夯实了区域创新发展的基础，为产业集群的可持续发展提供了支撑。从科技创新的角度看，高等教育集群为区域经济和产业建设培养了大量拔尖创新人才，使得人力资源密集、知识技术密集、人口和资本密集，内生研发和创新造就了区域科技进步的核心竞争力。

## 二 粤港澳大湾区高等教育集群发展存在的问题

当前粤港澳大湾区与国际一流湾区相比还有不小的差距，突出的表现是缺少一批世界一流大学及科研院所的强大支撑，未能形成高等教育集群发展模式，尚未构成世界一流的区域创新体系；制度创新和协调机制不够完善，高等教育要素尚未实现自由流动与优化配置，高等教育合作交流的广度和深度不够，政产学协同创新能力有待进一步充分发挥，等等。本文具体剖析粤港澳大湾区高等教育集群发展存在的问题如下。

### （一）制度创新和协调机制不够完善

为建设粤港澳大湾区高等教育共同体，打造国际教育示范区，粤港澳大湾区高等教育制度创新的力度有待提高，体制机制的包容性和灵活性有待加强。在"一国两制"环境下，粤港澳三地高

---

① 王庆：《大学集群关系型交易与三维资本整合》，《经济与社会发展》2006 年第 10 期。

等教育的体制和运行机制存在较大差异，主要表现在高等教育发展理念、治理模式、人才培养模式、高校课程体系等方面，高等教育集群化发展面临高等教育体制机制不协调、不匹配的问题。尽管近年来，粤港澳三地在高等教育领域的合作机制与模式不断升级，比如随着中外办学模式的兴起，继香港中文大学（深圳）落地深圳后，香港大学、香港科技大学、香港理工大学、澳门大学也将在内地设立分校或研究院；但没有专门的机构对此进行顶层规划和协调，内地城市之间的利益分配协调机制不完善，可能造成广州、深圳等地的高等教育强者愈强，其他城市弱者愈弱的格局。更重要的是，大学集聚而形成的集群中的各所高校并不是同质化的，而是呈现出异质性、多元性和开放性，除了研究型大学，还有地区型大学、行业型大学、职业技术等类型的大学，创建新的创新生态系统。大学的属性趋同和同类竞争等问题，会阻碍协同创新集群的形成和合力的形成。

**（二）高等教育要素尚未实现自由流动与优化配置**

当前，粤港澳三地在高等教育人力资源、经费投入、科研设备物资等创新要素的流动上仍存在不少障碍。一是粤港澳大湾区科研人员缺乏来自上层和院校的激励以开展跨境高等教育合作，自我驱动力不足，学术交流及合作研究面临办理通关证件手续烦琐、逗留时间有限等问题。二是由于内地与港澳在相关福利保障等方面存在制度差异，对人才流动造成了较大影响。如内地与港澳子女教育、医疗保障、税收体系不同，导致部分港澳居民在内地无法享有与港澳地区一样高的社会保障福利。三是在经费、数据、设备、仪器和图书等科研资源的流通方面，未能达到共用共享，缺乏联合科研合作平台和联合实验室等。在大科学装置、重点实验室、大型科研仪器设备、科学数据、专家库等创新资源的共享上还不充分，资金配置效率、科研资源使用效率还有待提高。

### （三）高等教育集群发展的深度和广度不够

近年来，粤港澳大湾区在高等教育集群发展的战略选择上尽管已达成了共识，但在发展模式方面还处于探索期，粤港澳三地高等教育在人才培养和科研合作方面的深度和广度还需加强。一方面，粤港澳三地高等教育集群形式单一，目前主要以粤港澳高校联盟和专业联盟的形式为主，仅在部分学科领域开展合作。港澳可申报的内地科研项目在经费和类型上也有一定限制，三地科研合作产出的科技成果还较为有限。另一方面，粤港澳大湾区高校之间、高校与企业之间协同发展仍不足，如香港拥有 5 所进入世界 100 强的一流大学，澳门在旅游等学科方面具备优势，但三地高校、科研院所、企业的产学研合作信息不对称，导致高校科研优势未能与产业链优势有效结合，实质上的技术支持和推广较少，未能转化为有效的现实生产力。

## 三 推进粤港澳大湾区高等教育集群发展的政策建议

推进粤港澳大湾区高等教育集群发展涉及多项工作的统筹安排，需要切实可行且有效的实施路径。基于上述粤港澳大湾区高等教育集群发展存在的薄弱环节，下面从三个方面提出政策推进方向。

### （一）建立协同创新的制度和体制机制

鉴于粤港澳大湾区高等教育制度和体制机制存在重大差异，有必要研究成立高层次领导机构，统筹协调跨区域高等教育合作。一是推动高等教育职能部门的协同。探索成立粤港澳大湾区高等教育协同发展领导小组，全面统筹粤港澳大湾区高等教育发展战略及规划，解决在粤港澳三地教育合作过程中碰到的一些重大关键性问题，通过由上至下和由下至上双管齐下的方式构建高等教育合作联盟。二是努力推动制度创新和政策协同。在允许的范围内，探索建立新型的高等教育治理模式和现代大学制度，鼓励不同主体的大学在高等教育体制机制方面有新的尝试，实现分类发展和区域协同。如研究联合培养项目管理办法、科技资源开放共享办法等。三是尝试互惠互利、成本共担的新型合作机制。研究成立互认学分、互认资质的人才培养项目，成立粤港澳大湾区科研合作基金，召集粤港澳三地科学家对与粤港澳大湾区利益攸关的重大科技项目进行联合投入、联合攻关，实行产权共享和风险共担。

**（二）促进高等教育要素高效有序流动**

发挥市场和政府的双重作用，破除要素流动的障碍，促进人力资源、教育资金、设备物资等资源要素在粤港澳大湾区城市群内高效流动。一是促进人才自由流动。推动落实人才跨境流动所需的通关、教育、医疗、社保等配套便利服务措施，简化学术交流通关手续，尽量满足港澳人才在内地工作生活的需求。二是提供访学交流机会，鼓励粤港澳三地高校以互聘、兼职、访问、客座教授、专家等形式聘请三地人才担任高校学术带头人和科研骨干，促进教师交流合作。三是为学生在粤港澳大湾区跨境流动提供一体化的就业市场和公平公正的市场环境，实现人才共育，即培育的人才可以在粤港澳大湾区不同校区接受教育，毕业后可以在粤港澳大湾区各个城市就业创业。四是牵头设置大型科研合作平台，统筹使用科研经费、设备和物资，同时建立市场化的科研成果转化机制，使科研成果可以为三地共用。

**（三）以高等教育集群优势推动产教融合式发展**

粤港澳大湾区要建设成为国际科技创新中心，必须推进高等教育集聚发展，深化产学研协同创新，促进不同创新主体实现优势互补。高等教育集群在集聚发展的过程中逐渐形成人才优势、知识优势、创新优势和研发优势，其引领作用是区域经济发展的有效引擎。可以考虑的推进路径如下。一是围绕优势学科深化三地科技协同创新。重点围绕生命科学、海洋科学、信息科学、材料科学、金融等区域优势学科领域，采取三地共建等模式，布局科技重大项目、重点实验室和科研平台，提升颠覆性、原始创新能力。二是以地理邻近、产业关联和文化融合，促进技术扩散和科技成果产业化。鼓励以高等院校密集的广州、深圳、香港、澳门为轴心搭建区域创新网络，将高等教育优势延伸至产业集群，推动科技成果与产业、企业需求有效对接。比如鼓励华为、比亚迪等高科技企业联合粤港澳大湾区的大学开展人才计划，开设联合实验室等。三是支持粤港澳青年创新创业和教授兼职创业。粤港澳联合成立高新产业园、孵化器和创新创业基地联盟等，允许教师校外兼职或履职产学研岗位，推广应用自身科研成果，支持粤港澳高校毕业生跨境开展创新创业。

# 中外合作办学助力粤港澳大湾区
# 建立国际教育示范区[*]

李海滨　　于茗卉

中外合作办学，是我国提升高等教育国际化水平的重要途径，通过引入世界一流学校（尤其是高等院校）先进的办学理念、管理模式、人才培养方式及教学方法等，以开放促改革，最终实现走出去与国际教育接轨的目标。2019 年 2 月，中共中央、国务院印发《粤港澳大湾区发展规划纲要》，明确提出："支持大湾区建设国际教育示范区，引进世界知名大学和特色学院，推进世界一流大学和一流学科建设。"共同打造珠三角的教育高地，以适应世界大学发展新格局、区域创新驱动发展的新需求。该文件明确了粤港澳大湾区在中外合作办学中的先头兵作用，并提出引入"一流大学"和"一流学科"的目标，对大湾区未来高等教育国际化建设提出了高质量的要求。

根据教育部公布的中外合作办学数据，截至 2019 年底，在广东省内设立的中外合作办学机构共有 8 个（含与港澳地区合作），位居全国第四（仅次于上海、江苏、辽宁）；中外合作办学项目有

---

* 原文完成于 2020 年 3 月。

25 个（含与港澳地区合作）。<sup>①</sup> 同时，全国共有 9 个具有独立法人资格且可进行本科招生的中外合作办学机构，其中广东省有 4 个，即香港中文大学（深圳）、北京师范大学-香港浸会大学联合国际学院、广东以色列理工学院、深圳北理莫斯科大学。尽管广东省的中外合作办学机构和项目相对较多，但离国际教育示范区的建设目标还相差甚远。

本文重点指出国内在中外合作办学方面的问题，并指出这些问题其实具有一定的普遍性，是在大湾区的建设中有可能存在，但必须避免的问题，并展望其未来发展。

# 一　当前国内中外合作办学存在的不足

目前，我国中外合作办学模式的发展障碍及问题主要表现在以下几个方面。

**（一）中外合作办学项目过度商业化，"经济人"行为突出，出现"扎堆式""一窝蜂式"引入和较多低层次项目的状况**

在市场经济发展的今天，部分高校开始扮演"经济人"的角色，用纯粹的成本-利益思维来考虑中外合作办学，出现了部分机构和项目"扎堆式""一窝蜂式"引入状况，完全迎合市场，通过吸引学生来实现增收，导致了三个发展不平衡的问题。（1）呈现鲜明的地域和省份不均衡分布，加重了既有教育资源不均衡的问题。黑龙江、上海、江苏、北京等是目前中外合作办学较为集中的地区，大约有 50% 的本科中外合作办学项目分布在这些地区。东部沿海地区教育市场较为成熟，人财物力资源集中，教育对外开

---

① 此外，广东省教育厅公布的 2018 年数据显示，广东省有 17 所高职院校获得中外合作办学项目资质，有 16 所院校 35 个专科层次中外合作办学项目。

放程度高，因此中外合作办学规模大，合作双方资质好，共同开发课程比例高；西部地区整体社会经济发展落后，对于优质教育资源的需求更为迫切，但其中外合作办学规模小、数量较少，发展明显滞后；而中部地区与全国整体发展水平相当，但在师资队伍建设以及引进课程与教学资源方面有较大提升空间；此外，值得注意的是，东北地区在中外合作办学方面普及度较高，地域性特点明显。（2）从开设学科来看，出现商科、管理学科等过于集中、重复办学的现象。中外合作办学开设的大多是商学和国际研究这些无须很大投入就可以运行的学科，但实际上，这些学科在中国并不缺，虽然这些低水平重复办学的问题已得到有效控制，但是学科专业分布过于集中的问题仍有待解决。如果一直这样下去，中外合作办学很难实现可持续发展。（3）不同办学层次结构不合理，且质量参差不齐。从中外合作办学项目来看，不同学历的办学项目数量比例悬殊，以本科办学为主（约为80%），呈现参与院校多、涉及专业广的特征，而参与研究生及以上高层次办学的高校相对较少。甚至部分地区出现了所谓"野鸡大学"和虚假大学，利用国外大学的"品牌"来获取利益。

**（二）中外合作办学项目越来越"本土化"，缺乏真正的学习和借鉴**

中外合作办学作为一种新的教育形式，名义上是两国院校合作建立新的学校或机构，但目前存在办学内容和管理方向两个"本土化"。（1）出于低成本和面向市场的考量，一些合作办学项目和项目所开设的课程明显表现出本土化教学、本土化师资、本土化大纲要求，外方引入部分较少甚至没有。例如，引进外方的专业核心课程以及外国教育机构教师教授的专业核心课程门数和教学时数，尚不足全部课程的1/3。这远远达不到教育部的相关规定，失去了中外合作办学国际化特色，也没有实现对先进教学内容和模式的引入。（2）大部分中外合作办学机构或项目并没有引入外方校本部的管理体系，对于国外高校中管理经验的借鉴较少。几乎所有大学的中外合作项目在启动时，都宣布要采用董事会（理事会）管理模式，建设教授委员会、学术委员会，负责教育和学术事务，但在具体运行时，除少数项目一直坚持现代大学管理方式外，很多中外合作项目与其他学科、专业一样，没有充分发挥教授委员会和学术委员会的作用。而且在中外合作项目论证设立期间，内地高校的教授委员会、学术委员会往往是缺位的，主要由大学职能部门在牵头推进。

**（三）深层次看，分级管理层次不清晰，制度性保障不足**

中外合作办学一般采用高校自主申报、政府监管的模式。高校存在的"经济人"等行为，究其根本，是政府监管体系的层次不清晰和相关职能监管缺乏等造成的。（1）项目制度管理上的统一性和时效性问题，导致旧账、旧问题遗留过多，造成了目前管理上的困扰；（2）跨省份、跨区域的联合项目管理职能不完善，各部门之间缺乏协调性，导致统筹规划、宏观布局和实际的质量监管之间存在差距；（3）尚没有形成完整的项目评估程序、科学的评估工具、专业的项目评估团队，对于中外合作办学项目的引入、运作等没有形成科学系统的评估，容易出现引入质量低下等问题；（4）中外合作办学项目的质量监管等信息平台建设也尚在起步阶段，信息透明度和公开化程度不高，来自学生、家长、社会、媒体等方面的社会监管力量薄弱；（5）对于办学质量存在明显问题的院校，政府尚没有完善相关的教育消费者维权规章制度等，导致学生维权困难。以上这些共同导致了中外合作办学制度保障性不足的问题。

## 二 大湾区加强中外合作办学的探索性思考

中外合作办学作为一种新的教育形式，替代了部分自费出国留学，扩大了教育内需，理应在目前的高等教育体系和未来的高等教育融合中发挥更大的作用。我们指出目前中外合作办学存在的问题，并非否定其发展的重要性，而是在整顿当中回归合作办学的"中外借鉴"的根本目的，同时反思政府与市场的关系，以及思考如何平衡"本土化"与"国际化"。在某种意义上，目前我国中外合作办学中存在的问题，也是未来粤港澳大湾区办学应当注意的问题。对此，我们深入反思我国中外合作办学模式中的普遍性问题，立足于大湾区高等教育长远发展，提出未来大湾区建设应当避免或需要注意的问题，并提出改进的可能方案。

**（一）分类型、分层次地甄别中外合作办学，有针对性、合理地进行区域性布局，加大高质量办学的力度**

中外合作办学，并非简单地引入机构和师资，而应当结合本地高校的办学基础和优劣势学科，考虑本地和区域化的中长期发展规划，在考虑专业和项目的实用性的同时，重视其发展的前瞻性和引领性。最为重要的是，要重视借鉴办学中的管理经验、教育理念和发展理念，实现与本地教育发展需求的有效结合。

其一，在广州等基础教学资源较为丰富的地区，应当以引入高质量的学科、项目为主，加强中山大学、华南理工大学等高校的以专业人才培养等为方向的合作办学项目，尤其是依托学校已有的优势学科，重点发展大数据与数据科学、新能源与能效管理、现代生物信息工程、经济金融与物流、新型材料科学等学科，并给予政策倾斜，加大资金等支持力度。

其二，在深圳等自身教育基础较为薄弱，但产业发展需求迫切的地区，应当引导高水平、高质量的合作办学机构，发挥国际教育合作的引领和示范作用，同时应当重点加强产学研协调创新体系建设，以学科引入、项目合作的方式为主，以教学机构引入为辅，重点在新型和前沿交叉学科领域开展合作办学，侧重满足战略性产业转型升级的需求，重点发展人工智能、物联网等创新产业。

其三，在东莞、中山等本地经济发展需求迫切，且具有一定教育基础的地区，应当适当引入高职高专类高校，结合本地优势行业发展需求，旨在培养直接的对口人才，解决就业，促进行业发展和本地经济发展。

**（二）给予独立设置的中外合作大学较大的办学自主权，构建合作主体共同管理、分工负责的共管机制，以推动双方优势互补、扬长避短的合作**

重视中外合作办学中管理经验的借鉴，在引入国外优秀高等教育机构时，让独立设置的中外合作大学拥有较大的办学自主权，其治理模式应该为之服务。这种治理模式的核心是要构筑中外合作大学合作主体共同管理、分工负责的共管机制，构筑中外合作大学合作双方优势互补、扬长避短的互补机制。

例如香港中文大学（深圳），是深圳市政府引入的中外合作办学项目，但深圳市方面基本不参与学校的教学管理、师资聘请、课程设置等活动，主要引入香港中文大学的办学理念和学术体系，沿用其与国际接轨的理事会管理机制、理事会领导下的校长负责制，采用香港中文大学学术质量控制和学位颁授标准，并由其教务会负责审批与教学有关的事宜。这就解决了以往中外合作办学模式当中合作"嫁接"的问题。究其原因，中外合作办学是希望借鉴和学习国外优秀高等院校的管理经验和管理框架，而只有在合作办学项目中深入贯彻其教学理念，才有可能实现优秀元素的引入。

这种经验借鉴，也应当做好优质教育资源的合理引进与有效利用，加强能力建设，促进人才培养模式和教育教学改革。过去几十年间，我国不乏这类成功案例，例如上海纽约大学，不仅引进数学、数字媒体等美国纽约大学多个优势课程，还合作开发出新专业课程，编写了新教材。中国政法大学中欧法学院结合中外双方学科特色，着力培养具有国际视野、通晓国际规则的法律专门人才，为我国法学教育事业的发展以及中外合作培养"中西贯通的法律人才"积累了宝贵的办学经验。

**（三）构筑中外合作大学特殊、有效的监督机制，并建立和完善退出机制，以实现中外合作办学的质量提升**

应该针对中外合作办学特殊的课程结构、办学目的，构筑中外合作大学特殊的、有效的监督机制，对中外合作办学项目和机构的项目审批、项目运营、资金运转、学历认证等全环节进行有效的、定期和不定期的评估核查。

应该建立和完善退出机制，构建合作办学项目全链条闭环监管体系。对此，应当在建立健全监管机构的前提下，对于合作状况不好、运转不成功、教学质量低下的项目进行评估鉴定和合理整顿，对于在既定时间内相关问题无法得到改善的机构，应当建立明确的退出流程，降低有可能造成的影响。

应当建立成功经验共享机制，激发基层创新能力。对于大湾区内中外合作办学项目应当及时评估，对于成功经验可以上升为法规政策，作为区域共享案例。

**（四）加强粤港澳大湾区合作办学**

粤港澳大湾区已经具有了足够数量的大学，问题主要是大学资源整合不足。现在香港在大湾区设立的分校基本上是重复行为，这个模式并不可行，我们可以鼓励香港大学、香港科技大学、澳门大学等在粤布局分校区、实验室、研究中心等。大湾区大学数量已可有效支撑其发展，但需要更多的技术类学校。今后的发展策略也许应该重点引进国际排位前 200 名的高校新建具有独立法人资格的高水平中外合作大学或非法人资格的二级学院，注重加强与世界知名的富有特色的单科性大学合作。

# 香港高等教育发展经验对粤港澳大湾区的启示[*]

李海滨

高等教育对培养人才、提高国民文化素质和劳动生产率、提升国家竞争力等都具有极其重要的战略意义。当前，我国高等教育发展的核心任务是全面提升人才培养、科学研究和社会服务质量，建成若干所世界一流大学，早日跻身高等教育强国行列。香港是中西文化荟萃之都，其世界一流大学的建设既注重中国传统文化，又吸取了国际先进经验。香港是世界高水平大学最为集中的城市之一，是后发外生型国家或地区学习的典范。因此，研究香港高等教育管理模式，总结香港地区的办学经验，把香港作为大湾区教育改革的样本，对推动珠三角的高等教育发展，促进大湾区向知识型经济发展和提高大湾区竞争力具有重要的借鉴意义和启示作用。

## 一 香港高等教育发展经验

香港高等教育能取得如此优秀的成绩，其原因除了与其经济

---

\* 原文完成于 2019 年 6 月 11 日。收入本书时有删改。

转型相关的高等教育政策有着重要的关联，还可以归结为以下四个方面。

**（一）明确大学的角色定位，提倡各院校共展所长、特色发展**

《香港高等教育：共展所长，与时俱进》报告中明确指出，香港高等教育迈向卓越的关键在于各院校明确并努力发挥自身优势，并且侧重公共资源的优化配置以期提高资源使用效率。在此理念指导下，香港大学教育资助委员会（以下简称教资会）确定了 8 所重点资助的院校并对它们进行了角色定位与划分，以建立多元化而互相紧扣的高等教育体系，如表 1 所示。由于香港各大学在角色、功能、特色上有着比较明晰的定位，且各大学均有自己独特的理念和使命追求，既避免了各校的重复竞争，又帮助各院校发展各自特色。

**表 1　香港各院校的角色定位与划分**

| 资助院校 | 教学任务 | 研究任务 | 需具备国际竞争力水平的领域 | 角色划分 |
|---|---|---|---|---|
| 香港大学 | 学士学位和研究生课程 | 从事研究专长领域研究 | 教学与研究专长领域 | 从事尖端科研工作，发展教学和推动终身学习，为知识型社会和经济提供支援 |
| 香港中文大学 | 学士学位和研究生课程 | 从事研究专长领域研究 | 教学与研究专长领域 | 从事优质教育、研究、社会服务，为全中国及亚太区域发展做出贡献 |
| 香港科技大学 | 学士学位和研究生课程 | 从事研究专长领域研究 | 教学与研究专长领域 | 带领传统工业转型，推动新兴高增值工业增长，促进经济与社会发展 |
| 香港城市大学 | 学士学位和副学士专业课程 | 以应用型研究为主 | 教学与研究专长领域 | 注重高增值的教育课程，培养全人发展和专业能力与技能 |
| 香港理工大学 | 学士学位和副学士专业课程 | 以应用型研究为主 | 教学与研究专长领域 | 培育全面发展且具有专业能力的学生 |

续表

| 资助院校 | 教学任务 | 研究任务 | 需具备国际竞争力水平的领域 | 角色划分 |
|---|---|---|---|---|
| 香港浸会大学 | 学士学位课程 | 促进教学发展 | 教学与研究专长领域 | 提供既具启发性又具创新性的本科生教育，培养求学者的价值观 |
| 岭南大学 | 学士学位课程 | 辅助博雅教学课程 | 教学及研究专长领域 | 开办具有东西方最优秀博雅教育传统的通才教育课程，为所有学生提供广阔的学习领域 |
| 香港教育大学 | 学士学位课程、专业教育和深造课程 | —— | 教学 | 支援香港的学前教育、中小学教育及职业培训 |

资料来源：《香港高等教育：共展所长，与时俱进》报告，2004。

1996 年，香港教资会发布"卓越学科领域计划"，提出要建立具有卓越学科领域的世界一流学府。"卓越学科领域计划"是香港高等教育从大众化教育转向追求卓越的标志。"卓越学科领域计划"对"卓越学科"的选拔主要立足香港社会经济发展的战略需求，并基于以下三个标准。（1）就"卓越学科"项目而言，第一，要求所有"卓越学科"项目必须具有达到国际水平的条件，即确保世界水准；第二，"卓越学科"项目必须对香港的社会、经济发展起到积极的推动作用；第三，"卓越学科"项目必须有发展空间，即能够在现有研究基础及成果之上再进一步发展。（2）就参与"卓越学科领域计划"的院校而言，所提交的项目初步建议书必须充分发挥院校有关学科上的既有优势，突出学科特色。（3）就参与"卓越学科领域计划"的人员而言，必须具有相关专业背景和能力，能够发挥极高的科研潜能，且能高效管理项目。"卓越学科领域计划"的实施，注重将有限的资源优先配置到最优的学科领域和最有发展潜力的院校，以追求卓越。在该计划实施的过程中，香港教资会对项目的甄选以项目所属学科具有发展前景、有机会达到国际领先水平等作为筛选标准，而院校自身的发展状况并不会影响项目的评审与资助。

总的来说，香港高校门类齐全、定位准确，每所院校都有自身独特的亮点和价值取向；不同类型的大学有不同的分工，各自扬长避短，办出具有特色的学校。如香港大学在商学、临床医学、化学、植物学和动物学等方面的研究居世界领先地位；香港科技大学在纳米科技、电子资讯等领域走在国际前沿；香港中文大学在中国研究、生物医学、通信信息、经济与金融、地球信息与地球科学领域尤为突出，接近世界一流水准；香港理工大学及香港城市大学是英式研究型学院，用来培养高端人才；香港浸会大学及香港岭南大学则是推动通识教育的博雅型学院；香港教育大学的职业学院教育体现了社会需求和职业服务的要求。

**（二）重视高等教育质量，有完善的质素保障机制**

高等教育的普及化给教学质量带来了挑战。此外，由于许多大学排名系统均强调科研成绩及国际化的表现，为避免大学在追求更高排名的同时忽视教育质量，香港教资会于 20 世纪 90 年代引入"研究评审工作"及"质保局质素核证"等质素保障机制，并设立专门机构——质素保障局（Quality Assurance Council，以下简称"质保局"），定期进行评审活动，以确保由其资助的院校能够提供高素质的教育及进行高质素的研究发展工作。香港教资会一方面大力发展学生评价与雇主追踪调查，另一方面也辅助高校设计发展定位、监督发展规划，其目的是力求使高等教育在配合市场、消费者的需求以及追求卓越两方面获得双赢。

质保局主要通过定期在各院校进行质素核证，帮助具备自行评审资格的院校反思其校内质素保障机制是否切合所需（即"Fitness for Purpose"），以确保教资会资助的院校提供的所有课程的教育质量得到保证并有所提升。质素核证的方法是以 ADRI 模式对教资会资助院校的教与学的质量进行审核。ADRI 模式包括：（1）"方向"（Approach），即院校的教与学的目标与方向是什么；（2）"部署"（Deployment），即院校为达到目标而采取的措施是什么；（3）"结果"（Results），即有何证据证明院校完成了目标；（4）"改进"（Improvement），即院校做了什么努力以求改进与提高。

此外，香港高校普遍建立了"学系评估"和"课程评估"，以保证教育质量。学系评估一般每五年一次，评审团由校内外专家组成。学系评估的核心是推动学系进行自我监督，对自身工作进行持续评价，并提出改进策略。课程评估包括设前评估和设后评估，由课程管理委员会负责。设前评估主要对课程是否符合学校目标定位，人才培养是否适应市场需求，师资、设备等条件能否满足教学需要等进行评判。课程实施后，也要每年进行检讨，并每五年进行一次全面重估。教资会要求参与院校在项目开展的每个阶段提交项目进度报告。在审阅项目进度报告之外，教资会也会在项目的不同阶段通过与项目小组成员面对面交谈、实地考察等方式进行实地探访，以确保项目的质量和进度，并根据具体的监督考评结果确定后续的资助额度和经费拨付。

**（三）重视高等教育国际化发展，鼓励院校迈向国际化和多元化**

香港特区政府非常重视高等教育的国际化发展，鼓励院校迈向国际化和多元化。香港高校在能反映高校国际化水平的代表性指标（留学生和外籍教师的数量和比例）上的表现均很出色。香港高校向全球招收创新拔尖人才，同时通过一系列课程和学术交流合作计划，扩大国际生源比重。2017～2018 年度，香港 8 所大学在校生共计 100206 人；其中，非本地学生 17048 人，达到 17%。这一比例和欧美发达国家普遍 10%～20% 的比例（澳大利亚留学生占在校生总数比例达到了 19.8%，英国为 16.9%，法国和德国约为 10%）相当。为了落实校园国际化的目标，香港各大学制订多项计划来扩展香港境外学生的招收和本校学生海外的交换工作。例如，香港大学制订"香港大学世界联系网"计划，为校内 10% 的学生提供到海外学习的机会，并录取同等数量的外国留学生来校学习。截至 2018 年 9 月，交流机构的数目达到 360 个，分布于 44 个国家。生源的国际化有利于培养学生的国际视野，也营造了良好的国际化办学氛围。香港高校设置丰厚的奖学金，吸引了众多来自世界各地的学生。香港高校本科生中非本地学生比例为 24%，研究生中非本地学生比例为 42%，远远超出世界高收入国家该项指标的平均水平（10%）[①]。

香港高校的国际化还体现在教职员工的国际化。香港高校十分重视招聘国际一流人才，并为员工提供优厚的工作待遇。目前，香港 8 所大学的外籍教师占比已超过 40%。即使是本地的教师，绝大部分都有海外留学背景，一些名校的教师更是加州理工学院、牛津大学、斯坦福大学等世界顶尖高校毕业的博士生。如香港大学国际教授（不含客座教授和名誉教授）的人数为 581 人，占教授总数的 56%，其中，近一半的国际教授来自欧美发达国家；香港科技大学现有的 450 名教授均有留学背景，其中 75% 的教师具有世界一流大学博士学位。国际化的师资不仅促进了香港高校教学与研究水平的提高，也为香港高校与世界一流大学架起了沟通的桥梁。

**（四）政府对高校的财政投入力度逐年增加，以支持高等教育发展**

经费投入是教育事业发展的物质基础和重要保证。自 20 世纪 80 年代以来，为推动高等教育发展，香港特区政府一方面鼓励高

---

① 参见 2018 年教资会统计数据，https://cdcf.ugc.edu.hk/cdcf/indepthAnalysis.action。

校积极面向社会，加强与企业的合作，获取经费，同时吸纳校友和社会人士的教育捐助；另一方面持续加大财政投入。

教资会在研究了世界高等教育发展趋势后，认为单靠政府财政投入并不足以支撑香港高校成为世界一流大学，政府应该放宽管制，使高校在财政和规划方面有更大的自主权，应引导高校参与市场竞争，引入非政府渠道资助。为加强各高校的市场筹资能力，教资会从 2009 年开始，每年拨出 5000 万港元推动各高校参与知识转移工作，包括大型合作研究、注册及授权专利、统筹顾问项目及成立附属公司等，这极大地提高了高校的经济实力。

## 二　对大湾区高等教育改革的启示

把香港作为大湾区教育改革的样本，把香港经验引入内地的大学。目前内地已经有一些试点，如香港中文大学（深圳）和香港科技大学（广州），对推动珠三角的高等教育发展，以及促进大湾区内部高等教育融合，具有重要的启示作用。

第一，明确和优化学科设置，加强"院系评估"和"课程评估"，以保证教育质量。在学科的设置上依据三大原则：一是学科能服务本地，辐射全国，专业不仅要有利于本地区的社会经济以及文化发展，更要助力中国的国家发展建设；二是学科专业能吸引到一流的学者做带头人；三是经费的配置能与合适的人才队伍相匹配。具体到专业的教学安排上，也是经过慎重的权衡和周密的设计。一是考虑院系和学校的地理位置和学术环境、社会的需求、地区经济能够负担的规模；二是系内部的课程设计，考虑本校和本系的优势和劣势，不因人设系，先计划本系的特色和局限性，定位之后才去聘请对口和适任的教授，并且尽量避免重复授课。院系评估的核心是推动院系进行自我监督，对自身工作进行持续评价，并提出改进策略。课程评估可以包括设前评估和设后评估。设前评估主要对课程是否符合学校目标定位，人才培养是否适应市场需求，师资、设备等条件能否满足教学需要等进行评判。课程实施后，也要每年进行检讨，并每隔三到五年进行一次全面重估。

第二，大力引进人才，重视教师的梯队建设；规范研究激励机制，保持学术活力。大学既要强调一流人才的引进，也要重视教师的梯队建设。对于教学科研岗的教师采用面向世界招聘的方式，程序完全开放，充分利用互联网、学术界的人际关系网以及相关学科出版物等大量发布招聘公告。此外，对"永久职"的评核过程要严谨，新聘讲师或助理教授运用一期三年的合同，聘用两期，即六年后才决定是否颁予永久职。借鉴香港科技大学的经验，规范研究激励机制，保持学术活力。香港科技大学短期内取得研究成果的巨大进步得益于其完善和规范的研究激励机制。香港科技大学在资助管理上目标明确、赏罚分明、评估严格，既保证了财政资源得到有效利用，研究项目得到恰当支持，又维持了经费使用的干净与效率。在保证经费数量的同时，学校主张各院系建立监督机制，追踪教授的工作进度和项目完成率，防止教授只求量不求质。此外，对教授的额外收入进行规范和限制。教授必须向学校报备自己从事的校外商业咨询活动，并避免参加与学校利益冲突的活动。在报备后，校方与聘请教授的校外机构也需签订同意书，使其咨询活动合法化。同时采取相对烦琐的程序对教授的创收活动予以限制，以推动教师集中主要精力于教学和研究工作。

第三，运用网络建立外围联盟，同时，大力推行学生交流计划。珠三角高校可以运用自身的专业知识和教学能力，向大湾区内的中学、社会团体、科学馆、传媒等提供义务服务；同时可运用自身的科技成果和创新力量，与所在区域、全国和国际工商界建立合作关系并进行创业。另外，大力推行学生交流计划，制订"世界联系网"计划，在未来几年确保向校内至少10%的学生提供海外留学机会，同时录取同等数量的外国留学生来该校学习。

# 香港科技大学的得失经验对粤港澳大湾区的启示[*]

李海滨　邬　璇

自 1911 年香港大学建立以来，高等教育在香港的发展已有上百年历史，如今，香港高等教育体系在国际上享有一定声誉。根据《泰晤士高等教育特刊》世界大学排行榜以及最近公布的 2019 年 QS 世界大学排行榜中，香港科技大学（或简称科大）分别排名全球第 41 名和第 37 名。在香港地区排名靠前的三所高校中，香港大学与香港中文大学均为老牌名校，而香港科技大学建校不到 30 年，却能在学术研究和学生培养领域取得突出的成就。科大除了在 QS 排行榜上居香港第二位之外，还在《泰晤士高等教育特刊》评选的 2018 年全球顶尖 250 所年轻大学中位列第一，并在法国人力资源机构 Emerging 设计及德国市场研究公司 Trendence 公布的 2017 年全球大学毕业生就业能力排行榜中名列第 12 位，连续 5 年位列大中华区院校之首。

香港科技大学是香港乃至国际上后发型大学跨越式发展的典范，其发展的经验与教训对于中国教育发展有着重要的启示，对处在新兴阶段的粤港澳大湾区教育来说也有一定的借鉴价值。

---

\*　原文完成于 2019 年 12 月 17 日。收入本书时有删改。

# 一 香港科技大学的办学理念

20 世纪 80 年代，全球迎来经济转型的关键时期，高科技产业迅速发展。而当时香港的经济发展继续依靠经贸产业，相对忽视了科技与文化产业在现代经济发展中的地位，使得香港社会一定程度上错过了推动实质性转型的时机。基于这样的本土发展背景，香港科技大学在筹备时期提出的目标是要集中资源建立一所专攻高科技和现代企业管理的研究型大学，使之能在跨国界专业领域上与同类世界级院校竞争。香港科技大学赋予自身的使命是"透过教学与研究，增进学习与知识；协助香港的经济与社会发展"，将"成为一所具有国际影响力及对本地有承诺的领先学府"作为发展理念。这个发展理念可拆解为三个部分："世界观——作为世界级学府，在每一个精选的教研领域走在国际前沿；国家观——作为中国最优秀的大学之一，对国家的经济及社会发展作出贡献；地区观——作为本地区的主力分子之一，与政府及工商界通力合作，把香港发展成为以知识为本的社会。"从这些文字中不难看出科大对学术研究的高度重视、推动本土发展的社会责任感，以及融入国际社会的视野。

# 二 香港科技大学的办学经验

## （一）以科学与技术作为发展的重点

1991 年科大创校，它面临的政治环境是，香港回归祖国，在"一国两制"原则下实现平稳过渡；在经济的大环境方面，香港产业发展错过转型关键期，遭遇金融风暴，科技行业尚未发展；在社会的大环境方面，回归后港人拥有了参与论事的权利，各路思潮有了表达平台，同时贫富不均的问题日益显现。在这种复杂且迅速变化的大背景下，香港社会迫切需要整合资源建立一所研究型大学。因此，科大便以科学与技术作为发展的重点，以应对复杂的社会环境，同时满足政府部门和社会大众的各种期望。办学至今，科大坚持在科学技术领域的原创研究，拥有多项专利及授权发明。

**（二）在招募师资方面，科大坚持以华人学者为主体，兼顾全球学者**

由于科大的理念是不仅要服务香港本地，还要服务广泛的珠三角地区，加之当时的中国刚刚加入全球化的经济浪潮之中，因此科大重点吸引心系故土的海外华人学者，他们能够迅速地适应、更好地服务本土社会。当时香港的大学公共资助体系正好迎来全面升级——香港大学教育资助委员会基于平等竞争的原则向每所大学分配经费而非侧重老牌名校。科大便充分利用这一契机，将研究人员的招聘网络延伸至全球各大高校，以优厚待遇招募全球学者，为香港学界注入新思想，这为学校后来的迅速发展与扩张打下了扎实的基础。

**（三）在港校中率先开始从内地大学招收研究生，与内地高校建立合作研究项目**

与香港其他名校不同，科大服务本地社区的理念不仅指服务香港本地，更包括服务珠三角地区，因此学校在创办的头两年就开始直接从内地大学招收研究生。这个做法不但使科大的研究工作有内地研究生参与，与内地大学建立了最早的合作研究项目，对双方的研究工作都产生了正面影响；同时，也促进了内地学生和香港学生的交流，使他们熟悉彼此的文化习性和生活背景，甚至建立了良好的人际关系网，为以后的事业发展打下基础。

**（四）重视成果开发，鼓励教职员、在校生及校友等开展创新创业，并成立深港产学研基地**

把"成果开发"带入大学的正统管理层，是科大自创的制度，可以促进研发成果落地。科大于 1999 年设立"创业计划"，旨在帮助包括教职员、在校生及校友在内的科大社群成员创建科技创新企业，鼓励更多科学技术成果转化及造福地区经济和社会。在创业计划的支持下，科大社群成员成为核心研发力量，同时鼓励创业人员面向全社会招募团队成员，获得研究落地、经济发展、人才培养的多重效益。例如，以无人机研发生产为核心业务的大疆创新科技有限公司，就是科大创业计划培育的成功案例。知识转移和校友创业的成功案例还包括深圳唐仁健康科技有限公司，主要产品为"唐仁健康互联网跨境医疗信息平台"；深圳木成林科技有限公司，该公司的小雨伞保险特卖平台基于互联网大数据，为具有特定相似属性的人群设计专属保险特卖平台；深圳市深研生物科技有限公司由生物学领域的博士，计算器、电子、自动化等专业的硕士组成，基于拥有自主专利的哺乳动物细胞表达重组蛋白平台，着重研发重组蛋白药物；深圳金魔方互联网金融服务有限公司，主要产品"操盘侠"是为中国股民解决投资疑惑的服务产品。除了青年人才培养之外，科大与商业及产业部门紧密合作，推动科技创新和经济发展。香港科大研究开发有限公司服务于科大的商业合作，帮助研究成果实现商业化，在大湾区已经建立了一系列合作项目。

目前，科大在大湾区开展的产学研项目涉及四个主要领域，包括生物医药、新材料、海洋环境、自动控制等，这些重点领域亦充分符合国家对大湾区未来发展的战略规划。例如，在海洋环境领域，科大土木及环境工程学系的科研团队自 2004 年起，利用香港的海水冲厕系统循环研发"SANI 技术"处理城市污水，在香港取得成功经验后获联合国教科文组织邀请进行技术推广，以海水作为可持续水资源着重解决第三世界国家水资源匮乏的问题；在生物医药领域，科大的中药研发中心研制出新的提取技术，从传统中药夏桑菊里成功提取脂溶性有效成分，经实验证明能防止 H5N1 病毒入侵细胞，可用于禽流感及流感的预防与治疗。

## 三 香港科技大学得失经验给中国大学发展的启示

科大在初创期和发展期的经验对于中国教育发展有着重要的启示，对处在新兴阶段的粤港澳大湾区教育来说也有一定的借鉴价值。这些启示和借鉴价值包括以下几个方面。

**（一）明确自身的发展定位与目标，把握历史机遇成功实现对制度的学习与移植**

科大成功实现了在原有大学管理制度框架之外的创新，并实现了跨越式的发展。作为一所新兴的大学，它没有历史包袱，学校领导层能够更容易实现创新与改革，开拓一条新的大学发展之路。但这不是必然会成功的。在创立时，科大的管理者顶住压力，没有采用英国的书院制，而是学习借鉴了美国高等教育制度。他们认真分析了美国从东海岸到西海岸不同大学针对不同领域管理制度的特点，择其最优形成了一套适用于香港本地经验的管理制度。更重要的是，历任校领导不仅具有国际视野，更有面向大中华地区、服务中国发展的理想信念，使得科大依托中国尤其是粤港澳的蓬勃发展获得成功。

在发展期，科大密切与地方政府合作，积极推动产学研项目发展，为周边地区的产业升级做出重大贡献。这种长期性、持续性的产学研合作项目，也可以成为未来大湾区高等教育机构的学习方向。

**（二）规范研究投入，完善研究激励机制，保持学术活力**

利用政府的资助有所侧重地加大科研投入，固然是科大排名蹿升的原因，但更重要的原因是较为完善的激励机制。对比香港特区政府对香港各大高校的资助，科大并无特别的优势。科大能在短期内有如此蓬勃发展之势，很大程度上得益于其完善和规范的研究激励机制。

科大在香港大学教育资助委员会（简称教资会）研究专案拨款评审中通过率一直比较高，得益于学校在资助管理上目标明确、赏罚分明、评估严格。这既保证了财政资源得到有效利用，研究项目得到恰当支持，又维持了经费使用的干净与效率。院系和学校还会帮助没有得到教资会资助的科研项目寻求其他公共部门、社会和企业的财源支持。为了增加国际发表率，学校还有专门部门协助研究人员润色英文稿件。此外，在保证经费数量的同时，学校主张各院系建立监督机制，追踪教授的工作进度和项目完成率。学校和院系对研究项目管理采取两种检查方式。一是后继申请时的检查。申请者如果没有完成申请的项目，则下次再申请其他项目时，极可能被拒绝，这是看重申请者的研究信誉。二是聘用合同到期时的检查。在申请者聘用合同到期而要续约时，系内和院内的评审委员会会检查其研究项目申请次数和金额，并且与其出版成果做比较，作为一项重要参考数据，决定对其进行续聘、晋升或是解雇。

**（三）研究与教学并行，形成严谨的教师晋升与长聘的评审制度**

香港科技大学教师的聘用和晋升由各级教授小组负责，所有级别教职的初步评核都是在学系进行。评选助理教授时结论一致可由院级决定，不一致则送交校级再决定。副教授的评核在校级进行，由跨院教授小组进行终审，成员都是正教授。正教授级别的评核案例必须送交校长，校长与学术副校长讨论，酌情与校级教授小组商议。此外，科大对"永久职"的评核过程十分严谨，一般先签订一期三年的合同，六年后通过审核才决定是否颁予永久职。在科大初期探索的曲折中，很重要的一个教训是海外引进的资深教授和本地教授薪资收入差距太大引发的争议，导致本校培养的教职人员缺乏认同感和动力。有鉴于此，科大配平了教职人员间的薪酬待遇，保证了学校的平稳发展。而在评审教师任用的内容上，除了对教职人员的研究项目状态进行检讨，科大也为擅长教学的教师提供另一种上升轨道和留校渠道。教师可以根据自身实际情况向校方申请调整研究和教学任务在个人绩效考核中所占的比例。

科大这段发展中的插曲可以为很多当下正努力建设高水平大学的内地高校所借鉴。很多大学为了短时间积累学术成果，运用短期的高薪合同吸引学者尤其是年轻的学者进入高校。这种片面追求科研成果的做法不仅带来高校教师"重科研轻教学"的问题，同时高校内部教师多轨并存、薪资水平不平等的局面带来教师间的恶性竞争，导致诸多管理问题，不利于培养高校教师的共同体意识，更不利于营造大学和大学教职人员共同进步的良性成长氛围。

**（四）不足之处：重理轻文的发展理念导致人文社会科学落后于整体发展**

作为一所综合性的研究性大学，港科大虽然于创校之初坚持设立了理学、工学、工商管理、人文社会科学四大学院，但在实际上形成了以理学院与工学院为主力的格局。以专任教职工人数为例，2016~2017 学年理学院和工学院的专任教职工分别为 1060 名和 828 名，而工商管理学院仅 402 名，人文社会科学学院则为 467 名。这也体现在不同学科的研究成果数量上（见表 1）。

尽管如此，由于港科大是中国地区最早引进前沿社会科学研究方法的大学，其为内地高校输送了很多中生代的社科人才。但从一开始，港科大的人文社会科学科主要是为理工科服务。学校对人文社会科学科的定位是为理工科学生提供全人教育，并为科技创新提供政策和社会背景支持，服务于技术成果面向商业市场的转化。这使得港科大很难面向中国发展经验产生原创性的人文社科成果。这值得很多国内理工科大学警醒。

表1　香港科技大学不同学科历年研究成果数量

单位：件

| 学科 | 2009~2010学年 | 2010~2011学年 | 2011~2012学年 | 2012~2013学年 | 2013~2014学年 | 2014~2015学年 | 2015~2016学年 | 2016~2017学年 | 2017~2018学年 |
|---|---|---|---|---|---|---|---|---|---|
| 工学科 | 1001 | 1087 | 897 | 811 | 1219 | 1302 | 1238 | 1306 | 1490 |
| 理学科 | 808 | 856 | 787 | 647 | 902 | 889 | 926 | 1017 | 981 |
| 人文社会科学科 | 234 | 315 | 180 | 184 | 302 | 300 | 298 | 246 | 301 |
| 商科和管理科 | 111 | 148 | 94 | 111 | 183 | 169 | 153 | 158 | 205 |
| 小计 | 2154 | 2406 | 1958 | 1753 | 2606 | 2660 | 2615 | 2727 | 2977 |

数据来源：香港大学教育资助委员会统计数据。

# 旧金山湾区高等教育发展模式对粤港澳大湾区发展的启示[*]

李海滨　于茗卉

　　旧金山湾区的高等教育形成了分别以加州大学旧金山分校、斯坦福大学为中心的两个互补性高等教育集群。这两个高等教育集群通过对内纵向多校区大学建设、横向高校联盟两种主要形式，以及对外与企业之间建立紧密联系的方式，逐步形成了跨区域的高等教育知识网络和高等教育研发网络。这对当前粤港澳大湾区高等教育发展有着很重要的启示作用。

　　粤港澳大湾区是我国综合实力最强、开放程度最高、经济最具活力、最具发展潜力的区域之一。2018 年，其地区生产总值在世界四大湾区中排名第三，高于旧金山湾区。但从人均地区生产总值来看，粤港澳大湾区仍远低于其他三大湾区，仅为以高科技产业为主的旧金山湾区的 20%。我们发现，旧金山湾区拥有一流的、有序的、分层的高等教育机构，并与高度发达的科技型产业系统相互支撑、相互渗透，催生出强大的产业聚集和经济引领效应。因此，分析和研究旧金山湾区的高等教育发展模式，从中找出对粤港澳大湾区发展有利的经验，有着十分重要的意义。

---

　　[*]　原文完成于 2019 年 5 月。

# 一　旧金山湾区高等教育发展模式

目前，旧金山湾区形成了分别以加州大学旧金山分校、斯坦福大学为中心的两个互补性高等教育集群。加州大学旧金山分校引领的是由旧金山市内的包括旧金山大学、旧金山艺术大学、金门大学、多明尼克大学等高水平大学组成的高等教育集群；斯坦福大学引领的是南湾区的高等教育集群，包括加州理工学院、加州大学圣克鲁兹分校，以及圣克拉拉大学、圣何塞大学、米逊大学等7所州立、社区大学和10所专科学校，还有33所技工学校、100多所私立专业学校。这两个教育集群的发展逐渐摆脱了地理位置趋近的早期发展方式，通过对内纵向多校区大学建设、横向高校联盟两种主要形式，以及对外与企业之间建立紧密联系的方式，逐步形成了跨区域的高等教育知识网络和高等教育研发网络。

## （一）多校区大学建设 （Multi-campus University）

多校区大学建设是一个分层次的建设，以研究型大学为核心，包括综合类大学、社区学院等多类型、多层次的实体校园。旧金山湾区中有加州大学、加州州立大学和加州社区学院三个不同类型的大学体系，每个体系均采用多校区建设的方法进行校区扩张，从而实现同类型学校横向上和同体系学校纵向上的资源优化共享，保证了整个多校区大学系统是一个有机整体，并在一定程度上确保了资源配置的高效和有效性，在运行模式上实现规模经济所带来的利润和利益。同类型的大学在学术、科研等方面有天然的合作需求，由于其组织趋同性，可以在同一组织内部通过统一协调的方法，达到科研技术共享、科研成果交流等较为深层次的共享与合作，尤其是在特殊的基础设施和创新服务应用上，可以最大限度地降低重复的基础性研发，而着重于应用型研发的资源配置。

此外，重点强调由高层级的院校向低层级的院校提供和共享较多的优质资源，例如一定的研发成果、优秀的教师资源等，以此来促进低层级院校的发展，同时也可以保证不同层级院校之间的互通有无，保证资源的流动性。每个大学系统中总校和分校管理分层，只设一位总校校长，主要处理法律事务、系统规划以及宏观管理系统范围内项目，而分校拥有管理自己内部事务的客观的自治权，尤其在学术项目规划及决定开支、拟定人员聘用计划、进行采购和签约以及集体谈判等方面有相当大的自主权，这可以有效避免系统内的无序竞争、恶意侵占资源等情况，也可以给分校提供更有针对性的发展机会。

**（二）高等院校之间制订战略联盟计划，并引入互联网创造区域性的学习型群体**

目前，旧金山湾区硅谷内的高校之间形成了高校合作的联盟机制，不仅在学校内部拥有浓厚的学术交流的氛围，创造更为优越的教学资源的共享条件（例如传统的学分互换、学历互认等），而且在研究领域，不同的院系和院校之间进行学术探讨、学术合作，尤其是在高科技方面确立学术交流合作平台，形成了浓厚的高科技合作学术和知识资源共享的氛围，在知识交流的频度、广度和深度上营造了科技型文化氛围，已经形成了一个以研究型大学为核心，面向世界一流科技创新的教育和科研开发集群，旧金山大湾区也因此被称为"世界高新技术创新的神经中枢"。

随着现代化的进程，开放式资源共享和远程教育模式成为另外两种重要的资源共享形式。二者均通过网络的科技力量，创建一个区域性乃至世界性的学习型群体，使更多的学生、学者和群众可以公开、自由地分享知识与交流思想。例如斯坦福大学、加州大学伯克利分校凭借其突出的计算机学科的发展，联合提供了一系列的网上课程和网上公开课，并提供相对应的虚拟大学学历，这就在极大程度上促进了优秀教学资源的共享和普及。美国加州数字图书馆（California Digital Library）是加州乃至世界上最大的研究型图书馆联盟组织，依靠州政府的政策和资金支持，通过先进技术为伯克利分校、戴维斯分校等10所分校图书馆及周边社区提供服务。

### （三）高等院校与产业集群的合作与互动发展

旧金山湾区高等教育发展的另一个成功策略是在高等院校与企业之间形成了紧密的合作与互助关系。一直以来，旧金山湾区高等院校都具有创业型大学的性质，既强调学术研究和知识创新，也强调知识创新的实用性和功利性价值；既强调大学发展的"学术导向"，也强调大学发展的"市场导向"。目前，旧金山湾区内教育与产业发展之间已经形成了两个明显的发展特色。

第一，高等院校学科结构与产业结构动态协调发展。例如，硅谷早期发展就得益于斯坦福大学、圣克拉拉大学、加州大学等在计算机科学领域的科研优势，获得了世界领先的技术和先进的人才，因此可以成为世界微电子、计算机和信息产业的中心。旧金山湾区的高等院校也不断改革自身的学科结构和专业结构，适应企业对于不同专业的需求。硅谷内高等院校根据产业结构的发展需要，增加创业与创新课程，增加应用型学科和理工科比重，增加计算机科学、新材料科学、微电子科学、信息网络知识等新兴专业课程等。另外，大部分高校针对企业对不同层次人才和职工培训的需要，也增设了专项培养的培训班和短期培训课程。

第二，高等院校与企业设立科技成果转化和资金支持渠道。旧金山湾区在产业升级和结构调整中，将工业中心转移到以高等院校和科研机构为依托的科技园区内，将企业研发转交给高等院校，减轻了自身研发压力。以斯坦福大学为代表的"创业型大学"利用自身创新技术和创新人才集聚的优势，在校园内支持和鼓励学生创立、管理和运营公司。同时，该类型大学往往在由学校扶持的创新中心孵化的企业当中持有一定的股份，给予后者一定的资金支持，并对有特别发展潜力的公司进行大额度的投资。

## 二 旧金山湾区高等教育发展模式给粤港澳大湾区的启示

旧金山湾区的发展经验对粤港澳大湾区高等教育发展具有以下几个方面的启示。

**（一）以中外合作办学为框架，积极拓展包括多校区建设在内的多样化高校合作方式，加强深层次合作和先进管理经验的引入，形成互补式合作发展模式**

应当通过多校区建设，从港澳地区引入优质的高等教育机构，促进三地高等教育的优势互补；可以沿用港澳先进的管理经验，同时赋予内地分校区适当的自主权；加强不同校区之间的资源共享，促进三地之间高等教育资源的流动；不同分校区的建设应当增加对当地产业结构、经济发展的考量，重点建设相关产业学科，培养创新技术人才。

在合作办学项目的基础上，着重实施"研究生教育创新计划"，支持省内一流学科与境外优质的教育机构进行"联合培养"，对于粤港澳大湾区着力发展行业的研究生特别是博士生，应加强培养。可以联合粤港澳三方科研资源，共同推行产学研联合培养的"双导师制"，支持重点产业发展所需学科与相关产业之间进行"定向培养"。

**（二）应当深度挖掘香港、澳门与内地高校之间多样化、深入化以及制度化的合作战略发展**

应当利用粤港澳大湾区内丰富多样的高校资源，制订高校战略联盟计划，具体应当包括以下三个方面。

其一，设立粤港澳大湾区教育基金，用于"粤港澳高等教育区"的框架筹划与建设。其二，将更多学校纳入优质资源共享、共建的框架之中，一方面建立学历互认、学分互换制度，鼓励学生的流动和交流；另一方面加强高校之间教师和科研人员的各种形式的交流（包括学术会议交流、项目交流和短期交流等），以提高粤港澳大湾区教育的整体实力。其三，着重加强以科研为方向的合作，如：在进一步加大对符合产业发展定位的教育和科研投入力度的基础上，引入香港、澳门优势专业中的技术和人才资源，共同建设世界一流大学和科研机构，布局国家重大科研专项；允许香港、澳门符合条件的高校、科研机构单独或者与内地高校联合申请科技研究项目，并在资金使用上享受国家和广东省各项支持创新的政策；积极鼓励香港、澳门参与广东科技规划，优先推动香港、澳门中符合产业发展定位的科研中心和机构在内地落地，推动高层次合作项目。

与此同时，可以加强"互联网+"的作用，通过共享网上课程、网上图书馆、网上资料库等，进一步增强三地优质教育资源的互通和流动；优化大湾区内优秀人才交流、优秀成果交流的审核程序，从政策上鼓励三地之间开展合作科研、高层论坛，共享高层次管理经验、优质资源等。

**（三）借鉴旧金山湾区大学科技园模式，集中三地科研实力，重点搭建大学科技园区**

粤港澳大湾区的科技创新应当积极探索将既有的大学到企业的单向人才和知识流动的线性关系，转变为非线性的交互关联，这既包括知识和人才、资金的双向流动，又包括工业研究及商业经验向大学的扩散。粤港澳大湾区应鼓励具有条件的高校加强"双创"建设，加强校区及其周边"科技研究区"的建设与管理，在政策、办公条件和资金方面支持和鼓励研究人员、学生创立、管理和运营公司，并对有特别发展潜力的公司进行投资。

应当在广州、深圳等产业发展兴盛地区，引入香港、澳门优势科研力量，集中建设一批高质量的大学科技园区，通过基础资源的共享、学术氛围的营造，最终形成大学、研究机构和创新企业等多个相关群体高度融合的科创聚集地，实现各种创新要素自发地、不间断地优化互补发展，相互吸收并相互促进。

应当在科技园区中积极拓展"产学研投孵"模式，发挥政府的引荐作用，融入市场化的运作，搭建科创中心与创新企业之间的双向沟通渠道，集中建设一批技术创新孵化基地、创新产业园区和创业发展平台，通过专项的技术创新孵化、技术合作开发的项目来优化与加速其科研成果与相关企业的对接和科研成果的落地发展，同时不断衍生和孵化出新的科技型企业。

# 粤港澳大湾区高等教育合作与融合：
## 欧盟的经验<sup>*</sup>

李海滨　　张若梅

自香港、澳门回归以来，在中央政府相关部门和单位的积极推动下，香港、澳门与内地的教育合作交流日益密切。2017 年三地政府签署《深化粤港澳合作 推进大湾区建设框架协议》，进一步提出打造粤港澳大湾区国际化教育高地的设想。细数这二十年间的高等教育合作历程，可以发现三地已经形成跨境招生、合作办学、联合培养、共建产学研合作平台以及阶段性教师培训等常规合作体系。然而三地高等教育合作的深化仍然有巨大的空间，新的合作和融合模式仍然需要探讨，这些都需要国家及地方层面予以解决协调。本文在指出粤港澳大湾区高等教育合作存在的困境，并借鉴欧盟相关经验的基础上，提出有针对性的改进策略。

## 一　粤港澳大湾区高等教育合作的困境

当前粤港澳大湾区高等教育合作既存在需要国家层面予以解决的问题，也存在需要地方层面予以协调的问题。需要国家层面予以

---

＊　原文完成于 2018 年 8 月。

解决的问题有三。问题一，广东、香港和澳门高等教育合作缺乏积极的行政力量的推进，合作进程缓慢。截至 2017 年已经举行"粤港合作联席会议"22 次，其中多次强调将"创新模式合作"作为今后教育合作的理念，但缺乏后续合作细则。另外，会议所确定的多是"粤港澳高校联盟""粤港澳高校图书馆联盟""粤港澳一小时学术圈"等理念，缺乏实操性。问题二，广东、香港和澳门不同的行政架构导致合作项目的审批程序不同，可能影响未来三地高等教育合作的进程。问题三，港澳人员在内地尚未完全享有"国民待遇"，学习工作生活处处受限。目前港澳人员赴内地就业需要在当地政府办理"就业证"以及相关手续，登记备案时间长达 30 天，且需要本人亲自到当地台港澳人员就业中心前台办理，准备材料繁杂且等待周期较长。另外持"回乡证"在内地工作的港澳人员，因"回乡证"并不等于二代身份证，所以常在酒店登记、办理银行卡、订/取机票及火车票、网购及绑定银行卡、使用支付宝等方面遇到障碍。例如，港澳人员因没有二代身份证不能办理网上购票和取票业务，必须在固定级别酒店才可办理入住手续，等等。

需要地方层面予以协调的问题有四。问题一，广东、香港和澳门的优质高等教育资源分布不均。一方面，香港高校产能过剩，但缺乏优质生源。香港作为普及型高等教育社会，拥有香港大学、香港中文大学以及香港科技大学等多所世界一流院校，其中 6 所高校在亚洲排名前 50。但与欧美同水平名校相比，香港高校吸引世界一流生源的能力明显较弱。另一方面，广东虽然高校数量众多，但世界一流院校建设乏力。广东省普通高校数量达 141 所，其中 70 所集中在广州市。但在 2017 年 QS 世界大学综合排名前 500 的院校中，广东省只有中山大学一所高校入围。尽管近年来深圳集中力量兴办深圳大学及南方科技大学等高等院校，但与教育强市仍有差距。问题二，广东、香港和澳门的异质化学科结构未能通力合作。一方面，港澳学科结构单一，其高等教育培养结构已对就业环境产生一定负面影响，贫富差距过大和失业率逐年递增的窘境使得香港试图以科技创新寻找经济增长新优势，但其单一学科结构不能为科技产业提供所需人才。另一方面，广东省高校经济学、医学以及管理学在国际学科排名中远低于香港高校，如香港科技大学和香港中文大学的经济学专业入围 2017 年 QS 世界大学学科排名前 50，而广东省高校则没有学科上榜。但目前粤港澳优质学科资源并未形成优势互补，尤其是近年来粤港合作办学以及港澳赴内地办学等合作模式，其学科设置缺乏系统性和特色化，不仅未能将优质学科和优秀师资合理移植复制，还存在过度追求技术前沿、盲目开设科学理论课程的现象。问题三，港澳高校科研基础与广东成果转化平台尚未形成合力。香港多所全球顶尖大学和科研机构，以极具竞争力的薪酬和科研环境留住一流科研工作者，但因其自身市场较小、金融产业结构单一，以及缺乏工业基础支持，尽管科研实力雄厚但科研成果转化存在缺陷。而广东省极具规模的市场需求、相对完整的产业链以及科技创新园区的兴建，使其具有科技成果转化能力。然而两者的科技合作一直只是处于倡议阶段。问题四，广东省与港澳之间存在人才流动的需求但彼此往来意愿不强。一方面，香港和澳门在产业结构转型过程中需要大量科技型人才，"科技人才入境计划"和"输入内地人才计划"为香港引来超过 5 万名科技人才，其中仅 3% 从事信息科技业。原因在于香港缺乏大型科创企业，人才赴港无用武之地。另一方面，广东省对金融行业人才需求在逐年递增，"金融英才网"在 2017 年对全国金融行业人才招聘需求进行统计后发现，与2016 年同期相比，广东省对金融行业人才需求的涨幅高达 14.2%。但由于广东省金融行业人才平均薪酬远低于香港，可能会导致香港金融行业人才赴粤意愿不强。

## 二　欧盟的经验与启示

通过对上述问题进行分析，我们发现粤港澳大湾区高等教育合作既需要国家在制度建设方面为其扫清障碍，也需要地方在合作项目推进中加以协调。而欧盟多个主权国家间的高等教育合作经验，对解决湾区高等教育合作的问题具有一定借鉴意义。

国家层面：第一，超区域教育行政机构：负责大湾区高等教育合作的组织协调。欧盟高等教育合作项目的开展流程是"欧洲委员会提案—欧洲议会及部长理事会决议—欧洲委员会宣布并推进其合作项目"。这三大机构都代表了公民利益、成员国利益以及欧盟本身利益，在提案的协商谈判中往往能兼顾各方利益，便于合作项目的顺利推进。另外，高等教育项目中的经费拨款权力也集中在欧盟委员会，为项目推进解决资金困境。未来可以由国家授权成立对中央负责的高等教育联合行政机构，即"粤港澳大湾区高等教育委员会"。委员会成员可对大湾区高等教育合作方向、方案进行提议，由委员会成员对可行性进行评估，再决定是否向中央递交提案，而该提案则由教育部及科技部决议，一旦提案获批则由委员会成员联合三地政府全力执行，加快三地高等教育合作进程。而项目执行中的经费问题可以由中央及三地政府平均分担。

第二，粤港澳大湾区教育基金：用于"粤港澳高等教育区"的筹划与建设。欧盟资金来源主要是关税、农业税、增值税以及成员国地区生产总值上缴，每个成员国每年要上缴本国地区生产总值的1%作为欧盟预算经费，用于推行民生、经济及教育计划，欧洲议会和部长理事会对计划预算进行审批，由欧盟委员会负责财政拨款问题。针对此，未来可以设立粤港澳大湾区教育基金池，确定年度预算总额，按比例由中央政府（50%）、广东省政府

（20%）、香港特区政府（15%）以及澳门特区政府（15%）出资筹措。由粤港澳大湾区高等教育委员会对跨地高等教育合作项目进行审核验证，并负责后续经费拨付问题。

第三，国民待遇统一化：港澳回乡证与二代身份证资格对等。1985年，欧盟成员国决定废除内部边境控制，建立"申根区"，该区域包含26个国家、4亿公民。申根区内的欧洲公民只需要出示护照或本人身份证件，即可完成国家间的边境检查。另外欧洲公民持有本国护照就可以在任一欧盟国家就业、求学、养老、居住，甚至创办企业。同时建立申根信息系统（SIS）及签证信息系统（VIS），公民信息由各国主管部门、领事馆及边境过境点共享。因此在粤港澳大湾区内部可以探索先行实验港澳回乡证与内地二代身份证功能统一化，包括大湾区内各大酒店的入住办理服务、网上购票及自助平台取票服务，以及在粤办理银行卡服务的便利化等，真正实现港澳人员入境服务的国民待遇。另外，在三地出入境部门数据库所收录的港澳回乡证以及内地通行证信息中，尝试对频繁往来广东、香港和澳门三地的公民进一步简化其过境手续。

地方层面：第一，"粤港澳高等教育区"：湾区内部高校间的学生学历互认，在满足考核条件的情况下三地学生就读选择自由、毕业生就业自由以及教员流动自由。1999年6月欧盟成员国共同签署《博洛尼亚宣言》，并达成2010年建立欧洲高等教育区的一致目标。在欧洲高等教育区建设过程中，一是统一欧洲高校学位资格框架，实现学士3年、硕士5年以及博士8年的三级学位结构改革；二是构建欧洲高等教育质量保障体系，统一指标考核平衡成员国间高校建设水平；三是采纳欧洲学分积累与转换系统和文凭补充说明，便于区域内的毕业生能够跨国就业。在设立粤港澳大湾区高等教育委员会的基础上，三地以构建"粤港澳高等教育区"为建设目标。首先，协商订立三地高校的学分积累与转化系统和文凭补充说明，便于不同高校间学生跨校修读课程和毕业后的跨地就业；其次，统一三地建设世界一流高校的质量考核标准，由粤港澳大湾区高等教育委员会以年为单位对三地高校进行质量评估，就其突出问题进行整改，以提高湾区高等教育整体质量；再次，统一三地教员聘用资格，甚至可以特制三地教员的教师资格证替代其通行证和就业证，实现三地高校教员跨地就业、流动不受限制。

第二，"粤港澳重点学科计划"：三地高校中至少三所大学间联合开设高品质硕士/博士课程。2004 年 9 月欧盟发起"伊拉斯谟世界计划"，由欧盟至少三个国家三所大学共同开设高品质硕士课程，学生赴欧洲攻读该硕士课程 1～2 年，并在两个不同的欧洲国家中至少两所大学就读，毕业时授予双学位、多学位或联合学位文凭。该计划共提供 103 门硕士课程，覆盖工程技术、自然科学、生命科学、社会科学、商学、经济学及法学。欧盟初期为该计划的实施提供两亿欧元作为奖学金，鼓励硕士积极申请就读。粤港澳三地政府可以作为主要计划责任人，联合三地高校、企业共同负责筹措就读学生的奖学金。同时地方政府应协调大湾区内三地不同高校的核心优质学科强强联合，共同开设高品质硕士/博士等研究型课程（尤其人文社科领域）；或者是一所高校提供基础知识学习、一所高校提供实验研究平台和一所企业提供实习机会，并最终由两所高校共同授予学位文凭（尤其科技工程领域）；或者两所高校联合开办硕士暑期跨学科课程学习等。

第三，"粤港澳合作研发策略"：成立大湾区科技研究委员会进行跨境统筹创新研发活动。2014 年欧盟在"研发框架计划"的基础上，提出"地平线 2020"科技发展战略。计划周期 2014～2020 年共 7 年，预算总额约为 770.28 亿欧元。其中"卓越科研"战略聚焦于优秀科研人员领衔的前沿研究、未来和新兴技术的创新领域、科研人员培训及职业生涯发展，以及建造世界一流基础设施研究这四个部分。具体举措为：鼓励研究人员跨地区、跨部门、跨学科更加自由地提出创新性技术解决方案，以流动促进人才重组；向处于早期职业生涯的博士毕业生、青年顶级研究人员和领域顶尖专家分类资助研究项目；设定联合研究项目由高校、研究机构和大中型企业共同完成。未来可以进一步尝试在"港深创新及科技园"成立大湾区科技研究委员会，管理并负责统筹区域内重点实验室、伙伴实验室以及高校内的科技研发单位，聚焦国际前沿科技研究领域以及湾区科创产业发展方向，以年为周期发布研究项目及资助领域，由湾区内的高校、研究机构以及企业联合申请。项目完成共包含三个阶段：研究主题申请—研究基本成果展现—研究项目的概念验证。研究者在提交已结题项目后应进入概念验证阶段，由委员会协助项目负责人与大中型企业联合进行成果验证和产品落地尝试。

第四，"紧缺型高层次人才引进计划"：明确区域人才需求，建立有竞争力的引才留才标准。欧盟自《单一欧洲法案》颁布以来，以多项立法手段打破人员跨境流动障碍以及构建开放性劳动市场。而当前西欧国家占据高端市场，中东欧国家主动承接中低端产品生产，因此在人员自由流动的背景下出现高端人才流向西欧国家和中低端劳动人口向中东欧国家转移的现象，一定程度上满足双方不同人才需求。香港、澳门和广东三地政府需要明确各地人才所需，对尖端科技人才和高级金融人才等"紧缺型人才"开通"人才跨境绿色通道"，进一步简化人才入境手续。对于紧缺型人才的引进，应在薪酬及福利设定方面高于其所在地的基本薪酬福利，增加地区对高端人才的吸引力。此外也要为引入人才搭建工作平台，如香港在引进高科技人才的过程中，应为技术性人才搭建科技研发平台，或引入大中型科技企业落户香港，为留住人才提供平台空间。

# 创新经济

# 在粤港澳大湾区的基础上构造南方共同市场以推进双循环经济[*]

郑永年

当世界地缘政治发生大变迁的时候，我国进入了第十四个五年规划时期。"十四五"对我国下一步的发展至为关键，下一步能否走好决定了我国是否能够顺利从中等收入国家进入高收入国家行列，最终实现中华民族的复兴。为了实现经济的可持续发展，国家已经提出了双循环经济发展战略。粤港澳大湾区是中国最重要的几大经济区域之一，要在双循环经济发展过程中扮演一个极其重要的角色，这不仅是大湾区本身发展的需要，更是国家发展的需要。

我们要科学地理解双循环。国家强调"国内国际双循环，以国内大循环为主体"，但这并不是说外循环就不重要了。习近平总书记强调，"以国内大循环为主体"的提法主要是反映了这样一个基本事实，即国内消费对我国经济增长的贡献占了主体地位。海内外一些人认为中国搞国内大循环就是要搞封闭式发展，就是搞"内敛化"，中国不可避免地会再次走向封闭。西方国家的一些人因此把此解读成为中国开放政策的倒退。这种看法如果不是故意

---

＊　原文完成于 2020 年 10 月。

曲解，就是理解不正确。

当前，地缘政治大变迁，部分外部势力把中国视为其主要的竞争对手，企图要全方位地与中国搞脱钩，从而令中国内外环境都出现新的困难局势，因此，我们要采取各种有效的政策措施，防止与西方的脱钩。外循环不仅是为了经济发展，更具有政治上的战略意义。

外循环不仅涉及贸易，更涉及资本、技术和人才"请进来、走出去"的双向流动。这方面，广东、浙江和上海等外向型经济省市具有很强的生存和发展能力，具有很强的韧性，在与西方国家（尤其是企业）打交道方面已经积累了十分丰富的经验，同时外贸仍然是这些省市的经济重心。这些省市应当继续以外循环为主。如果这些省市也转向以国内大循环为主，那么从总体看，我们与西方脱钩的风险就会加大。外部势力越对我们搞封闭，我们就越要向西方开放。

从地理位置来说，在双循环经济背景下，粤港澳大湾区的作用具有特殊性，因为大湾区刚好是内外循环的连接点。在"十四五"时期，国家对粤港澳大湾区的规划可以考虑在进一步建设粤港澳大湾区的基础上，构建一个庞大的南方共同市场，在实现大湾区可持续发展的同时继续引领国家的发展。

本文分成三个部分。第一部分讨论粤港澳大湾区建设的下一步，提出把大湾区建设成一个"地域嵌入型世界级经济平台"。第二部分讨论如何强化大湾区的扩散和辐射作用，实现与海南自由贸易港（区）和福建—台湾海峡两岸经济区的互联互通，构建一个庞大的南方共同市场，实现"内部大循环"。第三部分讨论南方共同市场如何向南延伸与21世纪海上丝绸之路对接，实现国际大循环。

# 一 大湾区与"地域嵌入型世界级经济平台"

大湾区是南方共同市场的核心,是国内国际大循环的关联点,因此大湾区本身的建设是关键。

大湾区建设下一步如何走?在这方面,我们最近提出一个概念,即要把粤港澳大湾区建设成为一个"地域嵌入型世界级经济平台"。我们在观察西方经济现象时发现,发达国家为资本、技术和人才创造良好的"地域性条件",使资本成为"嵌入地域的资本"。正是因为资本需要流动,也不会停止流动,所以更需要给资本创造良好的地域条件。尽管当代西方主要国家问题重重,经历着各种危机,但并没有出现高端资本外流的情况。西方社会财富分配情况严峻,但受影响的大多是底层社会,并没有影响到上层社会,即社会的实际统治者。社会中、上阶层仍然和资本配合,享受资本带来的好处,而它们也正是掌握资本和技术的阶层。世界上著名的三大湾区,美国的旧金山湾区、纽约湾区和日本东京湾区,都具有类似的特质。欧洲诸国也有很多类似的经济平台。优质资本、技术和人才都想进入这些平台,来了之后就不想离开,也离开不了,因为他们只能在这里生存、发展和升级。

无论对资本还是对社会来说,在经济层面,关键就是财富问题,包括财富的创造和分配两个层面。发达国家往往是典型的资本主义国家,财富创造的主体是企业,而政府是财富分配的主体。发达国家之所以能够维持高的经济发展水平,主要是企业的作用。在过去数十年的全球化中,发达国家的企业创造了巨量的财富,对维持企业所在社会的"发达性"起了关键的作用。也就是说,至少就财富创造、留住和增值来说,发达国家的经济体制和企业体制并没有出现严重问题。发达国家的问题是在政治体制和社会治理方面，即分配方面出了巨大的问题。企业所创造的巨量财富留在极少数人手中，而政府没有能力把新创造的财富进行有效分配，实现基本社会公平。

今天的中国，尽管也同时面临财富创造和分配的问题，但主要的问题仍然是财富的创造，即发展仍然是硬道理。就财富分配而言，与西方比较，中国政府具有强大的动员能力来进行财富分配。如同在西方，中国财富创造的主体也是企业（包括国有企业）。所以，中国既需要学习发达国家通过企业创造财富的经验，也要吸取发达国家财富分配失败的教训。

那么发达国家如何通过构建地域嵌入型经济平台维持其"经济的先进性"的呢？或者说，有哪些地域型条件呢？

首先，这些国家都保持了技术领先水平。现今，大多核心技术仍然在发达国家手中，大多数原创性技术也先在西方问世，西方仍然把持着创新发明的高地。在全球化时代，尽管技术从西方扩散到发展中国家，但核心技术仍然留在西方国家，并没有流出去。相反，发展中国家最好的资本、技术和人才都想进入发达国家的这些经济平台。发达国家的优质资本、技术和人才流不到发展中国家，而发展中国家的优质资本、技术和人才往发达国家跑，两者的差异因此不仅没有缩小，反而在拉大。要改变这种现状，发展中国家不仅必须留住本土资本、技术和人才，还要创造条件来吸引来自发达国家的优质资本、技术和人才。

这里的"条件"无疑是一个综合的系统。从西方的观点来说，最为重要的是西方的"法治"，即一整套保护企业家所创造的财富（私有财产）和生命的机制。无疑财富（私有财产）和生命安全对企业家来说是核心问题，也是最基本的需求。没有这一点，其他的就无从谈起。

不过，就技术进步本身来说，还需要其他条件。除了发达国家以"国家安全"名义避免核心技术外流之外，主要的原因是体制性的，即维持企业的开放性和竞争性。这里包括反垄断法律。反垄断对西方的创新异常重要，因为反垄断才能维持一个经济体的开放性，不仅是对外的开放，还是对内的开放，即让新类型的企业发展起来；一旦形成垄断，很难避免政商一体的情况，经济最终演变成为寻租经济，不仅企业向政府寻租，政府或者政府官员也可以向企业寻租。

其次是政府和劳动者（工人）之间的关系，意在维持资本和劳动之间的平衡，或者说是"做大蛋糕"和"分好蛋糕"之间的平衡。无论是民主国家的政府还是社会主义国家的政府，都会倾向于"分好蛋糕"，因为合理有效的分配才会让劳动者满意，以展示政府的合法性。而劳动者（工人）也倾向于和资本分利（享受应当分享的财富）。就是说，政府的意向和劳动者的意向具有一致性。"分好蛋糕"当然是需要的，但需要在"做大蛋糕"和"分好蛋糕"之间实现平衡，否则资本没有动力有所作为。

在这方面，尽管发达国家的政府都面临福利社会的压力，但政府仍然做到了两者之间的平衡。政府通过税收和金融等一系列政策向企业倾斜，这尤其表现在奉行新自由主义经济学的英美两国。这些举措经常导致收入差异的扩大，社会变得更加不公平，但在经济方面则是为了保障西方优质资本和技术不至于流失。德国等欧洲大陆国家在这方面比英美做得更加有效，不仅留住了优质资本、技术和人才，也照顾到了福利国家的需要。与之相比，很多发展中国家则经常在极左和极右两个极端之间摇摆，造成对资本和民众利益的损害。拉美国家较为典型，经常在极左民粹主义政策（"分蛋糕"）和极右民粹主义政策（"做蛋糕"，保护资本）之间摆动，经济增长起伏巨大，这也是这些国家长期陷入"中等收入陷阱"的主要因素。显然，这也是发展中国家的资本、技术和人才流向发达国家的一个重要原因。

就企业本身的发展来说，地域性条件包括形成完整的产业链、教育和培训系统以及技术劳动力的提供等方面。资本可以流动，但这些则是"移不走"和"离不开"的。实际上，高技术和优质资本是离不开这些的，这些大多也是资本本身确立的（例如，大学和技术培训学校）。因此，在全球化背景下，西方流失的都是非核心的经济技术活动。这也是西方保持领先，或者衰落得不是那么快的原因。当代，在选举过程中，发达国家一般也会选择具有经济管理经验和能力的政党上台执政。民粹主义的政党可以上台，但在缺乏经济管理经验和能力的情况下，不能有效执政，很快就会下台。近年来，在很多国家，民粹主义（populism）纷纷把"局外人"推上政治舞台。这些"局外人"缺乏治国理政的经验，但对资本基本上没有产生很大的负面影响。原因很简单，他们上台执政之后，仍然处于"局外人"的地位，并不能影响国家的实际统治阶层，欧洲民粹主义领袖的此起彼落就很能说明这个道理。

很多发展中国家所面临的困境是其本身资本流向发达国家，而非相反。发达国家流向发展中国家的都是些技术含量较低的资本，例如劳动密集型资本。而发展中国家流向发达国家的则是最好的技术型资本。同时，配合发达国家的高技术水平，高端人才也是从发展中国家流向发达国家，而不是相反。发展中国家承担了环境、土地、劳工等多方面的代价，但因为吸引不到或者无法留住优质资本，其经济发展仍然不可持续。这便是一种恶性循环。

地域嵌入型世界级经济平台建设对粤港澳大湾区来说意义深远。对国家总体来说，数量型经济扩张已经到了顶点，进入发达经济体行列无疑需要依靠质量型经济，即依靠高端资本和技术。就资本来说，中国需要形成数个高端产业链，使这些产业链具有地域性，并不会因为外在形势的变化而迅速流失。珠江三角洲曾经被称为"世界制造业基地",形成了比较完整的产业链,但没有能够整体升级,一直维持在劳动密集型技术的阶段。2007~2008年世界金融危机之后,尽管一些地区经过转型也得到了相应的发展,但没有起到留住和继续吸引优质资本应有的作用。强调"地域嵌入型经济"就是重新赋予经济以国家主权性质。在全球化时代,资本是流动的,没有国界。人们也不能依靠政治(例如,国家安全)和行政因素使资本停留。"地域嵌入型经济"就是提供一系列条件,使资本都想进入,进入之后不会走、不想走、走不了。

地域嵌入型经济对整个国家的经济发展也具有意义。如果整个粤港澳大湾区、杭州湾、长江经济带和京津冀等区域都能形成具有自身特质的产业链,不仅能留住自己的优质资本还能吸引优质外资,无疑有助于中国成为高收入经济体,并且维持稳定发展的经济水平。

从此概念出发,政府可以大有作为,至少如下几个方面的作为是必须考虑的。

第一,发挥中国"三层资本"的结构优势。中国的混合经济存在三种资本,分别涉及三个层面,即国有资本、政府与大型民企互动的混合所有制资本、由数量庞大的中小企业构成的民营资本。尽管中国会继续改革国企,但绝对不会,也不应当放弃国企。需要搞清楚的是三层资本的边界,明确国企的性质和范畴。大湾区内广州、深圳等城市在三层资本发展方面比较协调和均衡。应当明确国企的主要职能是提供经济和社会方面的公共服务,而非"与民争利"。国企的责任包括基础设施建设、避免市场经济固有的周期性危机、应对由其他因素引起的经济危机、弥补市场失败或者"平准"市场等。在竞争性领域,国企需要继续把大量的空间下放给民营企业。再者,在继续加快把市场机制引入国企的同时,明确国企的公共服务性质,即国企的市场和一般意义上的市场是不一样的。国企具有社会性，不能用一般市场的概念来理解具有高度社会性的国企领域，否则就会导致社会的大破坏。改革开放以来，国家在医疗、教育和住房方面做了很多市场化尝试。需要注意的是，这些具有高度社会性的领域可以引入市场的概念，但不能像商业领域那样市场化。作为中国特色社会主义先行示范区，深圳尤其有责任做这方面的探索。

第二，充分发挥广州、深圳和香港三个中心城市各自的比较优势，在分工合作的基础上提升各自的国际竞争能力。无论从哪个角度来说，在大湾区的 11 个城市中，广州、深圳和香港的中心地位是毋庸置疑的，其他城市可以和这三个城市进行竞争，但这三个城市之间不应当进行竞争，它们的竞争对象应当是世界其他大都市，竞争舞台在世界。实际上，这三个城市都具有自身独特的比较优势，它们各自的比较优势是历史形成的，会发生一些变化，但很难发生根本性的改变。因为比较优势，中国其他城市很难和它们进行竞争。如果定位在国际层面，那么这三个城市的竞争能力会提高得更快。

简单地说，广州是国际商贸中心，深圳是中国的"硅谷"或者高科技研发和制造业中心，香港则是世界金融中心。"中心"的概念突出的是这些城市产业的主体性。尽管其他产业也会得到相应的发展，但这些城市如果需要强化各自竞争力，便要发展其"中心"产业。"中心"是这些城市的"正业"，不能不务"正业"，其他方面的发展要围绕着"中心"来进行。

第三，构建嵌入经济活动的教育培训机制。在这方面，粤港澳大湾区实际上可以向发达国家学习，国外三大湾区和新加坡都是比较典型的案例。职业培训与高等教育的职责是提供知识经济时代所需要的高技能劳动力和基础研究。高等学校需要打通基础研究、技术创新和技术使用之间的各个环节，职业培训则需要提供实际经济活动所需要的技术人员。在这方面，内地城市可以把香港的大学和科研体系一同考虑进来。香港有基础研究和技术，但无市场；有人才，但无就业。

第四，有效开放和有效竞争。把大湾区建设成为地域嵌入型世界级经济平台还有一个目标，就是要解决开放政策的"碎片化"问题。这些年来，我们的开放政策越来越呈现碎片化的特征。在大湾区内部，我们有众多的开放（开发）区，每一个区都有自己特殊的"开放"政策以吸引生产要素。这不仅造成了城市之间的恶性竞争，更导致了开放规则的碎片化，即缺少统一性和普遍性。对外资来说，这就造成了一种表面上开放、实质上趋于封闭的现象。如果不能统一大湾区内的开放规则，那么碎片化现象还会继续下去，从而阻碍真正的开放。大湾区的内地城市因此迫切需要统一开放规则，营造一个真正有利于开放的规则体系。

同时，塑造一个开放经济体也要求企业之间进行有效竞争。政府要辅助企业的发展，但不以培养几个大的既得利益群体为目标；相反，政府要通过反垄断等政策，为企业之间的有效竞争营造有效的政策环境。必须避免少数几个垄断者主导经济的情况出现。反垄断有利于企业的长远利益。

第五，制定知识产权政策。确立有效的知识产权政策对大湾区极为必要。这方面，深圳尤为显著。深圳企业密集，企业之间竞争激烈，并且以高科技企业为主体。在这样的情况下，必须有一套行之有效的知识产权保护政策。就国家整体来说，发展到今天这个阶段，知识产权的保护已经远远不是仅回应西方的要求，而是出于自身发展的需要。大湾区在这方面必须加快进程。这方面大湾区既可以加快配合国家建设知识产权制度体系，也可以利用香港在这方面的优势。要强调的是，知识产权的保护规则要具有普遍性，而不能搞地方特色。

第六，配套金融服务。技术创新需要一整套投融资和风险管理体系。创新必有成功与失败。大湾区内政府在这方面已经积累了一定的经验，会继续发挥政府的作用。但同样重要的是，需要把这个任务转移到金融服务机构，由金融服务机构来评估和监管创新企业的潜力和可行性。如何利用香港在这方面的先进经验是一个值得思考的问题。同时，金融服务更可以延伸到西方国家。西方国家目前仍然是技术创新的核心地带，但为了保持其垄断地位，很多具有潜力的新发明被资本买断。基于中国的市场潜力，大湾区的城市（尤其是深圳）有条件可尝试投资这些具有潜力但可能被境外资本买断的技术

鉴于大湾区城市理财市场还没有得到充分发展的现实，大湾区要抓住目前国家金融开放的机遇，花力气引入国际理财机构，培植本土理财产业。理财是财富增值不可或缺的一个环节，这个短板需要补上。

第七，如同其他社会，政府必须处理好劳资关系，实现"做大饼"和"分大饼"之间的平衡。这方面，中国尤其要处理好中国特有的机制，即党委、工会和企业管理层之间的关系。处理好了，就是中国的优势；但如果处理不好，就会造成内耗，也会造成负面外部影响。这三者的关系不能"一刀切"，在不同类型的企业（如国有企业、民营企业、民营和政府合作企业、外资企业等）应当容许有不同的形式。发达经济体（无论是西方的还是亚洲的）都具有这方面的经验。一种合作性劳资制度的确立有利于资本的有效运作和企业员工的利益。

第八，无论对国家还是对企业来说，更为重要的是法治建设。这里的"法治"是广义上的，既包括财富保护的一般法律制度，也包括保证企业自由的法规。简单地说，法治就是一个"基于规则之上的秩序"。上述各个方面的问题，无论是技术创新还是知识

产权，无论是资本的扩张还是流动，无论是财富的创造还是保护，都需要明文的规则。

不管如何，这里所讨论的一些主要方面，职业培训与高等教育、分权下的竞争政策（开放而非垄断）、规则下的自由、金融化服务、宏观经济管理、市场竞争与合作型劳工制度等是有机的统一体。这些具有关联性的制度安排有助于建设地域嵌入型经济平台，从而吸引优质资本、留住资本和促进资本的深度发展。这是一个"亲资"和"亲民"、资本利益和社会利益、政治利益与社会利益均衡的经济平台，并且是嵌入大湾区的平台。

我们应当认真深入研究世界上各类地域嵌入型经济平台的细节和规则，把粤港澳大湾区建设成这样一个超大规模的世界级经济平台。我们不仅要吸引到世界各地的优质资本、技术和人才，而且要促成它们在湾区内不断提升自己。这样，我们才能实现可持续的发展。

## 二 南方共同市场构想

大湾区的发展也正在产生巨大的辐射和扩散效应。大湾区内比较明显，例如深圳对周边地区的扩散。广州和深圳这两个特大中心城市发展空间有限，它们本身的可持续发展就要求向周边扩散和辐射。扩散和辐射是市场经济的逻辑结果。大湾区实际上有能力充分利用市场的扩散和辐射功能，打造一个南方共同市场。

在这方面，我们至少可以考虑下一步两方面的发展。

首先，大湾区可以把海南和福建两省纳入进来，形成一个庞大的南方共同市场。

国家已经把海南确定为"自由贸易港"，但如何加快海南的发展不仅是海南自身的问题，更是一个国家问题。已经有专家提出，海南要和大湾区互联互通才能发展。这个思路应当说是对的。广东省也已经在思考如何和海南自由贸易港对接的问题。无论是交通方面的互联互通还是体制上的互联互通，大湾区和海南都有很多合作的空间和机会。

福建是大陆与台湾经济、社会、文化交融的重要节点。当前，福建和台湾的经济互动面临一些阻碍，而我们更应当利用经济社会力量谋求共同发展。最终，我们还是需要向台湾实行单边开放政策的，就如同我们对香港的政策那样。通过福建连接台湾，并把后者纳入南方共同市场便是第一步。即使不考虑台湾问题，把海南和福建容纳进来，也可以使其成为粤港澳大湾区内部大循环的一部分。

海南和福建两省也存在着巨大的动力和大湾区互联互通。大湾区相对于这两省经济上更发达，和大湾区的连接有助于这两省市场规模的扩大和生产要素更加自由地流通。

其次，大湾区可以考虑向北延伸到长三角，和长江经济带连接。长三角和珠三角之间省份的发展需要长三角和珠三角经济平台或者经济带来带动。长三角和珠三角的联动无疑有助于消除和减少行政壁垒，促进国内大循环。

同时，这也是符合世界经济发展规律的，即经济活动越来越向大都市圈靠近和集中，例如，日本1/3人口集中在东京周边。当然，我们还需要厘清一个问题，大都市圈的建设并不是说城市越大越好，把大都市圈建设理解成为大城市化是错误的。无论从社会的高度复杂性，还是自然因素的复杂性来看，城市规模都必须得到控制，否则城市发展不仅不可持续，而且会面临巨大的风险。应当追求的是大都市圈经济，而不是无限扩张城市的规模。

## 三　南方共同市场与国际大循环

以粤港澳大湾区为核心的南方共同市场的建设更有利于我们进行国际大循环。前面已经论证过,"国内国际双循环,以国内大循环为主体"并不是说国际大循环不重要了。但国际大循环必须有"抓手"和行动主体,大湾区既是"抓手",也是行动主体。在这方面,大湾区可以向南与东南亚地区对接,融入 21 世纪海上丝绸之路。

南方共同市场的经济规模所能产生的外循环动力不可低估。在这方面南方共同市场的几个主体具有很大的比较优势。广东、香港、海南和福建传统上与东南亚关系密切,东南亚华人主要来自这几个地区。中国-东盟自由贸易区成立之后,这些地区和东南亚国家的关系变得更为紧密。

在经济竞合方面,中国具有内外部的比较优势。从内部看,就中产阶层规模来说,中国中产阶层已经有 4 亿人,是世界上最大的市场。东盟诸国和中国的经贸越来越密切。在新冠疫情期间,中国和美国、欧盟的贸易量下降,东盟已经成为中国最大的贸易伙伴。同时,中国通过"21 世纪海上丝绸之路"和"亚洲基础设施投资银行"(亚投行)等,努力为东盟经济发展奠定基础。

概而言之,改革开放以来,广东一直是国家发展的排头兵。在国家开始走向 2035 年社会主义现代化国家进程的时候,国际局势和地缘政治对我们构成了前所未有的挑战。广东能够为国家做些什么?一句话,南方共同市场的建设可望再次发挥广东的排头兵作用,继续为国家的崛起和民族的复兴做出巨大的贡献。

# 南方共同市场的经济基础分析[*]

谭　锐　郑永年

## 一　南方共同市场的意义

### （一）"双循环"战略的背景

改革开放之初，我国在人力资本、物质资本、金融资本存量，以及现代化技术和管理水平都比较低的情况下，以廉价要素（如劳动、土地、环境、自然资源）为基础参与全球分工，实现了经济起飞。时至今日，这种模式造成了"低端锁定"的困境，即中国的经济活动长期被锁定在全球价值链的低端环节，高附加值端的经济活动无法得到充分发展。低端锁定对我国的长远发展是极为不利的。

首先，"两头在外"的加工贸易经济留存在本土的附加值较低，并且以大量损耗劳动力福利、自然资源和环境为代价。在国际资本主导的财富分配中，国内劳动力的收入份额过低，这导致国内需求被抑制且低端化，劳动力无法充分享受到经济增长带来的好处，并且影响后续的经济增长。其次，长期经济增长的内生

---

* 原文完成于 2020 年 12 月。

动力培育困难或成长缓慢。长期经济增长要依靠科技创新，但是国内需求的低端化无法为本土的研发行为提供足够的动力，尖端和前沿的生产技术只能从国外引进，随时随地受制于人。最后，弱化对外部经济冲击的抗风险能力。如果过度依赖外需实现经济增长，国内经济就会对国际市场高度敏感，容易遭受冲击。随着中国深度融入全球化进程，两次金融危机、中美贸易摩擦、新冠疫情暴发等全球性重大事件对中国经济造成的负面影响是巨大的。

为了维护国家经济安全，实现中国经济的可持续和高质量发展，中国必须构建"以国内大循环为主体、国内国际双循环相互促进"的新发展格局，改变高端生产和高端消费"两头在外"的现状，在国内培育或引进高端生产及消费环节，从而形成一个完善的国内循环回路。原来分布在他国的价值链环节，现在要引入国内来，必然要求区域经济结构做出重大的调整与改变，因为这不是一省一市能消化得了的，必须通过跨区域的分工合作来实现。

## （二）欧盟经验的启示

如果从区域经济的视角来透视"双循环"战略，欧盟的经验值得重视。在全球的区域经济一体化组织中，欧盟是组织程度最高、存在时间最长、运作效果最好的一个。欧盟目前有 27 个成员国，这些国家的语言文化历史背景、政治经济体制、法律制度都非常不同。在这种背景下，欧盟实现了成员国间的制度对接，创造了统一的货币体系，维持了要素和商品的跨境自由流动。通过这些努力，欧盟创造出一个巨大的共同市场，并使各个成员国经济从中受益。

欧盟共同市场促进成员国经济增长的机制是多方面的，至少包括以下几种。第一，成员国之间取消关税和非关税壁垒之后，增加成员国之间的贸易量。第二，原本各国的小市场聚合成大市场，创造出规模经济，刺激大企业的生长。大企业能够提高资源整合能力和经济的组织效率。第三，要素自由流动性提高后，要素价格竞争会矫正价格扭曲，从而刺激要素供应。第四，由于关税降低，一些本国不具有比较优势的产品可以通过进口解决，如此一来，生产资源会转移至具有比较优势的产品上，这会提高区域间的分工水平。

尽管中国的省级行政区没有国家主权，但每个省份的人口、经济总量、土地规模很可能比欧盟的一个国家还要大，而且每个省份都有较大的发展自主权，因此省域经济有一定的完整性和独立性。这很容易使一省陷入"自足式"发展的误区。政府为保护本地市场而构筑行政壁垒，要素在省际流动不畅，区域大市场分割成碎片化的小市场。同时，每个地区都向中央争取更特殊的政策，省际又无法复制对接，这导致了省域经济更封闭而不是更开放，最终造成规模经济损失和效率损失。显然，只有打破了这种封闭性，强化省际要素流动和贸易，才能在国内构建完整的生产和消费链条，促进国内大循环。在当前的国际政治经济局势下，这种需求更为迫切。中国必须以国内市场壁垒的降低应对国际市场壁垒的高筑，以赢得新的发展动力。

### （三）南方共同市场的概念

南方共同市场的地理范围包括广东、福建、海南三省，香港、澳门两个特别行政区和台湾地区。

该区域是国内制度异质性最突出的地区，这与欧盟极为相似。如果说粤港澳大湾区尝试构建"内部版的欧盟"，那么南方共同市场就是在一个更大的地理范围内探索构建"内部版的欧盟"之路。从任务上说，南方共同市场所要做的就是在各种异质性制度并存的环境下，不断通过制度创新，构建一个生产要素和商品能在共同市场内自由流动，产业链、价值链、供应链、创新链完整，与国内和国际两个市场连接顺畅，经济效率和增长率高的发达经济区。

从步骤上说，构建南方共同市场第一步是要率先破除粤、闽、琼之间的市场壁垒，加快商品和要素的自由流动，将粤港澳大湾区的经济能量辐射出去，强化三省的经济一体化。第二步是要在适当的时机与台湾地区签订南方共同市场的经贸协定，将台湾吸纳进共同市场。鉴于两岸关系当前的状态，与台湾地区签订新的经贸协定会遇到不小的阻碍，唯有先把大陆部分的共同市场做大做强，对台湾地区实施单边开放政策，才会在经贸上对台湾地区形成强大的吸引力。第三步是在南方共同市场实现高度一体化目标后进一步向北延伸，从珠三角到长三角连成一片，形成超级大都市连绵带，类似于美国"波士华"都市连绵带①，为中国经济增长注入强大动力。南方共同市场更可以和21世纪海上丝绸之路、东盟和RCEP对接，促进和推动国际大循环。

在当前阶段，广东、福建和海南是南方共同市场的构成主体。之所以这么设定，有几方面的原因。首先，三省都位于南方沿海地区，具有很长的海岸线，这对于开展国际贸易很重要，因为现在的国际货物运输仍以海运为主，海运成本相对于其他运输方式要便宜。其次，相对于内陆地区，这些省份有着较长的开放史，已经深深嵌入全球经贸网络当中，它们是国内经济和国际经济的结合部，支撑着国内国际双循环的协调运转。南方共同市场的构建有助于提高区域经济的融合程度，降低不同制度间发生摩擦与冲突的风险，从而达到维护和平发展的目的。

鉴于三省对南方共同市场构建的重要性，本文接下来将对三省的经济基础和资源禀赋，以及经济联系的现状做初步分析，以简要评估三者合作的可能性和讨论未来的建设方向。

① "波士华"都市连绵带（BosWash）是美国东海岸的巨型城市群组，它由五个毗邻的城市群组成，即波士顿、纽约、费城、巴尔的摩及华盛顿特区，由东北向西南延伸，绵延近720公里。

## 二　广东、福建、海南三省经济基础

### （一）地区生产总值和人均地区生产总值

地区生产总值（地区 GDP）反映了一个地区的生产能力（供给），也反映了消费能力（需求），同时还与地区的财政能力高度相关，因此是衡量一地经济发展水平的首要指标。广东省的地区生产总值长期以来一直排名全国前列，属于经济发达省份。2019年，广东省地区生产总值约为 10.8 万亿元，全国排名第一（相当于同年俄罗斯的经济总量）。其中，八成的地区生产总值集中在珠三角地区。相比之下，福建省的地区生产总值规模要小得多，约为 4.2 万亿元，不到广东的一半，全国排名第八。福建省的地区生产总值主要由福州、泉州、厦门、漳州四市产生，四市地区生产总值之和占全省的七成份额。海南省的地区生产总值则远未达到万亿级水平（见图 1）。在人均地区生产总值方面，福建省最高，约为 10.7 万元，高出广东省 1.3 万元，海南省较低，只有福建省的一半多一点。

### （二）产业结构

产业结构是对一地经济活动特点的概括性描述，它能反映该地区主要的经济活动类型，并间接地反映区域间的贸易及分工合作关系。从三次产业增加值结构来看（见图 2），2019 年广东省的第一产业（农业）增加值比重已降至 4.00%，农业生产在广东省经济中的重要性已降到很低（10 年前是 4.84%，目前已接近极限）。第二产业（工业）比重为 40.50%，比 10 年前降低了 10 个百分点。相应地，工业和农业的生产资源都转移到第三产业（服务业），其比重提高到 55.50%。广东正在从工业大省转变为服务业大省。相比之下，福建省仍处于工业化阶段，工业占比尚未超

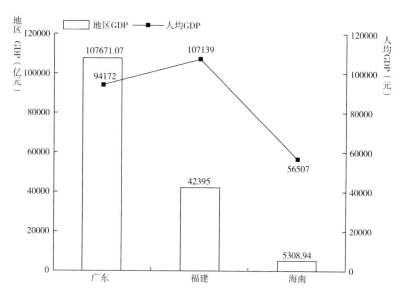

**图1 三省地区生产总值和人均地区生产总值比较 (2019年)**

数据来源：各省国民经济和社会发展统计公报。

过50%，服务业占比落后广东约10个百分点，因此产业结构还有进一步优化的空间。海南与前两者不同，呈现服务业占绝对优势的局面，而农业和工业占比则平分秋色。海南的服务业增加值占比达到59.00%，高于广东。其中，旅游产业和房地产业是当地服务业的支柱，2018年，这两个行业都占当地地区生产总值的8%以上。[①] 海南具有较高的农业产出占比，超过20%，热带农业是当地的重点产业之一。这使得海南成为全国农业产出占比最高的省份。从三省的产业结构差异来看，三省之间有较大的互补性，这是三省加强合作的基础。

三次产业结构的分类方法只是一个粗略的描述，要了解省际

---

① 海南省统计局：《海南统计年鉴2019》。

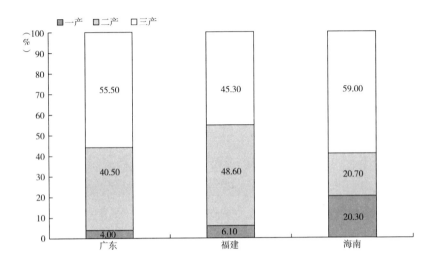

**图 2　三省三次产业增加值结构（2019 年）**

数据来源：各省国民经济和社会发展统计公报。

分工合作的可能性，还需要更细致的数据。2018 年各省第四次经济普查数据是比较细致而可靠的。2018 年，与产值数据相对应，广东和福建的工业部门就业远高于海南。其中，制造业是大头，广东、福建的占比都在30%以上，而广东又比福建高出近 9 个百分点。不过，福建的建筑业就业占比远超广东近 19 个百分点，因此，就比例来说，福建的工业规模要大于广东。尽管在工业上无法与广东、福建相比，海南省在餐饮住宿（食宿）、房地产、教育和公共管理（公管社保）等服务业上有较高的就业比重。食宿和房地产的高就业占比与海南发达的旅游产业有关。2010 年海南发展国际旅游岛建设上升为国家战略，由此带动了餐饮、酒店、房地产、物流仓储、商务服务等一系列第三产业的发展。而教育、公共管理的就业占比高则反映了当地的财政供养部门吸纳了较多的劳动力。从上述简要的分析可以看出，三省的产业结构差异较大，有较大的合作潜力。

**（三）对外贸易（含对港澳台）**

广东、福建和海南都位于沿海地区，有着良好的航运条件，因此是我国进行对外贸易的重要阵地。2018 年，广东的外贸进出口总额为 10851 亿美元，为全国之冠，福建为 1875.76 亿美元，海南为 1.28 亿美元[①]，三省梯度明显，差距巨大（见图 3）。由于广东的进出口规模巨大，福建和海南在图 3 中几乎无法显示，因此单独绘制了福建和海南的主要贸易伙伴雷达图（见图 4、图 5）。在贸易伙伴的地理分布上，广东的进出口贸易主要集中在中国香港、

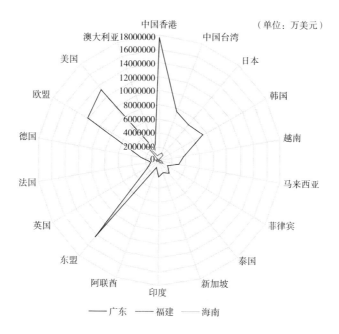

**图 3 三省主要贸易伙伴（2018 年）**

数据来源：各省统计年鉴。

---

① 数据来源：各省统计年鉴。

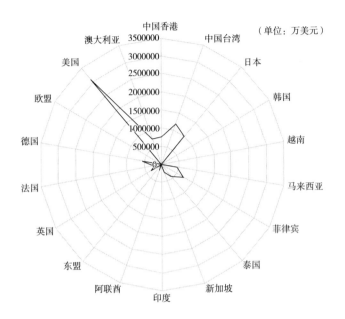

**图 4　福建省主要贸易伙伴（2018 年）**

数据来源：各省统计年鉴。

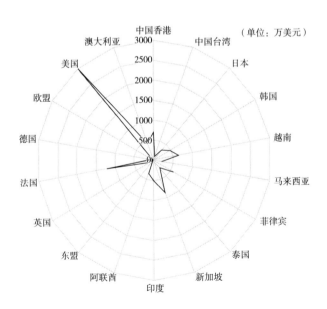

**图 5　海南省主要贸易伙伴（2018 年）**

数据来源：各省统计年鉴。

美国、欧盟，以及东盟等地区，其中香港是广东最大的贸易伙伴，粤港贸易约占全省进出口总额的16%。显然，香港的国际贸易和国际航运中心地位对广东进出口极为重要。福建的进出口贸易主要面向美国、中国台湾和日本等地区。而海南主要的贸易伙伴是美国和法国，但是贸易量都较小，分别只有2980万美元和1213万美元。总体上看，三省的进出口贸易都主要面向发达国家和地区展开。

### （四）人口和人力资本

人口是经济的第一要素，人口规模既代表了劳动力存量，又代表了市场需求潜力，因此是经济增长最重要的动力。由于经济发达，广东吸引了许多外省劳动力。如图6所示，2018年，广东省常住人口超过1.13亿人，户籍人口约0.95亿人，这意味着有1800多万外来人口在广东生活和工作。同期，福建和海南的常住人口分别为3941万人和934.32万人，两者吸纳的外来人口都较少，常住人口和户籍人口的差值分别为461万人和9.22万人。[1]

一地的高人力资本存量一方面来自外来人口，另一方面来自本地的高等教育系统。高等教育的水平和经济规模成正比，同时，高等教育与经济发展具有相互促进的效应。广东的高等教育在三省中处于领先地位（见图7），目前有153所高等学校，2018年在校生人数超过196万人，毕业生人数约52.4万人，为广东的劳动力市场输送了大量专业人才。福建和海南在这些指标方面都逊色于广东，不过，这些指标的大小都是与它们当前的经济发展水平相适应的。

### （五）土地资源与城市

土地承载着经济活动，是最基本的经济发展要素之一，土地

---

[1] "省情概貌"，《福建年鉴（2019）》。

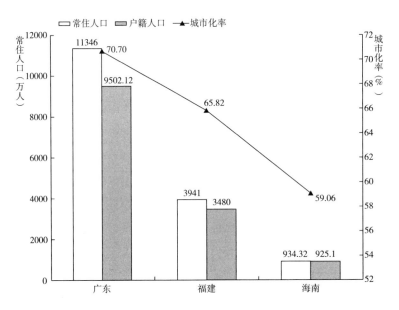

**图 6　三省人口规模及城市化率（2018 年）**

数据来源：各省统计年鉴。

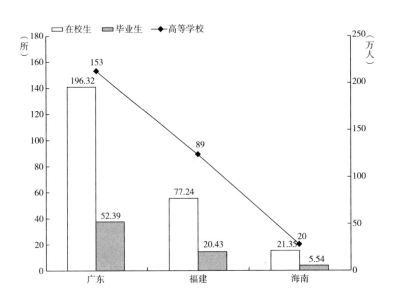

**图 7　三省高等教育对比（2018 年）**

数据来源：各省统计年鉴。

资源禀赋会深刻影响一地的长远发展。根据 2018 年数据（见图 8），广东省土地总面积 1797.25 万公顷，其中，农用地 1491.65 万公顷，建设用地 207.23 万公顷，未利用地 98.37 万公顷。[①] 福建省土地总面积 1240 万公顷，山地、丘陵占全省总面积的 80% 以上。其中，城镇村及工矿用地 64.44 万公顷，交通运输用地 22.31 万公顷，水域及水利设施用地 54.39 万公顷（三项加总为建设用地，共 141.14 万公顷）。海南省陆地总面积 351.77 万公顷，地貌以山地和丘陵为主，占全岛总面积的 38.7%。环岛多为海滨平原，占全岛总面积的 11.2%。

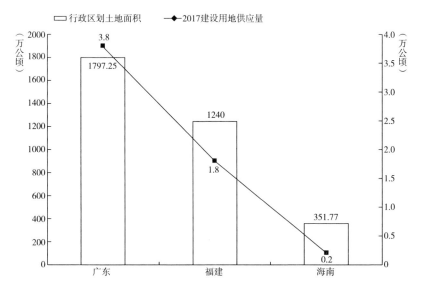

**图 8　三省土地资源对比（2018 年、2017 年）**

数据来源：各省统计年鉴 2019、《中国国土资源统计年鉴 2018》。

改革开放以来，我国人口越来越多地向城市尤其是大城市集

---

①　具体用地及占比情况的数据来源于各省统计年鉴 2019。下同。

中，城市化极大地改变了国民经济增长的空间组织形式。城市化率高的区域往往也是经济发达的区域。2018 年，中国的常住人口城市化率达到 59.58%，广东省超过这一水平 10 多个百分点，是全国城市化率较高的省份。这主要得益于珠三角地区的高度城市化，该地区的城市化率高达 85.9%，城市人口占全省比重为 67.2%。①福建的城市化水平也高于全国，福州都市圈、"厦漳泉"城市群都初具规模。海南的城市化率则稍微低于全国水平，岛上尚未形成连片的城市群。

土地资源最直接的制约体现在地区所能供应的建设用地数量上，2017 年，广东供应的增量建设用地规模是 3.8 万公顷，福建比广东少 2 万公顷，海南则更少，只有 0.2 万公顷。经过 40 年的发展，土地资源约束对三省来说越来越突出。在省域内部，城市群化是一种解决土地约束的方法。在广东及周边，粤港澳大湾区是一个非常显眼的集群，它是中国南方最大的城市群。在福建，城市集聚度没有那么高，福建、泉州和厦门尚未连成一体，与台湾西部沿海城市群形成鲜明对比。海南尚未形成连片的城市群。从更长远的视角考虑，城市群化也有极限，此时，解决土地约束的一个更宏观的路径是，通过区域分工合作，提高土地使用效率，实现可持续增长。

## 三　省际经济联系状况

共同市场的突出特征是区域市场一体化，即区域间行政壁垒及市场壁垒较小，要素及货物具有较高的自由流动性。因此，通过考察资金流、货物流、人员流的情况可以清楚地知道省际经济联系的程度。

---

① 广东省统计局：《广东统计年鉴 2019》。

## （一）资金流

各省间的资金流数据较难获得，但我们可以从港澳台商投资数据窥见省际的资金联系。2018 年，广东、福建、海南三省实际利用的外商及港澳台商直接投资（FDI）总量如图 9 所示，广东高达 1450 多亿美元，而福建、海南分别约有 44.55 亿美元和 7.45 亿美元，差距非常大。在广东利用的 FDI 中，约 68.6% 来自香港，加上来自澳门的 FDI 就超过了七成（74%）。可见，港澳资本是广东最主要的 FDI 来源（见图 10），而来自中国台湾的 FDI 仅为 6.82 亿美元，约占 0.47%。同样，港资也是福建和海南的首位 FDI 来源，港资占比分别约为 56% 和 77%（见图 11、图 12）。尽管福建地理上接近中国台湾，并一直以各种优惠政策吸引台资，但 2018 年实际利用的台资不到 1 亿美元，与港资相比差距巨大。海南吸收的台资也很少。

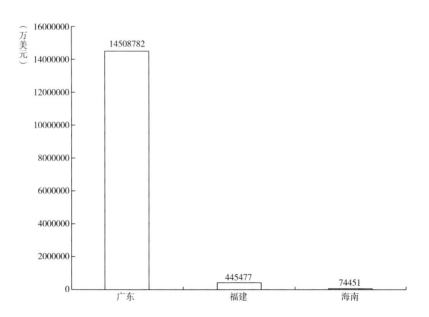

**图 9　三省实际利用 FDI 总量比较（2018 年）**

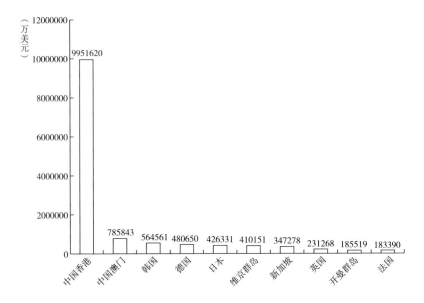

图 10　广东 FDI 前十来源地（2018 年）

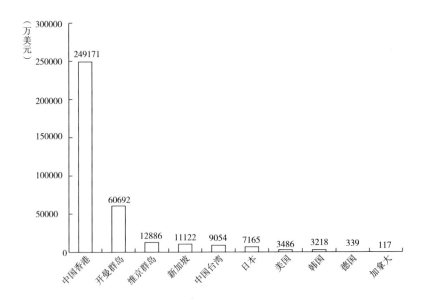

图 11　福建 FDI 前十来源地（2018 年）

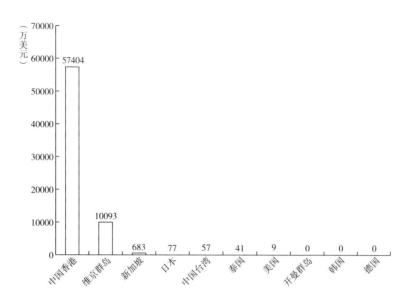

**图 12　海南 FDI 前十来源地（2018 年）**

数据来源：国家及各地统计局 2018 年统计数据。

　　上述数据显示，港澳资本对三省经济发展具有举足轻重的作用，对于广东更是不言而喻。正是得益于毗邻港澳的优势，广东经济一直处于全国领先地位，凭借着巨大的经济规模，广东对周边省份也显现出较强的辐射带动能力。[①] 目前，珠三角九市已经与港澳在经济上融为一体，构成了南方共同市场的组织核心。

　　**（二）货物流**

　　省际货物流反映在各类交通运输数据上，如公路、铁路、航空、海运数据。依据可获得的数据，本文从铁路货运数据和航空运输数据对三省间的贸易水平进行考察。在诸多运输方式中，公路运输处于主导地位。在 2018 年全国发货量中，公路占了近 78%，

---

　　① "区域合作"，《广东年鉴 2019》。

铁路只占 7.9%，民航占比则几乎可以忽略。① 尽管如此，铁路货运仍能反映省际贸易联系的相对大小。表 1 是 2018 年三省铁路货物交流量数据，据此计算三省间的货运关联度②。很明显，粤-闽关联度远远高于粤-琼，前者的关联度约是后者的 3.5 倍，而闽-琼之间在 2018 年没有铁路货运往来，关联度为 0。实际上，在其他年份，闽-琼的关联度也很低。因琼州海峡的阻隔，海南无法直接接入大陆的铁路网络，相应地，海南与各省的铁路货运关联度都很低（见图 13）。

**表 1　三省铁路货物交流量（2018 年）**

单位：万吨

| 接收地 ＼ 发出地 | 福建 | 广东 | 海南 | 省内收货占比（%） |
|---|---|---|---|---|
| 福建 | 2290 | 11 | 0 | 61.33 |
| 广东 | 130 | 2846 | 7 | 44.72 |
| 海南 | 0 | 33 | 1026 | 89.76 |
| 省内发货占比（%） | 65.15 | 38.49 | 96.07 | |

数据来源：《中国铁道年鉴 2019》。

表 1 中的省内收（发）货占比③还反映出各省的经济外向性。广东的省内收（发）货占比均低于 50%，省外经济联系明显，外向性更强。相比之下，福建和海南的省内收（发）货占比都超过了 50%。这说明，福建和海南的铁路货运系统主要服务于省内贸易，而海南的铁路货运更为封闭。

---

① "2018 年全国铁路运输量与其他交通运输业比较"，《中国铁道年鉴 2019》。
② A 与 B 的货运关联度＝（A 发给 B 的货物量）＋（B 发给 A 的货物量），例如粤-闽货运关联度＝11+130＝141（万吨）。
③ 省内收货占比＝（本省站点间的收货量）÷（从省内外所有站点收到的货物量之和），省内发货占比＝（本省站点间的发货量）÷（向省内外所有站点发出的货物量之和）。

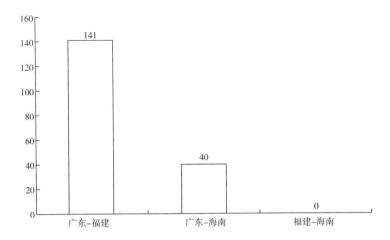

**图 13　三省铁路货运关联度（2018 年）**

从完整的铁路货物交流表来看，在与外省的铁路货运联系上，福建与江西，广东与广西、湖南，海南与广西更加密切。[①] 显然，受运输成本的约束，省际贸易就近展开，南方六省（粤、桂、琼、湘、赣、闽）联系较为紧密，这也许得益于 2014 年以来泛珠三角区域合作的深化。

由于各地地理条件差异较大，一些省份在铁路运输上不具有优势，因而单以铁路货运量指标来度量省际贸易关联会得出不准确的结论。所以，还需要考察其他运输形式的省际货运量。图 14 利用省际直飞航班的货运量来描绘省际关联度。与铁路运输形成鲜明对比的是，在 2012 年，粤–琼的货邮运输量高于粤–闽，同时两者的差距并没有铁路货运那么明显（相差不到 2000 吨）。[②] 这反映出，航空运输较好地克服了地形条件的限制，航空基础设施改

---

[①]　根据 2018 年的数据，这几个省份省际联系度分别是：粤–桂 = 2019，粤–湘 = 1510，闽–赣 = 1418，琼–桂 = 40。
[②]　目前的公开数据只更新到 2012 年。

善有助于加强两地的经济联系。在航空客运方面，粤-琼要比粤-闽多出 100 多万人次。与铁路货运相同，闽-琼的航空货邮运量和客运量都很小，因此可以肯定，两省的经济联系较弱。

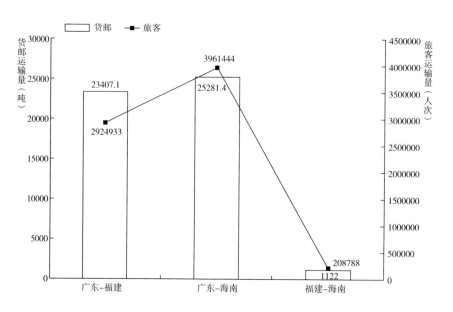

**图 14　三省民航运输关联度（2012 年）**

数据来源：《中国交通年鉴 2013》。

## （三）人员流

自 1978 年起，国家逐步放开了对劳动力流动的政策限制，为寻找就业机会，城乡流动、远距离跨省流动成为中国人口流动突出特征。由于东部沿海地区率先对外资开放，并在地理上适应海上贸易的需求，因此成为人口流入的集中区域。相关研究显示[1]，长期以来，北京、上海、广东是吸引人口流入的三大中心，并且相当稳定。北京主要吸引来自天津、河北、山东、山西、内蒙古、辽

---

[1]　马学广、魏晓迪：《中国省际人口流动的空间联系及其网络结构研究》，《青岛科技大学学报》（社会科学版）2019 年第 3 期。

宁等北方地区的流动人口；上海主要汇集了江苏、浙江、安徽的人口；广东则在更大的范围内吸引人口流入，包括东部的闽、琼，中部的豫、鄂、湘、赣，西部地区的渝、川、陕、桂。另一研究指出[1]，2015 年，人口流动与广东关联最紧密的省份依次是湘>桂>川>鄂>豫，这一排序与十年前相差无几。相比之下，福建、海南与广东的人口流动关联度较低。

# 四　总结

基于上述简要的分析，总的来看，作为南方共同市场的核心组成部分，广东、福建与海南在资源禀赋、发展程度、生产结构以及增长潜力等方面存在较大的差异。广东凭借其多种优势（如毗邻港澳、要素集聚、国家赋予的政策及定位、制度创新等），成为能够支撑全国经济发展大局的省份，而福建与海南的经济规模较小和发展程度相对较低，未来还有很大的提升空间。在区域一体化方面，三省间的贸易量较小，要素流动规模较小，海南和福建的经济甚至呈现出一定程度的封闭性。相比之下，广东省的外向性比福建和海南更强，不断体现出强大的辐射带动作用，能够主导和影响区域的经济发展。针对目前的这些特征，未来在构建南方共同市场的过程中，三省应该根据各自的比较优势，找准定位，抓住突破口和合作契机推进区域经济一体化。

## （一）广东的"头部"角色定位

从前述各项指标来看，广东的经济实力都远远超过了福建和海南，同时，广东与福建和海南的经济联系要强于后两者之间的

---

[1]　叶明确、任会明：《中国省际人口流动网络演化及其影响因素研究》，《当代经济管理》2020 年第 3 期。

联系。这种经济实力是广东主导南方共同市场构建的基础。改革开放 40 多年来，广东经济凭借先发优势走在了全国的最前列，但随着国内外经济发展条件的变化（如世界市场需求疲软、国家政策对内陆地区倾斜、人口增长率下降、用地及环保约束等），过去依靠大规模吸纳廉价劳动力的发展模式已难以为继。广东面临经济结构转型升级的关口，广东应该把有限的资源投入位于价值链高端的经济活动，例如科研、信息服务、金融服务、商业服务、教育培训、设计、文化创意等产业上，同时通过财税、金融、土地、环保等政策工具促进低附加值产业环节向外转移，保留高附加值环节。通过这种调整，一方面，可以让广东专注于区域经济的"头部"角色，负责引领、协调和创新，使区域经济更具组织性和高效率，从而实现高增长；另一方面，广东的产业转移可以强化对周边省份的辐射和带动作用，实现发展共赢。只有广东率先实现产业转型升级，才能把各个区域纳入由广东主导的国内产业链当中。国内产业链的增强和完善有助于减轻全球产业链断裂造成的冲击。

**（二）福建引资需要更加国际化、多元化**

长期以来，由于地缘关系，福建的一项重要任务是增强与台湾地区的社会、经济及政治联系，维护祖国统一。对台经济合作成为福建各类发展战略中经常出现的主题。据研究者统计[①]，2011年以来，国家先后出台了支持福建经济社会发展的八个区域性先行先试政策，其中有一半都明确提出要加强与台湾地区的对接和融合，包括平潭综合实验区、海峡蓝色经济试验区、福建自贸试验区建设，以及福厦泉国家自主创新示范区。加强对台联系是福

---

① 福建省人民政府发展研究中心课题组：《用好用足用活多区叠加的先行先试政策 进一步加快福建经济社会发展》，《发展研究》2019 年第 10 期。

建的使命与担当，但在经济领域过多强调针对性政策可能成效欠佳。在实践中，地方政府开出了很多针对台资与台商的优惠条件，包括土地、水电基础设施、税收等，然而效果却不明显。例如平潭综合实验区的建设目标包括"到 2020 年要基本实现与台湾地区经济全面对接、文化深度交流、社会融合发展、两岸共同家园基本建成"，然而据不完全统计，近年常住平潭的台胞（居住超过半年）只有 200 多人，常来平潭的约 600 人。其中的原因就在于，单一的引资对象会给台商造成顾虑和困扰，即害怕被"套牢"。数据显示，对台优惠政策并没有为福建吸引到数量可观的台资。相反，广东 2018 年吸收的台湾地区 FDI 约是福建的 7.5 倍[①]，台资似乎更喜欢广东，因为广东具有更加国际化、多元化的投资环境。因此，福建应该致力于推进法治建设和优化营商环境，吸引更多国家和地区的 FDI 聚集，提高投资的国际化、多元化水平。

### （三）海南的出路在于开放、合作与制度建设

前面的数据分析显示，海南是三省中经济规模最小、经济外向度最低、资源禀赋较为匮乏的省份，但这些似乎都不是问题的关键，因为相比于香港特别行政区和新加坡，海南的经济资源要丰富得多。海南的突出问题在于经济总量过小，并且开放性不足，对外经济联系弱，这在很大程度上是由行政壁垒造成的。1988 年海南脱离广东建省，成为省一级的行政实体。此后，像许多省份一样，海南的发展思路是在本省建立农业、工业和服务业完整的产业体系，然而在缺少自然资源、土地、人才和基础设施的情况下，构筑大而全的产业体系既困难又无必要。海南要发展，就要摒弃这种"画地为牢"的做法，以更加开放的举措与其他省份，

---

① 2018 年，广东的台湾地区 FDI 是 6.8 亿美元，福建是 0.9 亿美元。数据来源：《广东统计年鉴 2019》《福建统计年鉴 2019》。

尤其是临近的发达省份展开合作。海南应该更多地借鉴香港特别行政区和新加坡的发展经验，因为这两个地区都是在资源匮乏的情况下实现了惊人的经济成就的。香港特别行政区和新加坡经济成功的共同点都在于开放、合作，以及制度建设，以此来弥补资源劣势。2020 年 6 月，海南自由贸易港建设上升为国家战略，《海南自由贸易港建设总体方案》在部分产品零关税、税收优惠、通关便利、"极简审批"、跨境服务、金融业开放等方面提出 60 个政策亮点。这是海南扩大开放，强化与其他省份合作，探索制度创新的大好契机，海南应该借此机会努力成为连通国际国内市场的大平台、大通道，而不仅仅是一个省域经济实体。

# 以科技创新促粤港澳大湾区融合发展[*]

郑永年　　曾志敏

粤港澳大湾区具有促进香港、澳门发展与内地发展紧密相连，进而形成"命运共同体、利益共同体、责任共同体"的特别使命，这是与国家其他区域发展战略在定位上的显著不同。[①] 粤港澳大湾区"一个国家、两种制度、三个关税区、四个核心城市"的格局，是其最大的特点，也是最大的难点和痛点所在。这导致粤港澳三地在经贸、金融、产业、基础设施等合作领域，仍然存在较为严重的行政上各自为政、合作协调机制匮乏、重复建设乃至恶性竞争等问题。在"一国两制"的框架下，如何让大湾区各城市融合发展，形成有机整体以提升经济效率、释放更强动能、承载更大使命，是粤港澳大湾区发展面临的最大挑战。

以构建创新型经济区域共同体为核心目标，以开展科技创新区域合作为增量改革突破点，通过科技创新带动金融创新、产业创新，以此倒逼阻碍创新要素流动、创新资源整合的制度环境与

---

[*]　原文完成于 2017 年 11 月。

①　党的十九大报告明确要求，"要支持香港、澳门融入国家发展大局，以粤港澳大湾区建设、粤港澳合作、泛珠三角区域合作等为重点，全面推进内地同香港、澳门互利合作，制定完善便利香港、澳门居民在内地发展的政策措施"。

体制机制改革，从而逐步推进粤港澳大湾区的一体化，这是粤港澳大湾区城市群融合发展的可行路径。

# 一　科技创新区域合作是符合粤港澳共同利益的增量改革

以开展科技创新区域合作为突破点，加快构建区域协同创新体系，聚力打造全球科技创新中心，是当前对粤港澳大湾区城市群融合发展进行破题的着力方向，是一项阻力较小且更为务实的增量改革。科技创新区域合作之所以能成为打破粤港澳协同不足局面的重要抓手，在于它是以企业和科研机构为主体的合作，可以避免制度性因素过多的影响。这种合作的必要性和可行性，可以进一步从以下三个方面予以理解。

第一，从全球趋势看，科技创新成为全球城市的重要标志性功能，正在引领全球城市新一轮的发展竞争。2008 年金融危机和随后的 2009 年欧盟债务危机，虚拟经济泡沫的破灭，使得曾经支撑纽约、伦敦等传统国际大都市发展的 FIRE 产业①面临严峻挑战。与之相反，柏林、法兰克福等德国的大城市则由于一直比较注重以高端装备制造业为代表的实体经济发展，成功抵御了这一轮全球性的金融与经济危机。德国的经验促使传统国际大都市对"泛金融化"的城市发展模式进行深刻反思，纷纷将经济走出低谷寄希望于科技创新及其产业化，一时间产业结构"再工业化"、经济"再实体化"的发展取向成为主流。2010 年以后，伦敦大力实施"迷你硅谷"发展计划，全力打造东伦敦科技城，仅 2011 年，就

---

① FIRE 产业是金融（Finance）、保险（Insurance）、房地产（Real Estate）产业部门的合称。FIRE 产业兴起于 20 世纪 80 年代，盛于 90 年代，2000 年以后处于调整期，到 2007 年，该产业遭遇了重大挫折。"金融过度""杠杆过度"不仅导致了次贷危机，而且导致了一系列的"危机后危机"，如"欧债危机""美债危机"乃至其他政治社会危机。

有 200 多家科技企业将总部设于东伦敦科技城。伦敦已成为欧洲成长最快的科技创新枢纽。纽约亦然，自 2010 年始，先后开展"纽约应用科学发展项目"、成立"科技与创新理事会"、建设罗斯福岛大学园区和初创企业孵化器、启动"生命科学领域新兴应用联盟"。如今，纽约正在崛起为美国东岸的科技重镇，并力图成为新的世界科技之都。传统国际大都市加紧谋划和建设全球科技创新中心的举措，表明科技创新功能相比于高端金融、总部经济愈加成为国际城市竞争力的关注点。没有强大的科技创新实力作为支撑，再成功的全球城市也将在残酷的经济竞争中败下阵来。

第二，从利益需求看，科技创新驱动下的创新型经济契合当前大湾区主要核心城市发展的共同目标。目前，大湾区主要核心城市政府均积极推动科技与产业创新大发展。深圳以 2017 年公布实施的《加快深圳国际科技产业创新中心建设总体方案》为抓手，吹响了全面加快建设国际科技产业创新中心的号角。广州明确提出，要将广州建成具有国际影响力的国家创新中心城市，打造国际科技创新枢纽。近年来，富士康、思科、华为、腾讯、阿里巴巴、GE 等一批全球创新巨头纷纷加大了在广州的布局。为了在未来发展中持续保持优势，香港一直希望能够建立新的支柱产业，而科技创新则被特区政府认为最有潜力成为香港新的经济增长点。2015 年，香港正式设立创科局，不断加大科技创新投入，明确提出要打造"香港国际创新科技中心"。尤其在林郑月娥成为特首后，香港科创事业发展大为提速，比如，在港深交界落马洲河套地区的"港深创新及科技园"，目前在香港的主导下已经进入开发实施阶段。澳门则利用澳门大学横琴校区的新空间，加强科技、健康、医药等领域的学科布局，建成了微电子和中医药领域两个国家重点实验室，并与珠海协同推动横琴新区加快成为区域科技创新中心和产业创新中心。

第三，从能力基础看，粤港澳大湾区汇聚了建成世界级科技创新高地的要素条件，区域协同创新发展格局初步显现。在一定程度上，粤港澳大湾区本身就已经是具有全球竞争力的超级都市圈，世界上没有哪个湾区如它一样同时具有世界级的金融中心（香港）、高科技中心（深圳）、生产基地（东莞、惠州、佛山、中山、深圳）以及世界级的教育中心（香港有 5 所世界排名前 100 位的大学）和世界级的物流和运输枢纽（世界物流量最大的区域，并有三个世界排名前 15 位的港口、一个世界货运排名第一兼国际客运连接度世界前三的机场）。根据 2017 年全球创新指数报告公布的全球创新活动群落 Top100，深圳-香港地区 PCT 申请数量 4.1 万件，夺得了第 2 名，而圣何塞-旧金山以 3.4 万件位列第 3 名；广州排名第 63 名。[①] 这表明粤港澳大湾区在全球创新领域已经占据一席之地。此外，随着《广深科技创新走廊规划》加快实施，港深创新及科技园及前海、南沙、横琴等粤港澳重大合作平台加快建设，大湾区城市群协同创新发展格局已初步形成。

## 二 粤港澳协同共建全球科技创新中心具有国家战略意义

以科技创新区域合作推动粤港澳大湾区融合发展，根本目标在于推动粤港澳大湾区作为一个有机整体成为全球科技创新中心。所谓全球科技创新中心，是指全球范围内少数能级最高的科技创新城市或区域，它是全球创新要素的集聚地和全球创新网络中的枢纽性节点，是世界新知识、新技术和新产品的创新源地和产生中心之一，对全球创新活动和产业发展具有强大的影响力和辐射

---

① Cornell University, INSEAD, WIPO. Global Innovation Index 2017: Innovation Feeding the World, http://www.wipo.int/edocs/pubdocs/en/wipo_pub_gii_2017.pdf.

力。显然，一个国家拥有科技创新中心的数量和等级是该国科技实力乃至经济实力在空间上的直接反映。全面推动粤港澳大湾区建成全球科技创新中心，对于新时代下中国的进一步发展，具有重大战略意义。

第一，从国际竞争层面看，建设全球科技创新中心能够大大增强我国在全球国家竞争体系中的创新优势。世界政治经济格局正在急剧调整和变化，全球创新空间和分工体系处于"大洗牌"的前夜。在当前以人工智能、大数据、物联网、新能源汽车等为代表的新一轮科技与产业革命风起云涌之际，各主要发达国家包括新兴工业化国家均加强了在相关领域的部署和争夺。从全球范围看，创新活动并未呈现均衡分布的特征，越是知识密集型的部门或区域，创新集群的区域越发显著。典型的例子包括互联网技术产业、生物技术产业以及金融服务业等，全世界这些产业的领先者越来越集中于少数几个中心地区。这也反映了创新驱动下的市场经济在全球国家竞争体系下不均衡发展的本质，即谁在创新领域做得好，谁就能赢得主动，谁就能在世界政治经济格局中赢得相对于别国的竞争优势，这就解释了为什么有些国家比其他国家发展更快，或者经济增长率更高。在全球化的市场经济体系下，尽管新兴经济体在不断崛起，但不得不承认，发达国家仍然通过政治和经济权力占据了供应来源和世界市场的资源，并不断开发新的技术和新组织类型来推动经济的持续发展。因此，中国进一步崛起发展必然要求加快孕育形成多个全球性的科技创新中心，强化战略科技力量，从而支撑中国经济在全球价值网络体系中最终占领领导和支配地位。

第二，从国内改革层面看，建设全球科技创新中心能够为供给侧结构性改革与创新驱动发展战略提供载体支撑。激发和利用知识创造和创新成为经济增长及发展的引擎，是我国经济从高速增长阶段转向高质量发展阶段实现关口跨越的必然要求。改革开放以来，长期支持中国经济增长的两个支柱所发挥的效用日益疲软。其一，农村剩余劳动力向城市和工业地区的大规模转移已经结束。尽管仍有超过40%的人口居住在农村，但是这些人口中的大部分是因为年龄、健康和缺乏教育而未能转移。其二，一直以来对基础设施建设投资的高增长率已经不能长久地持续下去，而且这一方式的收益率在不断降低。从这个意义上，可以理解党的十八大以来中央一直大力强调推进供给侧结构性改革、深化实施创新驱动发展战略的深意。从深层次看，科技创新是供给侧结构性改革与创新驱动发展战略实施的关键，因为支撑产业和经济发展的各种生产要素——劳动力、资本、土地资源和科技等，最难获得的和最难从别人那里转移过来的，就是科技。因此，实现更高质量、更有效率、更可持续的经济发展，需要全球科技创新中心这样的新知识、新技术和新产品的创新源地和产生中心提供空间载体的引领性驱动，而粤港澳大湾区则可以承载这样的使命。

## 三　粤港澳协同共建全球科技创新中心面临内外部挑战

第一，在外部环境上，稀缺创新资源的区域争夺战愈演愈烈，无序化竞争趋势明显。作为中国经济发展的引擎和中国未来经济发展格局中最具活力和潜力的核心地区，京津冀、长三角、粤港澳大湾区三大城市群是中国未来在全球创新格局中抢占主导地位的核心竞争区域。目前，依托雄厚的政治、经济资源与区域中心极的显著优势，上海、北京等地正在加快建设"具有全球影响力的科技创新中心"。各地政府为了推动创新发展，在财税、土地、产业、人才、研发等方面的优惠政策层层加码，财政投入持续加大，目标预期不断攀高。由于高素质人才、资本、企业家、高科技企业等创新资源不仅是稀缺的，在空间上也是不均衡分布的，在当前以科技创新推动全球城市发展的普遍趋势下，粤港澳大湾区在开放合作的同时，必然面临更加激烈的竞争，除了国内的创新资源区域争夺战之外，在国际上也可能遭遇新形式的"封锁"，如国际交流与人才流动障碍、跨国专利诉讼等。

第二，在内部体系上，地方本位与制度壁垒仍然对大湾区城市群之间的发展协同效应构成严重约束。由于经济制度、法律体系和行政体系的差异，生产要素、人员、资金等各类要素仍然难以实现完全自由流动，科创研发与产业布局领域存在不同程度的同质化竞争和资源错配现象，广州、深圳、香港三地的"龙头之争"有愈演愈烈之趋势，城市资源整合的一体化进程缓慢。此外，内地在经济、社会、科技管理领域形成的"内外有别"的管理体制，直至今天，在国际人才（包括学生）来华学习、就业、生活、发展等方面仍存在各种各样的障碍，在国际组织、大学、科研机构来华"落户"与开展业务等方面仍有种种限制，在国内人员、企业和各类机构开展对外合作与交流，乃至到国外活动与发展等方面，仍然受制于一些僵化乃至过时的规定，不利于创新要素在全球范围内的优化配置，这些体制机制问题都亟须改变。

## 四 粤港澳科技创新区域合作有赖中央扩大授权的支持

以构建创新型经济区域共同体为核心目标，通过科技创新带动金融创新、产业创新，以此倒逼阻碍创新要素流动、创新资源整合的制度环境与体制机制改革，从而逐步推进粤港澳大湾区交通基础设施、公共服务、经济制度、行政管理等方面的一体化，这是粤港澳大湾区城市群融合发展的可行路径。为此，除了加快推进已有的区域协同创新合作之外，还需要中央在体制机制改革、新兴产业培育、新型国家实验室、人才国民待遇、教育体系改革等五个方面，进一步对广东扩大授权与支持。

第一，支持广东在创新发展和科技管理方面拥有更大的政策制定权，坚持"自身为先，协同港澳"的原则，全面建立起科技与经济有效结合的体制机制。目前，港澳两地在与内地科技合作的过程中，均表现出较为明显的"自身为先"的制度倾向。比如，2017年1月港深两地政府签订的《关于港深推进落马洲河套地区共同发展的合作备忘录》中，明确将"整个河套地区和'港深创新及科技园'均适用香港特区法律和香港特区政府的土地行政制度"确定为基本合作原则。而横琴新区的澳珠合作存在同样情形。因此，依托《深化粤港澳合作 推进大湾区建设框架协议》建立的国家发展改革委、粤、港、澳四方协调实施机制，允许广东在科技金融创新、创新创业政策环境、外籍人才引进、军民融合创新等领域先行先试，大胆改革，加快建立适应内地、港、澳共同市场要求的技术创新市场制度与政策体系。

第二，支持广东协同港澳打造环珠江口科技创新环带，推动形成具有国际竞争力的创新产业集群。督促加快建设广深港高铁、港珠澳大桥、深中通道、南沙大桥等几条重要的交通连接线，将"广深科技创新走廊"扩展至"广深港科技创新走廊"，通过穗深港三极协同的区域创新体系，吸纳佛山（顺德）、中山、珠海、澳门等珠江西岸城市，推动珠江东岸与西岸创新联动一体化，构建环珠江口科技创新环带。在此基础上，将5G、工业互联网、人工智能、生物医药、8K电视、装备制造业、机器人、新能源汽车等战略性新兴产业发展，重点布局在环珠江口科技创新环带上。中央与地方合力培育一批类似于华为、中兴、腾讯、大疆的世界级创新型企业，打造一批国际领先的信息技术、生物医药、智能制造等高科技产业集群，抢占全球高端制造与科技产业发展制高点。

第三，支持广东协同港澳大力发展新型"国家实验室"经济，统筹建立一批匹配粤港澳大湾区发展的国家实验室。从美国经验看，国家实验室始终是美国国家意志和战略的坚定体现，是连接学术界和工业界的重要桥梁，在美国国家创新体系中具有不可替代的战略性地位。当前知识、学科、技术、产业、金融相互融合已成趋势，但我国较为保守的国家实验室管理体制以及较为传统的科研布局，更加难以适应新一轮科技与产业革命的时代要求。按照瞄准世界科技前沿领域和顶级水平、服务国家重大发展战略的原则，国家应大力支持广东协同港澳，聚焦于人工智能、生命科学和生物技术、信息科学和技术、先进制造和材料科学技术、南海科学研究等粤港澳有基础、有优势、能突破的领域，加快建设一批突破型、引领型、平台型一体化的国家实验室，对标世界一流国家实验室的管理制度，探索建立"开放、流动、联合、竞争"的新型管理体制机制，拓展国家实验室与学术界、工业界的积极合作，引领未来发展战略制高点。

第四，支持广东在推进港澳居民享有国民待遇方面拥有更大自主权，以粤港澳人才流通促进港澳与内地民心相通。长期以来，港澳居民在创办企业、就业许可、社会保障、公务员考试录用和事业单位聘用等方面存在较多阻碍，这种不利于增强港澳居民对国家的认同感和归属感的状况必须迅速改变。为此，国家应支持广东超越自贸区层面，着眼于大湾区乃至泛珠三角的一体化，以无差别的国民待遇为导向，在港澳人才引进、创业、就业、永居、税收、金融、社会保障等管理制度与政策体系方面，先行先试，大胆改革，大力推动形成粤港澳统一的人才市场。

第五，支持广东协同港澳积极推进教育体系改革，探索建立适应智能时代需求的新型创新人才培养机制。进入智能时代，整个教育的知识结构都不大一样，粤港澳大湾区乃至中国都迫切需要人工智能和相关领域的人才。现在市场上，人工智能相关领域的工程师在世界范围内包括美国本土都是最稀缺的人才。当前高科技公司只能靠自己来培养工程师，只有少量能从市场上挖掘到。中国必须高度重视培养内生的、适应于智能时代的创新人才。从根本上说，只有通过自身教育体系改革才能满足智能创新时代的人才需求。为此，国家可以支持广东协同港澳积极实施以问题为导向、鼓励多学科融合、基于项目学习、培养具有国际视野与品位的创新人才的教育模式，考虑统筹设置一批以 STEAM① 教育和创新精神培养为主的中学，以及大力鼓励增设一批以科创教育为主、服务大湾区的新型大学/学院。

---

① STEAM 代表科学（Science）、技术（Technology）、工程（Engineering）、艺术（Art）、数学（Mathematics）。STEAM 教育就是集科学、技术、工程、艺术、数学多学科融合的综合教育。STEAM 教育理念最早是美国奥巴马政府提出的教育改革倡议。

# 粤港澳大湾区科技创新网络及其优化<sup>*</sup>

王迎军　　郑永年　　曾志敏

建设具有全球影响力的国际科技创新中心是粤港澳大湾区建设的重要战略定位。在"一国两制三个关税区"的区域治理框架下，创新要素跨境流动和区域融通是粤港澳大湾区构建"开放型区域协同创新共同体"所指向的核心目标，而如何通过搭建稳定、互惠、高效的区域创新协作网络，实现创新资源优化配置，则是实现上述目标的关键问题。作为解决这些问题的基础，本文运用大数据和社会网络分析的可视化方法①，对粤港澳大湾区科技创新网络进行全景式描绘，一方面研判粤港澳大湾区科技创新现状和趋势，识别粤港澳大湾区内创新主体及其合作创新的基本格局，梳理粤港澳大湾区科技创新前沿的演进路径；另一方面对比美国纽约湾区和旧金山湾区的区域创新网络及其技术演进趋势，定位粤港澳大湾区发展的优势和短板，进而研提建设面向未来的国际

---

\* 　原文完成于 2019 年 5 月。

① 　使用网络分析方法需要首先将传统属性数据转化为关系数据，关系数据由样本属性共现的方法生成。本文将区域创新网络操作化为基于论文作者隶属机构或者专利持有人所属机构的合作网络（affiliation network），以及基于学科属性的学科网络（fields network）。也就是说，以机构合作网络为例，在最后形成的网络图谱中，节点表示参与区域创新网络的研究机构和企事业单位，两个节点之间如果存在连线，则表示两个机构之间存在论文合作或专利共同持有的情况，连线的权重则具体表示它们的合作数量/强度。

科技创新中心的政策路径。

# 一 粤港澳大湾区科技创新网络的特点及问题

为系统呈现大湾区科技创新发展的现状和趋势，本文收集并分析了2012~2018年粤港澳大湾区产出的科技论文和专利数据，以文献计量和可视化的方式勾勒大湾区知识创新和技术创新的宏观和微观特征。其中科技论文数据采集自 Web of Science 文献数据库[①]，包括研究期内发表的署名地为粤港澳大湾区九市及香港和澳门两个特别行政区的所有科技类研究论文，共计33526篇，主要用来展现知识创新情况。学科大类包括生命科学与生物医学、自然科学、应用科学等三类，涵盖几乎所有的科技创新领域。专利数据来自国家知识产权局专利检索平台，包含2012~2018年的所有由粤港澳大湾区内组织和个人持有的发明专利信息，共计198374项，均为已正式授权的发明专利，主要用以展现技术创新情况。通过对以上数据的深度挖掘分析，可以得到以下基本发现。

**（一）大湾区创新网络开放程度高，核心机构带动能力强，市场驱动特征明显**

数据显示，2012~2018年的7年间，有500余家研究机构参与构成了粤港澳大湾区知识创新的主干网络，其中包括221家内地研究机构、12家港澳研究机构，以及274家海外研究机构。虽然粤港澳地区机构在其中占比不足三成，但以合作参与的方式构建了规模巨大的区域创新网络（见图1）。可以说，粤港澳大湾区科技

---

① Web of Science 是全球最大、覆盖学科最全的科技论文检索数据库，是否被其收录是学术界对于科研成果评价的重要依据。本文从该数据库中系统抓取了署名地属粤港澳大湾区的科技论文样本，并基于这些样本数据，构造了一个包含论文题目、摘要、关键词、作者信息、机构信息、学科信息的数据库。

创新网络具有很强的延展性，网络的中心机构数量众多，例如有中国科学院、中山大学、华南理工大学、深圳大学，以及香港大学和香港理工大学等，这些机构的合作网络搭建能力强，为区域创新生产提供了良好的结构基础。

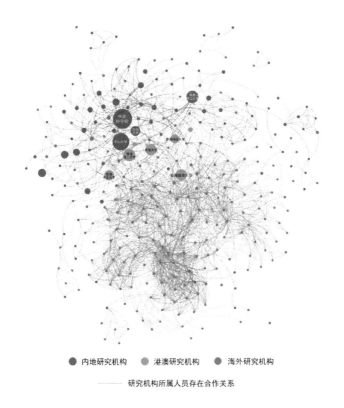

● 内地研究机构　　● 港澳研究机构　　● 海外研究机构

——— 研究机构所属人员存在合作关系

**图 1　粤港澳大湾区科研创新的机构合作网络（2012～2018 年）**

　　技术发明创新方面，则呈现民营企业引领、科研院所紧紧跟随的特点。华为、中兴、OPPO、TCL 等通信设备制造企业的发明专利授权量均超过 1000 件，尤其是华为，发明专利产出量极高，是第二名授权量的 2 倍多。此外，格力、华星光电、海洋王照明、美的等电器生产企业，以及腾讯等互联网科技企业，比亚迪、鸿富锦（富士康）等汽车和精密仪器制造企业均持有相当数量的发明专利。这些民营企业占专利申请量超 1000 件的申请人中的 71%，民营企业展现出全面引领粤港澳大湾区技术创新的态势。华南理工大学、中国科学院、广东工业大学、中山大学和华南农业大学等科研单位的专利数量也在千件以上，并且华南理工大学位列专利数量前三。（见表 1）除民营企业和科研单位外，国有企业仅有广东电网的发明专利授权量超过 500 件，与前两者差距较大。粤港澳大湾区的技术创新主体呈现明显的市场驱动、服务产业需求的特点。

表 1　发明专利授权情况（授权量 1000 件以上）

单位：件

| 单位名称 | 发明专利授权量 | 单位名称 | 发明专利授权量 |
|---|---|---|---|
| 华为技术有限公司 | 13447 | 海洋王照明科技股份有限公司 | 1595 |
| 中兴通讯股份有限公司 | 6383 | 广东工业大学 | 1466 |
| 华南理工大学 | 5087 | 中山大学 | 1411 |
| OPPO 广东移动通信有限公司 | 4958 | 广东美的制冷设备有限公司 | 1356 |
| 珠海格力电器股份有限公司 | 4795 | 华为终端有限公司 | 1270 |
| 腾讯科技（深圳）有限公司 | 4557 | 惠州 TCL 移动通信有限公司 | 1066 |
| 深圳华星光电技术有限公司 | 3566 | 深圳鸿富锦精密工业有限公司 | 1050 |
| 比亚迪股份有限公司 | 2119 | 华南农业大学 | 1028 |
| 中国科学院大连化学物理研究所 | 1777 | | |

**（二）大湾区创新网络呈"三明治"式结构，内地机构网络搭建与领导能力较为薄弱**

粤港澳大湾区的科创合作网络呈现明显的"三明治"式结构

特征，内地、港澳和海外研究机构在网络中的地位和角色分化明显。内地研究机构的创新产出最多，但普遍与海外研究机构联系较少；港澳研究机构数量少但平均产出较高，同时与内地和海外研究机构保持着紧密的合作；部分海外顶尖科学和技术研究机构如麻省理工学院、佐治亚理工学院等在网络中围绕在香港高校周围，形成了稳定的科研合作关系。因此，港澳在整个创新网络中起着关键的连接内地与海外的作用，同时对接国内国外两个方面的创新资源。

综合研究机构的论文产出数量和在网络中的合作情况（见图2），部分海外高校虽然论文数量不多，但合作研究较为广泛，如哥伦比亚大学、加州大学洛杉矶分校和明尼苏达大学等；港深两地大学在保持适中的合作倾向的同时，论文发表数量也较为适中，然而中山大学和华南理工大学呈现出高论文发表数量与低合作倾向共存的情况，这意味着大湾区内地高校在引进海内外研究资源进行合作研究方面还存在短板，内地高校的网络搭建和领导能力不足。

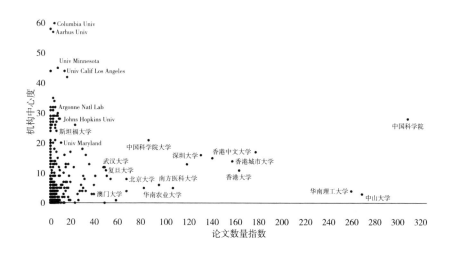

图2 机构中心度与论文数量的散点图

**（三）知识创新领域布局完整，技术创新领域侧重电信电子制造，部分新兴领域需要进一步做大做强**

粤港澳大湾区科创发展的基础稳固，向前沿领域的创新探索均建立在已有的优势基础上。从粤港澳大湾区热点学科涌现的网络时序图来看（见图3），新涌现的热点研究领域均与既往重点研究领域有直接联系，新研究前沿的涌现较为稳定和可预期，说明粤港澳大湾区的知识系统正在逐步衍化成熟，有持续的创新产出能力。同时，大湾区科创方向布局完善，在数学、物理和化学等基础科学，以及材料科学、生物医学、电信电子、能源与动力和计算机科学等方面均有聚集性的研究力量，具备实施多学科交叉研究的潜力。

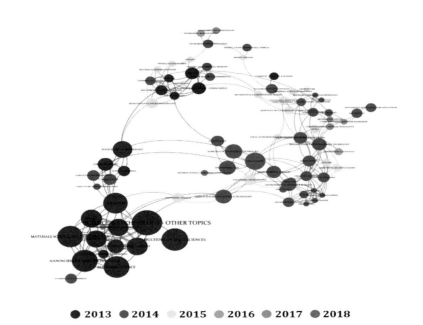

● 2013　● 2014　● 2015　● 2016　● 2017　● 2018

**图 3　粤港澳大湾区热点学科涌现网络时序（2012~2018 年）**

前沿领域创新更新速率高，部分新兴领域需要进一步做大做强。相比于 2013 年和 2014 年涌现的材料科学、结构与建筑技术、环境科学与生态学等领域，近期涌现的计算机科学与人工智能、工程技术与先进制造等领域发展还未成规模（见表2）。粤港澳大湾区创新网络在部分前沿领域进步迅猛，甚至已经成为行业领导者，但与成为"全球创新高地"和"新兴产业重要策源地"的目标还有不小距离。大湾区在人工智能和深度学习等前沿领域的发展应紧抓自我优势，进一步做大做强，稳步提升创新更新速率，抢占全球创新先机。

表2　2013~2018年粤港澳大湾区科研创新热点迁移趋势

| 2013 年 | 2014 年 | 2015 年 | 2016 年 | 2017 年 | 2018 年 |
|---|---|---|---|---|---|
| 纳米科学与纳米技术 | 结构与建筑技术 | 生物工程学和应用微生物学 | 地球化学与地球物理学 | 计算机科学与人工智能 | 材料科学：性能与测试 |
| 材料科学 | 土木工程 | 光学 | 工程技术与先进制造 | 工程技术：跨学科 | |
| 化学 | 绿色与可持续技术 | 生物医学工程 | | 应用数学 | |
| 物理学 | 环境科学与生态学 | 跨学科地球科学 | | 计算机科学与软件工程 | |
| 应用物理学 | 成像科学与影像技术 | 放射、核医学和医学成像 | | 微生物学 | |
| 物理化学 | 电力电子工程 | 材料科学：生物材料 | | 热动力学 | |
| | | | | 药物化学 | |

此外，在大湾区区域创新网络中，前沿学科的发展在不同地区正在形成梯度分化。香港和深圳地区在计算机科学、通信工程、人工智能等新型工程领域进展迅速，而广州则继续维持传统工程领域的创新优势。区域创新网络中出现了较为明显的城市间分工趋势。

受产业结构影响，粤港澳大湾区的技术创新主要集中于消费电子制造领域，主要体现为发明专利分布于电通信技术、算法和数据管理、基本电气元件等（见表3）。此外，生物医学、电力设备制造、化工产品制备和能源动力领域也集中了相当部分发明专利，但在总体规模上与消费电子制造领域还有较大差距。

表 3　发明专利的领域分布

单位：件

| 领域 | 发明专利数 |
| --- | --- |
| 电通信技术 | 33837 |
| 算法和数据管理 | 21285 |
| 基本电气元件 | 12772 |
| 测量与测试 | 10491 |
| 医学、卫生学或兽医学 | 7754 |
| 发电、变电或配电 | 7028 |
| 供热、炉灶、通风 | 5355 |
| 有机高分子化合物、其制备或化学加工、以其为基料的组合物 | 4817 |
| 其他类目不包含的电技术 | 4291 |
| 输送、包装、贮存 | 3971 |

资料来源：各地市科技局官网公布数据，笔者整理。

### （四）城市创新模式分化明显，产业链与创新链还需统筹布局

从技术创新的主体分布来看，粤港澳大湾区各城市之间已经出现了明显的创新模式分化现象。截取 2012～2018 年发明专利申请量超过 200 件的机构和个人数据（见表 4），可以发现，广州市技术创新呈现为创新资源驱动的技术创新模式，即主要依赖于高校和科研院所（两者合计占比约 71.1%），此外国有企业技术创新数量也相当可观。深圳市技术创新则表现为产业链带动创新链的技术创新模式，私营企业为深圳市发明专利贡献率超过 74.8%，所有类型企业的技术创新贡献率达到了 90.1%。东莞、珠海、佛山和惠州则属于产业链主导的技术创新模式。

同时，深圳市的产业链技术创新集中于少数领域，在部分细

分领域已经形成规模性的产业技术创新集群，包括电信电子、高端显示技术和高精密制造等。东莞、珠海、佛山和惠州则分别在电信电子、智能电器和工业制造领域出现了一定规模的产业创新聚集。相比于大湾区其他城市，广州市技术创新所分布的产业领域较为碎片化，还未形成产业发展对创新的有序引领。

表 4　粤港澳大湾区城市发明专利申请量分布

单位：件

| 城市 | 发明专利申请人类型 | | | | | 总计 |
|---|---|---|---|---|---|---|
| | 高校 | 个人 | 国有企业 | 科研院所 | 私营企业 | |
| 深圳 | 2280 | | 7385 | 2497 | 36107 | 48269 |
| 广州 | 10615 | | 2374 | 1297 | 2471 | 16757 |
| 东莞 | 252 | | | | 8387 | 8639 |
| 珠海 | | | | | 6084 | 6084 |
| 佛山 | | 224 | | | 3698 | 3922 |
| 惠州 | | | | | 2002 | 2002 |
| 总计 | 13147 | 224 | 9759 | 3794 | 58749 | 85673 |

资料来源：各地市科技局官网公布数据，笔者整理。

## 二　知识创新网络的三大湾区比较

运用同样的数据分析方法，比较粤港澳大湾区与美国纽约湾区和旧金山湾区的知识创新网络（见图 4），可以发现，美国两个湾区的知识创新网络在结构上有相似之处，本地机构较为均匀地围绕在外地机构周围，形成内外环包裹式的合作结构，而非"三明治式"的结构。这是因为美国两个湾区中的大学参与合作研究的平均水平更高，与湾区外部机构的合作更加多样和频繁，因此呈现为内外环包裹式的网络结构。

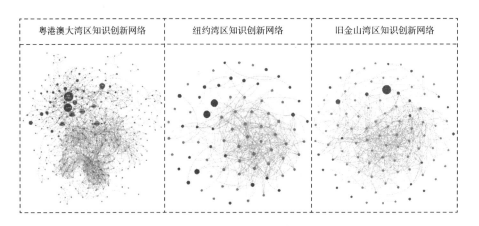

**图4 三个湾区的知识创新网络（粗体黑点为湾区内机构）**

在热门研究领域衍化兴起方面，美国两个湾区的大部分学科领域在2012年已经涌现，2013年以后，计算机科学（包括人工智能、理论与方法、交叉领域与应用）、神经科学与神经学、环境工程等逐渐出现，两个湾区在2013年后的新兴学科涌现上表现出很强的同步性（见表5）

**表5 纽约湾区和旧金山湾区的热点研究领域涌现时间**

|  | 2012年 | 2013年 | 2014年 | 2015年 | 2016年 | 2017年 | 2018年 |
|---|---|---|---|---|---|---|---|
| 纽约湾区 | …… | 放射学、核医学与医学成像 | 计算机科学：理论与方法 | 营养学与食品学；计算机科学：软件工程 | 环境工程 | — | 计算机科学：交叉领域与应用 |
| 旧金山湾区 | …… | 计算机科学：人工智能 | 计算机科学：交叉领域与应用 | 神经科学与神经学 | 环境工程 | 心理科学交叉领域 | 化学工程 |

纽约湾区和旧金山湾区为粤港澳大湾区指出了创新网络成熟化发展的基本方向，那就是需要提高湾区内部研究单位和外部研究单

位的合作程度，改进协作网络的融合度。同时，纽约湾区和旧金山湾区的研究领域布局更加成熟，因此近年来的研究热点领域涌现更好地代表了国际研究热点的迁移情况。计算机科学、神经科学、环境和化学工程等领域在国际研究前沿中占据着重要位置。

总体来看，粤港澳大湾区的热点学科涌现相比于美国两个湾区存在明显的时滞。例如"放射学、核医学和医学成像"作为热点领域在粤港澳大湾区的涌现比纽约湾区晚了两年，"计算机科学：人工智能"的涌现比旧金山湾区晚了 6 年，"计算机科学：软件工程"的涌现比纽约湾区晚了 2 年，物理、化学等基础学科研究的发展也晚于美国两个湾区。

当然，粤港澳大湾区也具有美国两个湾区不可比拟的优势，例如近年来新兴领域出现的数量更多，更有利于实现交叉学科突破，同时粤港澳大湾区的学科发展与其工业基础的结合颇具特色，相比于旧金山湾区和纽约湾区，知识创新服务于实体经济（尤其是制造业）的能力更强，也具备更多的可能性和发展潜力。

# 三　启示

上述对粤港澳大湾区科技创新发展现状的研判结果，对如何进一步优化粤港澳大湾区科技创新网络，建设面向未来的国际科技创新中心的启示如下。

## （一）大力度促进内地研究机构扩展海外合作，提升对大湾区创新网络的领导力

首先，探索建立湾区高校参与国际创新合作的绿色通道，促使大湾区内地高校与海外学术机构建立稳定长期的合作关系。这包括简化学术交流审批程序，便利化对高端外籍科技人才的引进，加大对国际合作办学和合作开设实验室的政策支持力度。其次，鼓励内

地高校在湾区内部扩大合作，重点支持内地、港澳、海外三方合作创新模式，充分利用港澳在科技创新上的国际化优势，提升内地高校参与全球技术竞争的能力和层次。这包括加快内地与港澳高等教育资源共享进程，为内地和港澳科技人才建立统一的劳动力市场，促进三地人才自由流动；同时推进内地与港澳科研管理制度的衔接，进一步放开研究经费在港澳境外直接支付，完善粤港澳研究经费的跨境管理制度；向港澳研究机构定向开放内地科研设施使用权，根据研究需求在粤港澳大湾区建设大科学设施。最后，支持有条件的内地高校发起和维护粤港澳大湾区科技创新合作的多边交流和治理机制，提高内地高校在区域创新网络中的领导力。

**（二）加强对内地—港澳科技合作的顶层设计，在新兴和未来领域重点布局研究力量**

首先，推动中央政府、广东省政府和港澳特区政府联合制订粤港澳科技发展年度行动计划，为内地与港澳科技合作确立年度目标和政策重点，由内地与港澳科技合作委员会监督和会商政策执行动态，促进年度行动计划在港澳立法。其次，在计算机科学、人工智能、生物科技和神经科学等领域，探索建立粤港澳跨地区、跨企业和科研单位的实验室群组，以实验室群组为单位安排生物制剂、实验设备的共建共享，重点向这些新兴和未来领域的研究项目和实验室群组拨付财政支持资金。在粤港澳各高校专设新兴和未来领域的人才引进项目，逐步统一和规范化相关领域的人才培养标准，建立人才从实验室到产业界的完整培养和输送链条。再次，进一步突出对交叉学科研究开发的支持，尤其重点支持人工智能与先进制造、生物医学与材料科学、环境工程和生态可持续发展等领域的交叉学科探索，对交叉领域研究制定特别的奖励办法，促使交叉学科研究水平向欧美先进水平看齐，并在特定领域走出新路。最后，提高对旧金山湾区等科技创新集中地区创新前沿的追踪、分析和研判能力，保持对国际创新趋势的敏感性，进一步缩短新兴技术向粤港澳大湾区的扩散时间，根据具体情况优化调整粤港澳大湾区创新重点的布局。

**（三）重点补足技术短板，更广泛地服务于产业需求，推动装备制造、智能制造领域技术创新**

首先，落实"市场导向、企业主体"的科研项目管理理念，探索从以政府科研立项为主转向以企业自主立项为主，将科研项目的立项权更多交给企业，并加大对民营企业和科研院所攻关粤港澳大湾区共性技术难题的支持力度，通过集体引进先进技术等方式满足粤港澳地区制造业升级的需求。其次，在技术创新市场推进力度不足的领域，探索科研成果悬赏制度，围绕产业链、创新链关键领域，遴选一批重大技术科研项目，面向全球征集攻关团队，购买符合条件的创新成果和解决方案，并向民营企业和其他产业主体更加开放地进行技术转移转化。最后，顺应粤港澳大湾区研究前沿的涌现趋势，以产业政策配合引导相关领域落地应用、做大做强。为人工智能、先进制造、新材料等学科研究者在粤港澳地区产业化相关研究成果开辟绿色通道，以学促产，以产促学，尽快确立粤港澳大湾区在相关领域的优势地位。

**（四）明确大湾区节点城市定位，促进城市资源互补融合，统筹产业链与创新链发展**

粤港澳大湾区内广州、珠海、深圳、香港、澳门等节点城市的创新模式存在显著差异，应探索统筹规划，使城市间优势互补，促进区域内产业链和创新链协调发展。首先，建立大湾区产业创新需求对接机制，探索以广深、广珠、广佛为骨干建立产业技术创新市场，将广州的高校和科研院所的创新资源与深圳等地的产业需求匹配起来，合理利用人才、设备和平台等创新资源，挖掘冗余资源的市场价值，真正使创新为产业和市场服务。其次，对大湾区内高校和科研院所的科研成果评价体系进行试点性改革，强化对接大湾区内产业创新需求的指标比重，建立适当的产业技术创新奖励制度，鼓励科研人员在大湾区内创业和兼职进行知识转化，以更大魄力推动市场导向的科技体制改革。最后，加强对大湾区内各城市产业政策和科技政策的统筹力度，避免产业碎片化发展、多头发展和无序发展，分别以广州、深圳（东莞）、珠海等地为中心探索建立高新生物医药产业集群基地、电信电子产业集群基地、智能和集成制造产业集群基地等，以产业集群基地需求为依据引导湾区内科研力量聚集并合作，实现产业链引导创新链的协调发展。

**（五）建立保育性的科技资助体系，充分借鉴欧盟科研基金经验，重视支持非共识创新，培育颠覆性创新**

粤港澳大湾区应以培育细分领域内的颠覆性创新、引领世界科技创新为追求。培育颠覆性创新的重要前提是对非共识创新给予足够的宽容度和支持度，这要依靠保育性的科技资助体系才能实现。首先，需要进一步丰富科技资助体系，使科技创新支持来源多元化。目前大湾区科技资助主要来自国家自然科学基金委，地方性、社会性的科技资助占比相对较小，粤港澳大湾区要想获得差异性的科技进步，必须多元化科技资助来源，引导地方性和社会性科技支持资金提高资助规模，便利化资助审核程序，让更多地方性和社会性资金进入科技创新领域。其次，积极借鉴欧盟科研基金①的运作机制，在粤港澳联席会议层面由三地共同设立类似欧盟基金的"大湾区科研基金"，让粤港澳三地的科研人员在资源结合的基础上来申请共同的研究项目，主要资助私营和公共部

---

① 欧盟对研究和创新的资助主要有三个来源：欧盟研究与创新框架计划（EU Framework Programmes for Research and Innovation）；欧洲结构与投资基金（European Structural and Investment Funds，ESIF），确切地说是欧洲地区开发基金（European Regional Development Fund，ERDF）下属的研究与创新资助；欧洲投资银行（European Investment Bank，EIB）的贷款。

门的一系列不同的研究、开发和创新活动，从基础研究覆盖到技术开发。这些受资助的活动应致力于拓宽对世界的认识、利用科学进步来促进经济和技术的发展，或解决大湾区乃至国家面临的一些"重大挑战"。这样，既可以充分利用三地各自的研究优势，又能推动知识共同体的发展。最后，可以倡导地方或社会设立专门的探索性研究基金，重点支持非共识性创新，弱化对此类研究的硬指标考核，切实支持科研人员敢于尝试、不怕失败，探索前沿未知领域，积累重要领域理论和技术知识，为颠覆性创新的出现奠定基础。

# 以深圳虚拟大学园为例打造粤港澳大湾区产学研高地<sup>*</sup>

于茗卉

  《粤港澳大湾区发展规划纲要》明确提出在 2035 年形成以创新为主要支撑的经济体系和发展模式的发展目标。关键词"创新"，意味着未来粤港澳大湾区产学研高地的布局、规划和建设必须以高精尖科研成果、快速科技转化为主要特征，也必然需要寻求参与主体、参与模式、运营管理等多方位的创新突破。截至 2018 年底，大湾区的产学研高地共拥有 901 家孵化器、804 家众创空间、139 家国家级孵化器培育单位、3 家国家级大学科技园、7 个高新工业园区以及数十家跨境高端合作平台①，已形成了初具规模的创新链条。下一步，则应该讨论如何加大发挥产学研基地在科技成果转化、促进经济发展和推动创新进程上的突破作用，形成区域性乃至全国性产学研高地，这是一个更为深远的命题。

  本文借鉴深圳虚拟大学园建设经验，着重分析其管理方式、运营模式、融资模式、入驻机构选择、科研平台设计等。结合大湾

---

  \* 原文完成于 2019 年 12 月。

  ① 王瑞军：《打造粤港澳优势互补战略性新兴产业》，粤港澳大湾区门户网，2019 年 2 月 27 日，http：//www.cnbayarea.org.cn/news/focus/content/post_165970.html。

区建设重点和发展目标，本文提出，未来大湾区建设应当以高等教育机构和研发中心为创新资源的源头，在区域内有意识地部署阶梯式创新体系；探索"公共性"创新平台建设；推动市场化、现代化的创新运营模式；鼓励多样化、创新化的科研机构管理模式，并构建科技金融公共服务体系，最终实现丰富的、多样化的创新资源的汇聚和创新成果的产出。

# 一 深圳虚拟大学园发展创新之处

深圳虚拟大学园，是深圳市政府在科技教育资源先天不足，且短期内无法满足其办学和人才的紧迫需求的情况下，采取全面自外部引入优质科教创新资源的方式建成的创新园区。其"虚拟"二字强调"地理"和"网络"两个概念：一是在一定地理空间内迅速形成诸多一流高校、企业、风险投资机构的汇聚；二是各大高校也通过将深圳虚拟大学园作为其主校区在深圳的延伸，形成全国乃至世界范围内"蜘蛛网"式的入驻机构间的关系网络。目前，在高等教育机构促进科技创新、推动经济发展等第三功能发挥方面，深圳虚拟大学园做过诸多积极有效的尝试，其中如下几点值得借鉴和思考。

## （一）自上而下三级联动管理方式，市校合作主体运营模式

在管理上，深圳虚拟大学园采用自上而下的三级联动管理方式[1]，较为合理地处理了政府与大学园之间的关系，简化了政府工作流程，且有针对性地提供了专业化的服务内容（见表1）。

---

① 中央教育科学研究所：《深圳虚拟大学园发展模式研究报告》，2009。

**表1 深圳虚拟大学园三级联动管理机构**

| 机构设置 | 主要组成 | 主要职责/功能 |
|---|---|---|
| 决策机构 | 深圳市政府、院校，以及各职能部门等多方代表组成联席会议 | 通过共同商议、共同决策，来履行园区规划、整体评估等重大事务的决策 |
| 执行管理机构 | 科技创新委员会 | 协调决策机构与执行机构事务，指导和协调成员机构之间的工作任务 |
| 日常管理服务机构 | 深圳虚拟大学园管理服务中心（财政拨款事业单位） | 为入驻机构提供日常服务工作，包括财务、日常事务等 |

在主体运营上，深圳虚拟大学园用"市校合作"的方式，取代传统意义上的高校合作方式。深圳市政府作为合作方，参与和多个高校、科研机构的谈判、合作和对接工作，并在启动资金、政策上予以支持，但基本上不参与具体入驻机构的运营。高校、科研机构在入驻时即被给予多样化的法人实体身份，根据各自发展基础和特性，建立多样化、特色化的运营机制，例如事业单位管理体制、事业单位企业化管理体制、理事会或理事会管理体制等。

**（二）以市场化为主体的投资管理模式**

在深圳虚拟大学园早期的搭建和项目引入阶段，主要是由深圳市政府出资建设，并在土地、资金运作和政策上给予资助。[①] 以政府为主的融资方式，适合产业园区的建设起步阶段，原因如下：一是深圳市政府作为计划单列市，财政资金充沛且管理弹性宽松；二是产业园区建设符合地方政府招商引资、刺激经济的发展目标，地方政府执行意愿度高。

深圳虚拟大学园在建设成熟阶段，已经初步具备了区域科技

---

① 例如，1996~1999年先行的深圳市-清华大学研究院、深圳市-北京大学-香港科技大学、深圳市-哈尔滨工业大学3个引进合作项目中，政府与高校的出资额度分别为6000万元：2000万元，6000万元：1000万元：1000万元，6000万元：2000万元。

创新影响力，国内外诸多高校和科研机构积极寻求入驻该园区。为了避免进一步恶化地方政府财力和保持财力保障的可持续性，投资模式开始由原先的政府主导，逐步转向以院校为主、企业参与的投资主体多元化模式。其中，院校出资出现了学校全资公司、校产公司、科技园公司、教育基金出资等多种主体。企业出资则出现了学校参股公司、校友企业、投资机构等多种主体[1]。多元的投资主体，可以分散单一投资风险，且在一定程度上适应并促进了虚拟大学园的市场化运作。

**（三）有层次、有规划的高等教育机构部署，且实现多样化、多形式、多类型人才培养**

自建立起，深圳虚拟大学园就进行了有规划、有目标、分层次的高等教育机构部署。一方面是将高等院校或科研机构的优势学科与城市产业发展结合起来，发挥高等院校或科研机构对经济发展的支撑作用；另一方面是动态跟踪市场需求，并及时优化和调整可引入的高等院校或科研机构。例如，早期虚拟大学园重点引入以清华大学、北京大学、哈尔滨工业大学、北京理工大学等为代表的一批理工科院校，后期逐步转向引入拥有交叉学科、新兴学科、社会人文学科的综合型院校，基本符合深圳市行业发展不同阶段对不同人才类型的需求。

与此同时，深圳虚拟大学园的高等院校也部署多样化、多形式、多类型的人才培养模式：（1）加强传统体系培养，提供专业深造、专升本、本科、硕士、博士及博士后等人才培养服务；（2）利用"一园多校"的优势，由两个或多个院校参与，共同培养专业化和综合性人才；（3）结合深圳市行业发展需求及高等院校教育短缺

---

① 清华大学深圳研究生院：《深圳虚拟大学园创新资源利用生态体系研究》，深圳市 2013 年软科学研究项目，2014 年 11 月。

的现实，开展与市场高度挂钩的短期专项培训和为企业量身定做的订单培训，在解决传统教育与社会需求脱节问题上提供了成功经验。

**（四）推动创新研发区域性集聚，带动科技成果转化**

深圳虚拟大学园有方向、有重点、分层次地引入了创新研发资源，并带动了科技创新推动和科技成果转化。

其一，建设重点实验室（工程中心）服务平台，采取"政府推动+市场化"运作模式，形成以国家、省级重点实验室为参与主体，多种创新要素流动和远程资源进程服务的集成创新系统，是具有平台功能、开发应用、共享技术、高教人才和研发资源汇聚优势的服务平台。

其二，推动"一园多校"框架内跨校合作、校企合作，促进院校与周边机构产学研合作建设，以不断发挥大学园区创新研发资源的集聚、辐射作用，并形成与区域和周边县市的相互联动局面。

其三，采取"孵化研究院、孵化研究机构、孵化企业"三位一体的孵化新模式，形成以政府为主导、院校为主体和多元投资的孵化器群，集中建设一批中小型科技公司，重点推动院校科技成果转化。

其四，推行"政府+高校+资本+实体"的多维度协同创新。例如，由园区内16家高校、研究机构共同组建的深圳市虚拟大学园科技成果转移促进会，重点推进"科技成果"和"产业四合院"之间的线上、线下活动的有效对接。①

---

① 具体而言，是构建了政策资讯数据库、专家教授数据库、科技成果数据库、企业需求数据库四大核心数据库，实现核心数据库之间的技术对接和职能配对，搭建了科技成果的线上平台，并通过演讲、会议、培训、路演、沙龙等形式的活动，开展高校游学、政府对接、产业基金、科技招商，来实现对科技成果的有效转化。

## 二 大湾区产学研发展未来

深圳虚拟大学园建设，重点在于多层次创新资源汇聚、多样化创新主体、多形式创新运作模式等。相似的是，世界诸多大学科技园区，在政府支持、风险投资与地方融合等多个方面也均有突出表现（见附表1）。借鉴其发展经验，未来粤港澳大湾区产学研基地应当从部署、定位、模式、主体等多角度着手，有机连接高等院校、政府、企业等多元主体，共同打造区域性乃至国家性创新高地。

**（一）部署区域内阶梯式创新体系，加强前瞻性基础研发，集中突破优势领域**

粤港澳大湾区"9+2"的城市结构，拥有阶梯式的产业发展阶段和经济发展需求，这就从本质上要求其产学研基地建设形成阶梯式创新体系部署：第一层是具有国际影响力的全球性、国际性的创新团队，侧重于前瞻性研究；第二层是具有省级和区域级影响力的创新团队，侧重于前瞻性和基础性研究相结合；第三层是具有市级经济发展推动作用的创新团队，侧重于应用型研究，服务于经济转型发展。

针对粤港澳大湾区高新创新资源的汇聚优势和发展要求，一方面，产学研基地建设应当站在全球科技发展的前沿，关注具有战略意义的、前瞻性的未来新兴产业，积极承担国家重大科技专项，并以此作为技术突破口，强化源头技术创新，抢占制高点和话语权；另一方面，政府应当甄别一批具有明显学科/资源优势的科研机构，集中资源重点扶持，以优先获取一批具有引领性和国际竞争力的科技创新成果。

**（二）探索"公共性"创新平台建设，提供差异化的平台服务，引导市场资源对接**

产学研基地建设，在本质上是要在地理空间或虚拟空间内实现不同高校、机构或企业的对接，强调的是"公共性"服务平台建设和空间资源的共享，凸显开放性、市场化、专业化、集成化和网络化发展趋势。对此，政府应当在以下几个方面着手。

其一，在区域内，有规划、分层次、分类别地部署不同类型"公共性"创新平台，避免同区域内同类型平台过度竞争产生内耗，同时集中保障优势资源的使用效率。

其二，针对不同类型的创新平台，提供差异化、特色化和专业化的空间配置、配套服务等，例如培训辅导型空间、联合办公型空间应当增加工位，增加空间隐蔽性，而创业型空间应当增加展示空间，提供创业融资、项目对接等服务。

其三，应当加大对"公共性"创新平台的政策性扶持，如提供场地、增加政府补贴、减少征税等；并应当鼓励和支持优秀创新平台项目进入政府对外招商引资宣传项目，帮助其实现平台内创新理念的孵化、落地和市场化运营。

**（三）推动市场化、现代化的创新运营模式，鼓励多样化、创新性的科研机构管理模式**

粤港澳大湾区内的科研机构已开始从"科学研究+创新创业"的二维结构，逐步转变为"科技+产业+资本+教育"的四维模式，这就必然要求其管理运作模式向更加市场化、灵活化操作、独立化运行、风险利益承担的现代化创新管理体制转变。

在运营模式上，应当大力鼓励"官办新制""官民合办""民办官助"等多样化企业运行模式，积极鼓励其采用市场化运作方式，支持其创新灵活体制操作，保持科研活动高度的独立性和自主性。

在管理模式上，应当积极尝试国有新制、合同聘任制等具有自主性和灵活性的企业化聘用体制。针对有卓越贡献的优秀科研人员，可提供国际上通常采用的终身聘任制；针对合同聘任制优秀科研人员，可借鉴国内外科研机构评价指标体系，采用动态考核、可上可下、末位淘汰等相结合的管理体制。

**（四）发展资本市场融资模式，构建科技金融公共服务体系**

在融资模式上，应当在以硅谷模式为主的资本市场投融资模式（见附表2）的基础上，构建"政府补贴+市场化运行+多渠道参与"的融资体系。政府应当设立科技金融专项资金，加大对具有前瞻性的、基础性的、周期较长的科研项目和科研成果的投入，创新财政资金资助方式，采用股权出资、创业投资企业风险补贴、创业投资引导性资金、联保贷款、银证企合作梯级贴息等多种创新形式，以增加资金的投入和使用效率。

政府应当积极培养一大批创新型金融机构，积极引导传统金融机构探索一批科技金融专属信贷产品，并针对科技型企业特点积极调整差异化信贷管理模式；应当鼓励和引导专业基金公司以直接入股的形式，优先支持具有较高应用性、较为成熟的科研项目。

与此同时，针对大湾区产学研科技创新的特点，政府应当积极建构市级、区级科技金融服务体系，建设囊括科技金融高端人才服务、培训服务、信用体系服务、项目产品信息交流服务、投资联动服务、中介机构服务等在内的公共服务平台，提供集评估、咨询、法律、财务、融资、培训等多功能为一体的专业化、一站式、综合性的科技金融服务。

**（五）追求分层次的、目标明确的人才汇聚，健全自由流动、合作开放的区域人才库**

产学研科技园的核心是促进具有创新性的、前瞻性的、引领性的创业形式或者科技成果的出现，这就决定了其人才类型必须是分层次的，且与本地经济发展目标相适应。目前，大湾区创新型人才应当分为两大类：核心性人才（创新科技行业）和支撑性人才（管

理行业、金融行业等），所有的人才鉴定、人才引入、人才管理政策
必须围绕着创新发展的核心，针对类型特色进行分类处理。

为了避免恶性人才竞争，政府应当搭建区域性人才资源数据
库和信息系统平台，建立易流失型、紧缺型人才预警预报机制；
应当简化人才流动手续，创造无障碍流动条件，以项目合作、短
期聘任、兼职等多种形式，促进科研机构、科研企业之间中高端
人才的相互交流和合理流动。

#### 附表1 世界典型大学科技园成功经验借鉴

| 成功关键因素 | 斯坦福研究园 | 剑桥科技园 | 清华科技园 |
| --- | --- | --- | --- |
| 学校资源溢出 | 斯坦福大学成为研究园及硅谷的人才、技术、知识和信息的源头 | 园区内几乎所有的企业都与剑桥大学有着直接或间接的联系 | 利用清华大学学科优势，将学校技术成果转移到企业中，广泛进行产学研合作 |
| 政府支持 | 军用用品采购、竣工技术研发支持，中小企业税收优惠 | 对计算机技术和生物技术的研究进行经费支持，对企业收取低廉房租 | 园区在发展建设中得到了各级政府不同程度、不同形式的支持 |
| 风险投资 | 第一笔天使投资催生了惠普公司，所在的硅谷是全世界风险投资最发达的地区 | 在西欧国家，英国风险投资起步最早、发展最快，风险投资是园区重要的资金来源 | 成立了启迪创业投资等公司，开创"投资+孵化"模式，对大量创业企业投资 |
| 创业活跃度 | 由斯坦福大学教师、学生和毕业生创办的企业达1200多家 | 小企业占据主导地位，但创业活跃度要低于斯坦福研究园 | 邻近清华大学、北京大学等高校，创业氛围浓厚，累计成功孵化创业企业超过600家 |
| 地方融合性 | 科技园与大学或社区网络性联系形成区域创新体系最高阶段，是全球趋势 | 以科技成果孵化为主导的科技园与区域产业互助大学科技园发展中期阶段 | 以科技创新或研发为主的高校与科技园互动大学科技园发展的初期阶段 |

资料来源：清华大学深圳研究生院：《深圳虚拟大学园创新资源利用生态体系研究》，深圳市2013年软科学研究项目，2014年11月。

### 附表2　日本筑波模式与美国硅谷模式的比较

| 项目 | 筑波 | 硅谷 |
|---|---|---|
| 体制模式 | 政府主导 | 市场主导 |
| 形成机制 | 完全依靠政府指令 | 依靠内在的创新环境 |
| 组织机构机制 | 政府垂直领导，科研机构相互独立，缺乏沟通 | 以市场为纽带，形成相互联系的产业带 |
| 动力机制 | 个人意志受政府计划的束缚 | 鼓励和倡导个人奋斗 |
| 科研开发机制 | 以基础科研为主，新技术开发慢 | 快、新、优 |
| 投融资机制 | 风险投资机制不健全，主要靠政府拨款及大公司投资 | 风险投资体系完善 |
| 人才培养机制 | 封闭式人才培养方式 | 宽松的创业环境 |

资料来源：http://www.cicoc.cn/UploadImage/DownloadFile/20136/201364941246091501.pdf。

# 粤港澳大湾区教育与创新产业的
# 合作发展[*]

李海滨

2017 年 3 月 5 日，国务院总理李克强在《政府工作报告》中指出："要推动内地与港澳深化合作，研究制定粤港澳大湾区城市群发展规划，发挥港澳独特优势，提升在国家经济发展和对外开放中的地位与功能。"瑞士在全球创新指标中连续 8 年排名第一，其中一个主要因素是重视知识密集型产业及教育和产业的紧密合作。尽管当前粤港澳大湾区正在从投资主导向创新驱动型增长转变，也逐渐转变为中国的新高科技中心，然而它依然面临创新革命中的许多挑战。本文将依据国际经验和湾区自身情况，探讨大湾区教育与产业合作发展的可行路径。

## 一 尽快调整学科结构，确保大学毕业生供给与
## 湾区劳动力市场相匹配

2017 年 10 月 8～20 日，广东省教育厅对全省所有学历层次和学科专业的毕业生进行了"2018 年高校毕业生就业意向"问卷调

---

[*] 原文完成于 2018 年 11 月。

查，共计发放 14.44 万份调查问卷，回收 10.84 万份有效问卷。针对理想就业领域（多项选择）的调查显示，66% 的毕业生有兴趣在广州和深圳工作，大湾区仍是广东省大多数毕业生的首选就业区。2017 年粤港澳大湾区共接收 38.56 万广东应届毕业生，占广东省已就业毕业生的 82%，已成为广东省最重要的人才聚集地。制造业，信息传输、软件和信息技术服务业，以及教育等行业占据了行业流向的前三位，共吸纳约 38% 的已就业毕业生。从学科就业率看，经济学类毕业生就业率最高（为 97%），其次是工学类（就业率为 96%），第三是医学类（为 94%）；就业率最低的是比较教育学（为 31%），其次是生物物理学（为 42%）。从毕业生就读的专业来看，广东省高校毕业生集中在管理、工程和文学等领域；香港地区大学毕业生主要集中在经济学、工商管理、工程和医学等领域；而澳门地区大学毕业生集中于社会科学、商业和法律等领域。从毕业生就业产业的角度来看，广东的毕业生就业主要集中在制造业、信息传播和信息技术产业，香港毕业生就业主要集中在商业领域，澳门则主要依靠当地的旅游和博彩业来吸引毕业生。

随着数字经济的蓬勃发展，信息传输、软件和信息技术服务业、租赁和商务服务业、批发和零售业、科学研究和技术服务业以及文化、体育和娱乐业等"互联网+"产业对人才的需求会大幅度增加，为了满足未来创新产业的需求，三地大学可根据市场需求在学科结构上做出适当的调整。

## 二 发挥湾区大学在各个领域的凝聚作用，充分挖掘它们在教育、研发和高端服务业方面的潜力

粤港澳三地在地理位置上虽然比较靠近，但三地在教育资源

方面存在巨大的差异。从 2018 年 QS 世界大学排行榜来看，香港所拥有的教育资源最为丰富，有 5 所大学进入世界排名前 100 位，超过伦敦、波士顿或旧金山湾区。而且，香港的大学在科学相关学科方面得分特别高，包括工程技术、信息系统和计算机科学等。香港大学共有 37 个学科进入世界排名前 100 位，其中教育、建筑、语言、土木工程、社会政策和行政专业跻身世界前 10 名；香港中文大学有 35 个学科进入世界排名前 100 名，媒体专业进入全球排名前 20 位；香港科技大学跻身世界前 50 名；香港理工大学有 10 个学科进入世界十大领域，包括土木工程和酒店休闲管理等；香港城市大学有 5 个专业进入世界前 50 名。相比之下，内地的大学与其还有很大的差距。中山大学有 18 个学科进入 ESI 全球排名前 1%；华南理工大学有 9 个学科进入 ESI 全球排名前 1%；暨南大学有 8 个学科进入 ESI 世界排名前 1%。在 2018 年 QS 世界大学排名中，中山大学的社会政策和行政学科进入世界前 100 名，21 个学科进入世界 500 强；华南理工大学有 11 个学科进入世界 500 强（见表 1）。国家应发挥各大高校在相关领域的优势，充分挖掘它们在教育、研发和高端服务业方面的潜力。

### 表 1　2018 年粤港澳高校国际排名较前的学科数比较

单位：个

| 地区 | 高校名称 | QS 学科排名前 100 | QS 学科排名前 500 | ESI 全球排名前 1% |
|---|---|---|---|---|
| 广东省 | 中山大学 | 1 | 21 | 18 |
| | 华南理工大学 | | 11 | 9 |
| | 暨南大学 | | 2 | 8 |
| | 华南师范大学 | | | 5 |
| | 华南农业大学 | | 1 | 3 |

续表

| 地区 | 高校名称 | QS 学科排名前 100 | QS 学科排名前 500 | ESI 全球排名前 1% |
|---|---|---|---|---|
| 香港 | 香港大学 | 37 | | |
| | 香港科技大学 | 15 | | |
| | 香港中文大学 | 35 | | |
| | 香港城市大学 | 19 | | |
| | 香港理工大学 | 15 | | |
| | 香港浸会大学 | 1 | | |
| | 香港教育学院 | 1 | | |
| | 香港演艺学院 | 1 | | |
| 澳门 | 澳门大学 | | | 5 |
| | 澳门旅游学院 | 1 | | |

资料来源：QS 学科排名相关新闻报道。

## 三 明确湾区各城市职能定位，根据区域优势，为产业合作创造最优化配置

粤港澳大湾区的传统制造业和高端先进制造业都较为成熟，具有成为全球领先湾区的良好潜力。然而，大湾区的东岸城市、西岸城市和港澳地区的产业结构分布差异明显。东岸城市由于深圳的许多高科技公司，包括华为、腾讯、中兴和比亚迪在计算机、通信和其他电子设备制造业占据主导地位，因此比西岸城市拥有更多的发明专利、PCT 专利和 DWPI 专利。东岸城市在高端制造业中具有优势，这是其创新增长的动力。西岸城市虽然教育和研发能力很强，但经济以传统制造业为主，迫切需要进行结构升级。香港和澳门在教育、研发和高端服务业方面表现强劲。粤港澳大湾区中橡胶和塑料制品业以及计算机、通信和其他电子设备制造业的大多数机构都在香港。澳门则拥有大部分商业服务业的创新机构。

因此，未来湾区应根据自身区域优势，为产业合作创造最优化配置。比如，香港可以成为国际创新中心，在研发活动方面与湾区其他城市建立更紧密的联系；同时香港作为金融和科技中心，可以利用自身丰富的国际经验，为湾区提供物质支撑和软资本，将湾区与世界联系起来。而湾区其他城市也应该结合各自环境区位特点，找准定位，为湾区产业合作创造最优化配置，如广州可充分挖掘其基础研究优势，深圳可利用市场创新优势，澳门可借助旅游业经验，东莞和佛山等地可继续发挥制造业优势，等等。

## 四　湾区应吸引大量人才，并建立有效企业合作网络

人才是创造及科技创新的关键要素。然而，目前大湾区在吸引和利用全球人才资源方面仍然比较落后。事实上，香港特区政府统计局《综合住户统计调查按季统计报告》显示，截至 2017 年底，香港的科技劳动力只占总就业人数的 2.2%，而在 8.3 万名本地毕业生中，只有一小部分人从事计算机相关行业。近几年，深圳引进了 1.8 万名海外归国人员，但据业内人士估计，只有不到15% 的人从事计算机、输电网领域的工作。因此，吸引和利用全球人才对湾区的发展至关重要。我们可以借鉴新加坡的吸引人才经验。新加坡政府建立了"联系新加坡"网络，并在全球各大城市设立专门服务人才招募的办公室。新加坡政府通过设立专门的研究计划吸引人才，如具有世界竞争力的新加坡国立研究基金会的NRF 研究基金项目，从全球成功吸引了一大批青年科学家和研究人员到新加坡开展自由研究。新加坡还通过国际合作培养本土人才，与世界一流大学建立人才培养合作关系，如新加坡国立大学已与约翰·霍普金斯大学、斯坦福大学等开展合作。

在企业合作网络方面，可以借助各地的优势开展合作。由于

香港机构的基础研究实力更强，更符合大湾区行业的创新需求，因此香港负责最初的研发阶段，而深圳专门负责商业化的后期阶段将是比较好的合作模式。比如深圳市大疆创新科技有限公司（DJI-Innovations，简称 DJI，是世界领先的消费者/商业无人机设计和制造商）的成立就是香港大学与深圳合作的一个突出例子。香港科技大学的一名毕业生及其导师于 2006 年开发出第一代商用无人机，并成立了 DJI，然而由于香港的高租金及营运成本，以及深圳有利的融资架构和产业政策，他们随后将 DJI 公司搬迁至深圳。在此方面，我们也可借鉴新加坡经验，借助跨国公司的研发活动提升湾区的创新能力。据新加坡经济发展局（EDB）统计，截至 2017 年底，全球有 7000 多家跨国企业在新加坡设立机构，其中 60%的企业设立了区域或国际总部。我们可以借鉴其经验，通过国家科研机构加强与跨国公司合作开展技术攻关，借助跨国公司掌握研发的关键核心技术，再经过引进消化吸收再创新，实现自主创新和集成创新。

图书在版编目（CIP）数据

机遇与挑战：城市合作与粤港澳大湾区建设 / 陈惠
云主编. -- 北京：社会科学文献出版社，2024.12.
（IPP 十周年丛书）. -- ISBN 978-7-5228-3863-2

Ⅰ. F127.65

中国国家版本馆 CIP 数据核字第 2024F605S5 号

IPP 十周年丛书

## 机遇与挑战：城市合作与粤港澳大湾区建设

主　　编 / 陈惠云

出 版 人 / 冀祥德
责任编辑 / 罗卫平
责任印制 / 王京美

出　　版 / 社会科学文献出版社·人文分社（010）59367215
　　　　　　 地址：北京市北三环中路甲 29 号院华龙大厦　邮编：100029
　　　　　　 网址：www.ssap.com.cn
发　　行 / 社会科学文献出版社（010）59367028
印　　装 / 三河市龙林印务有限公司

规　　格 / 开　本：787mm×1092mm　1/16
　　　　　　 印　张：20　字　数：246 千字
版　　次 / 2024 年 12 月第 1 版　2024 年 12 月第 1 次印刷
书　　号 / ISBN 978-7-5228-3863-2
定　　价 / 138.00 元

读者服务电话：4008918866